首批河南省职业教育和继续教育课程思政示范项目
河南省职业教育和继续教育精品在线开放课程

U0743233

旅游
服务礼仪

主　编　孙冬玲　权雲丹
副主编　李普一　万雪晴
　　　　韩　影　吴玉峰

西安交通大学出版社
XI'AN JIAOTONG UNIVERSITY PRESS

图书在版编目(CIP)数据

旅游服务礼仪 / 孙冬玲,权雲丹主编. -- 西安 ：
西安交通大学出版社,2025.5. -- ISBN 978 - 7 - 5693
- 4086 - 0

Ⅰ. F590.63

中国国家版本馆 CIP 数据核字第 2025PV1408 号

书　　名	旅游服务礼仪	
	LÜYOU FUWU LIYI	
主　　编	孙冬玲　权雲丹	
策划编辑	苏　剑　荣　西　王建洪	
责任编辑	苏　剑	
责任校对	唐舒雯	

出版发行　西安交通大学出版社
　　　　　(西安市兴庆南路 1 号　邮政编码 710048)
网　　址　http://www.xjtupress.com
电　　话　(029)82668357　82667874(市场营销中心)
　　　　　(029)82668315(总编办)
传　　真　(029)82668280
印　　刷　西安五星印刷有限公司

开　　本　787 mm×1092 mm　1/16　印张 17.25　字数 351 千字
版次印次　2025 年 5 月第 1 版　2025 年 5 月第 1 次印刷
书　　号　ISBN 978 - 7 - 5693 - 4086 - 0
定　　价　56.80 元

如发现印装质量问题,请与本社市场营销中心联系。
订购热线:(029)82665248　(029)82665249
投稿热线:(029)82668804
读者信箱:phoe@qq.com

版权所有　侵权必究

前 言

党的二十大报告指出："教育是国之大计、党之大计。培养什么人、怎样培养人、为谁培养人是教育的根本问题。育人的根本在于立德。"习近平总书记强调："要把立德树人的成效作为检验学校一切工作的根本标准，真正做到以文化人、以德育人，不断提高学生思想水平、政治觉悟、道德品质、文化素养，做到明大德、守公德、严私德。"《高等学校课程思政建设指导纲要》（教高〔2020〕3 号）中提出："把思想政治教育贯穿人才培养体系，全面推进高校课程思政建设，发挥好每门课程的育人作用，提高高校人才培养质量"。

本书正是从课程思政的角度，以立德树人为宗旨，在现代国际礼仪知识的基础上融入了中华优秀传统礼仪文化和国学知识，使学习者在掌握专业知识的基础上，塑造良好的道德品质，提升文化素养。本书根据高职高专院校旅游行业人才培养目标来设置内容，旨在培养学生良好的服务意识和服务心理，塑造良好的职业形象，陶冶学生的职业情操。同时，让学生感受中华优秀传统礼仪文化的魅力，增强文化自信，使学生具有较强的表达能力和人际沟通能力，熟悉旅游业不同岗位群的礼仪操作，建立"宾客至上"的观念，塑造较高的职业操守和职业道德，自觉遵守礼貌礼节，切实做到文明接待、礼貌服务、诚实守信，成为能讲好中国故事的旅游从业者。

本书打破了传统教材形式，以旅游从业者的具体工作岗位和相关的职业需要为单位，分为相对独立的十个模块。本书的特点在于内容模块化、理实一体化、资源丰富化、校企结合化、思政融入化。

书中不仅有对服务礼仪基本规范的详细解读和大量的实际案例分析，还融入了相关微课资源，从酒店、景区、旅行社等视角，全方位为广大读者提供学习支持，力求让读者能在不同场景中灵活运用。希望本书能成为您在旅游行业服务之路上的得力伙伴，成为您全面、系统且实用的服务礼仪指南，助力您以优雅的礼仪、真诚的态度服务于客户，开启旅游行业服务的新境界。

本书由漯河职业技术学院孙冬玲、长垣烹饪职业技术学院权雲丹任主编,由长垣烹饪职业技术学院韩影、漯河建业福朋喜来登酒店吴玉峰、漯河职业技术学院李普一及万雪晴任副主编。特别鸣谢宁波泛太平洋大酒店、河南超星数图信息技术有限公司、漯河建业福朋喜来登酒店和漯河市许慎文化研究保护中心在实操演示、视频拍摄、岗课融通等方面给予的大力支持和帮助。此外,本书在编写时参考了诸多文献资料,还有部分内容来自相关网站,在此一并深表谢意。由于编者水平有限,书中不当之处,敬请读者不吝赐教。

编　者

2025 年 3 月

目 录

模块一 旅游从业者礼仪修养

1. **礼仪与友善**：旅游从业者应深入理解礼仪的内涵，不仅要掌握外在的行为规范，更要培养内心的尊重、关爱和责任感。这与社会主义核心价值观中的"友善"紧密相联，以友善的态度对待游客，传递温暖与善意，促进社会和谐。

2. **礼仪与文明进步**：礼仪是人类文明进步的产物。从古代繁琐礼仪到现代简约实用礼仪，体现了人类社会追求公平、正义和进步的精神。旅游从业者应继承和发扬中华优秀传统礼仪文化，摒弃糟粕，结合现代社会文明要求，为旅游业可持续发展贡献力量。

3. **礼仪与社会责任**：了解礼仪的特征与作用，有助于旅游从业者明确自身的责任和使命。礼仪具有规范性、传承性和时代性等特征，要求旅游从业者严格遵守行业规范，不断学习和更新礼仪知识，适应时代的变化。旅游从业者应以良好的礼仪修养树立行业的正面形象，为旅游业的可持续发展创造良好的环境。

4. **礼仪与文化自信**：培养旅游从业者的社会责任感、文化自信和职业道德，对提升旅游服务质量、推动旅游业健康发展具有积极作用。通过学习礼仪，旅游从业者能够更好地传承和弘扬中华优秀传统文化，增强文化自信。

礼仪的内涵微课

项目一　礼仪的内涵

知识目标

1.了解礼仪的内涵,理解礼仪的定义、历史发展及其在现代社会中的意义。

2.了解礼仪的特点,掌握礼仪的基本特征,如规范性、传承性、时代性等。

技能目标

1.能够运用礼仪知识分析实际案例,提升个人及团队的礼仪修养。

2.能够通过角色扮演或情境模拟,展示礼仪在实际旅游服务中的应用。

育人目标

1.增强服务意识、提升综合素养。

2.培养学生尊重他人、注重细节、乐于学习的职业态度,形成自觉遵守礼仪规范的良好习惯。

案例导入

杨时和游酢二人去拜见老师程颐。当时,程颐正在屋中闭目养神。二人不敢惊扰老师,就恭恭敬敬地站在门外等候。此时,天空飘起了大雪,而且越下越大,两人却依然在雪中静立。等程颐醒来时,门外的积雪已经很厚了,杨时和游酢浑身是雪,脚下的积雪几乎一尺厚。他们对老师的尊重和遵循礼仪的精神,成为了尊师重道的千古美谈。

任务内容

一、礼仪的概念与内涵

(一)礼仪的概念

"礼"字,繁体写作"禮"。礼的本义即举行仪礼,祭神求福。在社会生活中,礼也指由于道德观念和风俗习惯而形成的仪节,如婚礼、丧礼、典礼等。在日常生活中,礼也表示尊敬的态度和动作,如礼让、礼遇、礼赞等。

仪是指仪容举止,亦指法度、礼法、仪式等。

人类最早的礼仪是祭祀礼仪,它主要是表达对天地鬼神的敬畏、祝祷和祈愿。因此,礼仪是人们对人、对鬼神、对天地、对自然表示尊重、敬畏、祝祷和祈愿等思想意识的形式和规范,也是人们在社会交往活动中,为了体现相互尊重,在仪容、仪表、仪态、仪式、言谈举止等方面约定俗成、共同认可的行为规范。

（二）礼仪的历史演变

礼仪的起源可以追溯到原始社会,当时人们通过祭祀活动表达对自然和神灵的敬畏。随着社会的发展,礼仪逐渐从宗教仪式扩展到社会生活的各个方面。在古代中国,礼仪是维护社会秩序和人际关系的重要手段。如《周礼》《仪礼》《礼记》等经典著作详细记录了古代礼仪的规范和制度。现代礼仪是指人们为维系社会正常生活而应共同遵守的道德规范,它是人们在长期共同生活和相互交往中逐渐形成的。礼仪既反映了个人的思想道德水平、文化修养、交际能力,也代表着一个国家的文明程度和社会风尚。

（三）礼仪的文化内涵

礼仪不仅是行为规范,更是文化传承的重要载体。在中华优秀传统文化中,礼仪与"仁、义、礼、智、信"等核心价值观紧密相联。通过礼仪,人们可以更好地表达对他人的尊重和关爱,同时也体现了个人的修养和素质。

1.礼仪的内涵

礼仪是对礼节、仪式等的统称。礼节一般指人际间不需要借助其他物品就可以完成的形式,譬如磕头、鞠躬、拱手、问候等;而仪式大多是集体性的,并且需要借助其他物品来完成,譬如奠基仪式、下水仪式、迎宾仪式、结婚仪式、祭孔大典等。古人讲"礼者敬人也",礼仪是一种待人接物的行为规范,也是交往的艺术。它是人们在社会交往中受历史传统、风俗习惯、宗教信仰、时代潮流等因素影响而形成的,既为人们所认同,又为人们所遵守,是以建立和谐关系为目的的各种符合交往要求的行为准则和规范的总和。

2.礼仪的内容

礼仪包含的内容非常丰富,其基本形式有礼貌、礼节、仪表和仪式等。

(1)礼貌:指人们在人际交往中言语、动作谦虚恭敬,符合一定的礼仪,是待人接物时的外在表现,它通过言谈、表情、姿势等表示对他人的尊敬。例如,在旅游服务中,服务人员使用礼貌用语,如"您好""请""谢谢"等,能够使游客感受到尊重和友好。礼貌不仅仅是使用礼貌用语,还包括沟通技巧。例如,服务人员在与游客交流时,应保持微笑,眼神交流自然,语气温和,避免使用过于生硬或命令式的语言。

(2)礼节:是表达尊敬、祝颂、哀悼等情感的规范化仪式行为,如鞠躬、握手、献哈达等。在不同文化背景下,礼节的形式和意义有所不同。例如,在日本鞠躬是常见的礼节,鞠躬的深度和方式可以表达不同的敬意程度。在国际旅游服务中,了解不同文化背景下的礼节尤为重要。例如,在印度点头和摇头的含义与西方文化有所不同,服务人员需要特别注意。

(3)仪表:指人的外表,包括容貌、姿态、风度等各方面的表现。良好的仪表能够给人留下良好的第一印象。在旅游服务中,服务人员的着装整洁、发型得体、姿态优雅,能够提升游客对服务的满意度。良好的仪表不仅是个人修养的体现,也是职业形象的重要组成部分。在旅游服务中,服务人员的着装应符合职业要求,整洁、得体,避免穿过于随意或暴露的服装。同时,个人卫生也非常重要,应保持口气清新、头发整洁、指甲干净等。

(4)仪式:即举行典礼的程序、形式,是礼的程序表现形式。例如,酒店的开业仪式、旅游团的出团仪式等,都是通过仪式来增强活动的正式感和庄重感。仪式在旅游服务中具有重要的作用。例如,在旅游团的出团仪式上,导游可以通过简短而热情的欢迎词,介绍旅游行程和注意事项,增强游客对旅行的期待和信心。在酒店的开业仪式上,精心设计的仪式流程可展示酒店的品牌形象和服务理念。

3.礼仪的外在表现形式

礼仪是人类文明程度和道德修养的一种外在表现形式。它反映了个人思想水平、文化修养、交际能力等内在素质。在旅游服务中,服务人员的礼仪表现不仅影响游客的体验,也反映了企业的文化和管理水平。

(1)礼仪与个人形象:良好的礼仪能够提升个人形象,增强他人的信任和好感。例如,一个微笑、一个点头、一句礼貌的问候,都能让游客感受到温暖和尊重。

(2)礼仪与企业形象:在旅游行业中,企业的形象往往通过服务人员的礼仪表现来体现。一个注重礼仪的企业,能够赢得客户的信赖和好评,从而提升企业的品牌价值和市场竞争力。

4.礼仪的宗旨与核心

礼仪体现的宗旨是尊重,既是对人也是对己的尊重。这种尊重应与人们的生活方式有机融合,成为日常生活、工作的行为规范。

(1)尊重与服务:尊重游客的需求和感受,是提供优质服务的核心。例如,当游客提出特殊要求时,服务人员应积极回应,尽力满足游客的需求,而不是敷衍了事。

(2)尊重与文化差异:在国际旅游服务中,尊重不同文化背景的游客尤为重要。服务人员需要了解不同国家和地区的礼仪习俗,避免因文化差异而引发误解或冲突。

二、礼仪的实践意义

礼仪不仅是个人修养的体现,也是社会和谐的重要基础。通过学习礼仪,人们可以更好地表达对他人的尊重和关爱,促进人际关系的和谐发展。在旅游服务中,良好的礼仪修养能够提升服务质量,塑造企业形象,满足客户需求,协调人际关系,传承文化价值。

(一)礼仪与社会和谐

礼仪是社会文明的重要标志。在一个注重礼仪的社会中,人们相互尊重、相互理解,社会关系更加和谐稳定。例如,在乘坐公共交通工具时,主动为老人、孕妇让座,是一种基本的礼仪行为,体现了社会的文明程度。

(二)礼仪与职业发展

良好的礼仪修养对个人的职业发展具有重要意义。在旅游行业中,具备良好礼仪的服务人员更容易获得客户的认可和好评,从而提升个人的职业竞争力。

(三)礼仪与文化传承

礼仪是文化的重要组成部分,它能够传递和弘扬民族文化和地域文化。在旅游服务中,服务人员可以通过介绍当地的风俗习惯、文化特色等方式,让客户更好地了解和体验当地的文化魅力。例如,导游在讲解景点时,可以结合当地的历史文化背景,为游客提供丰富的文化体验,提升游客的文化认同感和满意度。

综上所述,礼仪的内涵丰富,既包括外在的行为规范,也包括内在的价值取向,它是社会文化和个人素质的重要体现。旅游从业者应深刻理解礼仪的内涵,将其融入日常工作中,以提升服务质量,塑造良好的行业形象。

项目二　礼仪的起源与发展

知识目标

1. 了解礼仪的起源与发展,掌握礼仪从原始社会到现代社会的演变过程,了解不同历史时期礼仪的特点和作用。

2. 知悉中华优秀传统礼仪文化的历史演变和历史地位。

技能目标

能将礼仪的理论知识与实践应用相结合,在生活和今后的工作中学以致用。

育人目标

1. 学习中华优秀传统礼仪文化,增强对中华优秀传统文化的认同感和自豪感,树立文化自信。

2. 提升个人的礼仪修养和职业能力。

案例导入

曾子是孔子的弟子。有一次他在孔子身边侍坐,孔子问他:"以前的圣贤之王有至高无上的德行,精要奥妙的理论,用来教导天下之人,人们就能和睦相处,君王和臣下也没有不满,你知道它们是什么吗?"曾子听到老师的问题后,立刻从席子上站起来,走到席子外面,恭恭敬敬地回答道:"我不够聪明,哪里能知道,还请老师把这些道理教给我。"曾子"避席"这一行为是对老师极大的尊敬,表现出在与老师交流学问时应有的庄重和谦逊,展示了古代师生相处时所遵循的礼仪规范。

任务内容

孟子曰:"君子以仁存心,以礼存心。仁者爱人,有礼者敬人。爱人者,人恒爱之,敬人者,人恒敬之。"中国自古就有"礼仪之邦"之称,1983年7月,著名史学大师钱穆先生向美国学者邓尔麟谈及中国文化的特点及中西文化的区别,认为礼是中华优秀传统文化的核心。

在中华文明五千多年的历史长河里,礼乐文化有举足轻重的地位。礼仪的起源和发展,不仅反映了社会的演变,也体现了人类对文明的追求。

一、礼仪的起源

礼仪是人类文明的产物。从理论上讲,礼仪起源于维护人伦秩序,为避免发生矛盾和冲突而产生。在原始社会,人类为了生存和发展,不得不以群居的形式生活在一起。在群居生活中,人与自然的关系、群居成员之间的关系都必须得到妥善处理,如维持伦理秩序、进行劳动分工、分配食物等。这些由人们逐步积累、自然约定形成的一系列规则,就是最初的礼仪。

从具体形式上讲,礼仪起源于原始社会中晚期的原始宗教活动和祭祀活动。这些活动以祭天、敬神为主要内容,并严格按照一定的程序和方式进行。随着历史的发展,相应的规范和制度逐步完善,最终产生了祭祀礼仪。

随着人们对自然与社会关系的认识逐步深入,祭祀礼仪已不能满足人类日益发展的精神需要和现实关系调节的需要。于是,人们将事神致福活动中的一系列行为扩展到了各种人际交往活动中,进而产生了社会各领域的各种礼仪。

礼仪的起源与人类从野蛮走向文明的进化过程密切相关。在原始社会,人们通过简单的礼仪行为,如分享食物、互相帮助等,逐渐建立起社会秩序和人际关系。这些行为不仅有助于群体的生存和发展,也为礼仪的形成奠定了基础。

礼仪的形成与社会结构的复杂化密切相关。在原始社会,礼仪主要体现在家族和部落内部的交往中。随着社会的发展,礼仪逐渐扩展到更广泛的社会层面,成为维护社会秩序和人际关系的重要手段。

二、礼仪的发展

从历史发展的角度来看,礼仪的演变过程可以大致分为以下几个阶段。

(一)礼仪的萌芽时期

(1)时间:原始社会中晚期(旧石器时代),距今约一百多万年前。

(2)特点:礼仪较为简单和虔诚,还不具有阶级性。如北京周口店山顶洞人懂得用兽骨、贝壳、野花装饰自己,举行原始宗教仪式等。在这个时期,礼仪主要体现在对自然和神灵的敬畏上,如山顶洞人会将死者埋葬,并在墓穴中放置一些装饰品和生活用品,这可以看作最早的丧葬礼仪。

(二)礼仪的形成时期

(1)时间:夏、商、西周(公元前 21 世纪至公元前 771 年)。

(2)特点:人类进入奴隶社会,统治阶级为了巩固自己的统治地位,将原始的宗教礼仪发展成符合奴隶社会政治需要的礼制。在这个阶段,我国第一次形成了比较完整的国家礼仪与制度,如"五礼"(吉礼、凶礼、宾礼、军礼、嘉礼)就是一整套涉及社会生活各方面的礼仪规范和行为标准。同时,古代的礼制典籍如《周礼》《仪礼》《礼记》等也撰修于这一时期。这一时期的礼仪具有明显的阶级性,礼仪成为维护社会等级和秩序的重要工具,如《周礼》详细规定了不同等级的人在祭祀、朝会、婚礼等场合的礼仪规范,体现了"礼不下庶人,刑不上大夫"的原则。

(三)礼仪的变革时期

(1)时间:春秋战国时期(公元前771年至公元前221年)。

(2)特点:学术界形成了百家争鸣的局面,以孔子、孟子、荀子为代表的诸子百家对礼教进行了研究和发展,对礼仪的起源、本质和功能进行了系统阐述。孔子强调"不学礼,无以立",认为礼仪是治国、安邦、平定天下的基础;孟子把"礼"解释为对尊长和宾客严肃而有礼貌;荀子则把"礼"作为人生哲学思想的核心。这一时期的礼仪在理论上得到了全面而深刻的论述,为后世的礼仪发展奠定了基础。这一时期,礼仪的变革不仅体现在理论层面,还体现在实践层面,如孔子提倡"克己复礼",强调个人修养和道德规范的重要性。通过礼仪的实践,人们可以培养自己的道德品质,实现个人与社会的和谐发展。

(四)封建礼仪阶段

(1)时间:公元前221年至公元1911年。

(2)特点:在长达2000多年的封建社会中,礼仪一直为统治阶级所利用,成为维护封建社会等级秩序的工具。礼仪的内容大致涉及国家政治的礼制和家庭伦理两类。尽管在不同的朝代礼仪文化具有不同的社会、政治、经济、文化特征,但尊君抑臣、尊夫抑妇、尊父抑子、尊神抑人等基本特点贯穿始终。这一时期的礼仪在形式上更加复杂和繁琐,礼仪的等级性更加明显,如唐代的《开元礼》详细规定了从皇帝到平民的各种礼仪规范,体现了封建社会的等级制度。同时,礼仪也成为教育的重要内容,通过学校和家庭教育,礼仪知识得以广泛传播。

(五)近代礼仪阶段

(1)时间:1911年至1948年。

(2)特点:受西方资产阶级"自由、平等、民主、博爱"等思想的影响,中国的传统礼仪规范、制度受到强烈冲击。五四新文化运动对腐朽、落后的礼教进行了清算,符合时代要求的礼仪被继承、完善、流传,同时接受了一些国际上通用的礼仪形式。这一时期,礼仪的变革主要体现在思想观念的更新和礼仪形式的简化上,如五四新文化运动批判封建礼教的束缚,主张建立平等、自由的现代礼仪。同时,西方的握手礼、鞠躬礼等礼仪形式逐渐被中国人接受。

(六)新中国成立后礼仪阶段

(1)时间:1949年至1978年。

（2）特点：新中国成立后，逐渐确立以平等相处、友好往来、相互帮助、团结友爱为主要原则的具有中国特色的新型社会关系和人际关系。礼仪在这一时期得到了新的发展和完善。这一时期的礼仪更加注重平等和友爱，如在政府机关和企事业单位中，礼仪规范强调平等、尊重和团结，摒弃了封建礼仪中的等级观念。同时，礼仪教育也更加普及，通过学校教育和社会宣传，礼仪知识得到了广泛传播。

（七）当代礼仪阶段

（1）时间：1978年至今。

（2）特点：改革开放以来，随着中国与世界的交往日趋频繁，西方一些先进的礼仪、礼节陆续传入我国，同我国的传统礼仪一起融入社会生活的各个方面。现代礼仪的发展进入了全新的时期，大量的礼仪书籍相继出版，各行各业的礼仪规范纷纷出台，礼仪讲座、礼仪培训日趋红火。人们学习礼仪知识的热情空前高涨，讲文明、讲礼貌蔚然成风。这一时期的礼仪更加注重国际化和现代化，如在国际交往中，礼仪规范逐渐与国际惯例接轨，如商务礼仪、外交礼仪等。同时，礼仪教育也更加注重实践应用，通过礼仪培训和模拟演练，人们提升了礼仪素养和职业能力。

随着社会的发展和进步，礼仪也在不断演变和发展。现代礼仪更加注重人性化、平等化和国际化，如在旅游服务中，礼仪不仅体现在对游客的尊重和关爱上，还体现在对环境和文化的保护上。同时，随着科技的发展，礼仪的形式也在不断创新，如网络礼仪、数字礼仪等。在网络社交中，人们需要遵守网络礼仪，如使用文明用语、尊重他人隐私等。在数字旅游中，礼仪也体现在对游客信息的保护和对游客体验的优化上。礼仪在旅游可持续发展中的作用日益重要，如在生态旅游中，礼仪不仅体现在对游客的尊重和关爱上，还体现在对自然环境的保护和对当地文化的传承上，通过礼仪实践，可以促进旅游与环境、文化的协调发展。

综上所述，礼仪的发展是一个从简单到复杂、从低级到高级、从零散到完整的渐进过程。它随着人类社会的进步而不断演变和完善，成为人类文明的重要组成部分。旅游从业者应了解礼仪的起源与发展，继承和发扬优秀的传统礼仪文化，结合现代社会的文明要求，为推动旅游行业的文明进步贡献力量。

项目三　礼仪的特征与作用

知识目标

1.认知"仁义礼智信"的内涵和实践意义,理解儒家思想中的"五常"及其在礼仪中的体现。

2.理解礼仪的基本特征,明确礼仪在不同情境中的表现形式和特点。

技能目标

1.掌握礼仪在旅游服务中的作用,认识到礼仪对提升服务质量、塑造企业形象及满足客户需求的重要性。

2.能够理论结合实践,用礼仪的理论知识解决实际问题。

育人目标

1.学习中华优秀传统礼仪文化,增强文化自信和家国情怀。

2.提升职业素养和整体修养。

案例导入

春秋时期,齐国大夫晏子出使楚国。楚国国君想羞辱晏子,故意让人在大门旁边开一个小门让晏子进去。晏子不卑不亢地说:"只有出使狗国的人,才从狗洞中进去。我出使的是楚国,不应该从这个门进去。"楚人只好请晏子从大门进去。

在会见时,楚王又故意问晏子:"齐国没有人了吗? 怎么派你这样一个人来做使臣?"晏子回答说:"齐国首都临淄有七千多户人家,展开衣袖可以遮天蔽日,挥洒汗水就像天下雨一样,人多得肩挨着肩,脚跟着脚,怎么能说齐国没有人呢?"楚王接着问:"既然如此,为什么派你出访呢?"晏子回答:"齐国派遣使臣,各有各的出使对象。贤明的人就派遣他出访贤明的国家,无能的人就派遣他出访无能的国家,我是最无能的人,所以就只好出使楚国了。"晏子在面对楚国的无礼时,用自己的智慧和口才维护了国家尊严和自己的人格,同时也展现了在外交场合中不被他人侮辱的礼仪风范。

任务内容

在中华优秀传统礼仪文化中,仁义礼智信被誉为"五常",是儒家思想体系中的核心伦理道德规范,也是中华民族几千年来立身处世的精神支柱。下文将分别阐述这五个道德规范的内涵及其实践意义。

一、儒家"五常"的内涵及其实践意义

(一)仁

1. 内涵

仁是儒家思想中最高的道德原则、道德标准和道德境界。孔子把"仁"作为他思想体系的核心,认为"仁"就是"爱人",即关心、爱护他人。仁的内涵非常丰富,包括对他人的同情、关爱、尊重、宽容等。在与另一个人相处时,能做到融洽和谐,即为仁。仁不仅指爱护家人、朋友,更包括对所有人的尊重和关爱,即使是陌生人,也应该得到平等的对待。

2. 实践意义

在日常生活中,实践仁意味着要关爱他人、善待万物。我们可以通过点滴小事体现仁的精神,如对待家人要孝顺、体贴;对待朋友要真诚、宽容;对待陌生人也要保持友善和尊重。通过践行仁道,我们不仅能够收获内心的满足,也能够营造和谐的社会氛围。在旅游服务中,服务人员应以仁爱之心对待每一位游客,关心游客的需求,提供贴心的服务,使游客感受到家的温暖。

(二)义

1. 内涵

义原指"宜",即行为适合于"礼"。在儒家思想中,义被看作评判人们的思想、行为的道德原则。义强调的是行为的正当性和合理性,即人的行为应该符合一定的道德规范和标准。在别人有难时帮人一把,即为义。

2. 实践意义

实践义要求我们在面对选择时坚守正义,不做违背良心和道德的事情。同时,我们也应该勇于承担责任,不推诿、不逃避。通过践行义,我们能够赢得他人的尊重和信任,并在社会中树立良好的道德风尚。在旅游服务中,服务人员应坚守职业道德,公正对待每一位游客,不偏袒、不歧视,确保服务的公平性和公正性。

(三)礼

1. 内涵

礼是社会准则和道德规范。在儒家思想中,礼被看作调整社会关系、维护社会秩序的重要手段。礼的内涵非常广泛,包括礼节、仪式、行为规范等多个方面。它要求人们在日常生

活中要遵守一定的礼仪规范，以体现对他人的尊重和自身的修养。

2.**实践意义**

实践礼意味着我们要尊重他人、遵守社会规范，以礼待人、以礼处事。通过践行礼仪规范，我们能够营造和谐的人际关系，促进社会的稳定发展。同时，礼也是仁的外在体现，通过践行礼仪规范可以培养人的仁德品质。在旅游服务中，服务人员应严格遵守行业规范，以礼貌、热情、专业的态度服务每一位游客，提升游客的满意度和忠诚度。

（四）智

1.**内涵**

智即智慧、聪明，有才能，有智谋。在儒家思想中，智被看作实现其最高道德原则"仁"的重要条件之一。智的内涵包括明辨是非、善恶、真伪等能力，以及运用知识、经验和智慧解决问题的能力。

2.**实践意义**

实践智要求我们不断学习、思考，提升自己的认知水平。在信息爆炸的时代，我们更需要保持清醒的头脑和独立的思考。通过践行智，我们能够更好地应对生活中的挑战和困难，并做出明智的判断和选择。在旅游服务中，服务人员应有丰富的知识和专业技能，能够灵活应对各种复杂情况，为游客提供高质量的服务。

（五）信

1.**内涵**

信强调的是诚实守信和忠诚。它是指人们要言行一致，说到做到，不欺骗他人，对承诺和责任忠诚。信者，人言也，意味着人类之言应该真实可靠。

2.**实践意义**

实践信是建立信任关系的基础。在人际交往中，诚信是赢得他人信任和尊重的关键。我们应该做到言必信、行必果，不轻易承诺自己无法做到的事情。同时，我们也应该尊重他人的信任和隐私，不轻易泄露他人的秘密或违背承诺。通过践行信，我们能够建立长久的人际关系，并推动社会的和谐发展。在旅游服务中，服务人员应诚实守信，对游客的承诺要坚决履行，确保服务的可靠性和可信度。

综上所述，仁义礼智信作为儒家思想的核心价值观，对我们的个人成长和社会进步具有重要意义。它们不仅是个人修养的标准，也是社会和谐发展的基石。我们应该在日常生活中积极践行这些美德，以构建更加和谐美好的社会。

二、礼仪的基本特征

（一）广泛性

1.描述

礼仪广泛存在于社会生活的各个方面,从个人交往到国际交流,从日常生活到商务活动,无一不体现着礼仪的存在。在旅游服务中,无论是前台接待、客房服务,还是导游讲解,都需要遵循一定的礼仪规范。

2.实践应用

旅游从业者应全面了解和掌握不同场景下的礼仪规范,确保在各种服务环节中都能表现出专业的礼仪风范。例如,在接待国际游客时,了解不同国家的文化习俗和礼仪要求,应避免文化冲突,从而提供贴心的服务。

（二）规范性

1.描述

礼仪是人们在长期的社会实践中形成的一套行为规范,具有明确的指导和约束作用。在旅游服务中,服务人员的着装、言谈举止、服务流程等都应遵循行业标准和企业规范。

2.实践应用

旅游企业应制定详细的服务规范和礼仪标准,对服务人员进行系统的培训,确保每一位服务人员都能熟练掌握并严格执行。例如,酒店的前台接待人员应统一着装,使用标准的礼貌用语,提供规范的服务流程,提升游客的满意度。

（三）灵活性

1.描述

礼仪虽有一定的规范性,但在实际应用中也需要根据具体情况进行灵活调整。在面对不同国籍、文化背景的客户时,服务人员需要灵活调整沟通方式和礼仪细节,以更好地满足客户需求。

2.实践应用

服务人员应具备灵活应变的能力,根据游客的具体需求和情况,灵活调整服务方式。例如,对于老年游客,服务人员应更加耐心细致,提供更多的关怀和帮助;对于年轻游客,服务人员可以更加活泼热情,提供更多的互动和娱乐项目。

（四）象征性

1.描述

礼仪往往承载着特定的文化内涵和社会价值观,是人们身份、教养等方面的象征。在旅游服务中,服务人员的专业形象和礼仪表现往往代表着企业的形象。

2.实践应用

旅游企业应注重服务人员的形象和礼仪培训,通过专业的形象和礼仪表现,传递企业的文化和价值观,提升企业的品牌影响力。例如,高端酒店的服务人员应具备专业的形象和礼仪风范,通过优质的服务,传递企业的高端品牌形象。

三、礼仪在旅游服务中的作用

（一）提升服务质量

1.描述

良好的礼仪规范能够提升服务人员的职业素养和专业技能,从而提高服务质量。通过规范的礼仪培训,服务人员能够熟练掌握服务流程和沟通技巧,为客户提供更加周到、细致的服务。

2.实践应用

旅游企业应定期对服务人员进行礼仪培训,提升服务人员的专业素养。例如,企业通过模拟服务场景,让服务人员练习规范的礼仪动作和沟通技巧,确保在实际服务中能够提供高质量的服务。

（二）塑造企业形象

1.描述

服务人员的礼仪表现是企业形象的重要组成部分,能够直接影响客户对企业的评价和认知。在旅游服务中,服务人员良好的礼仪形象能够提升客户对企业的信任和满意度,进而增强企业的品牌影响力和市场竞争力。

2.实践应用

旅游企业应注重服务人员的形象和礼仪培训,通过统一的着装、规范的礼仪动作和专业的服务态度,塑造企业的良好形象。例如,旅行社的导游应具备专业的形象和礼仪风范,通过优质的服务,传递企业的品牌形象,提升客户的满意度和忠诚度。

（三）满足客户需求

1.描述

礼仪不仅是对服务人员的要求,更是对客户需求的尊重和满足。在服务过程中,服务人员通过礼貌用语、微笑服务等礼仪细节,能够让客户感受到被尊重和被关怀,从而提升客户的满意度和忠诚度。

2.实践应用

服务人员应关注客户的细微需求,通过恰当的礼仪表现,满足客户的个性化需求。例如,对于有特殊需求的游客,服务人员应提供个性化的服务,如为残疾游客提供无障碍设施,为带孩子的游客提供儿童娱乐设施等。

（四）协调人际关系

1.描述

礼仪是人际交往中的润滑剂,能够协调各种人际关系,减少冲突和误解。在旅游服务中,服务人员通过恰当的礼仪表现,能够与客户建立良好的关系,从而提高服务效率和客户满意度。

2.实践应用

服务人员应具备良好的沟通技巧和协调能力,通过恰当的礼仪表现,化解服务过程中的矛盾和冲突。例如,当游客提出投诉时,服务人员应耐心倾听,及时解决问题,通过礼貌的沟通方式,化解游客的不满情绪,提升客户的满意度。

（五）传承文化价值

1.描述

礼仪是文化的重要组成部分,通过礼仪的传承和弘扬,能够传递和弘扬民族文化和地域文化。在旅游服务中,服务人员可以通过介绍当地的风俗习惯、文化特色等方式,让客户更好地了解和体验当地的文化魅力。

2.实践应用

旅游企业应注重文化传承和弘扬,通过服务人员的介绍和展示,让游客了解和体验当地的文化特色。例如,导游在讲解景点时,可以结合当地的历史文化背景,为游客提供丰富的文化体验,提升游客的文化认同感和满意度。

四、礼仪的实践方法

（一）礼仪培训

1.理论学习

通过课堂讲解、视频教学等方式，服务人员可以掌握礼仪的基本理论知识。

2.模拟演练

通过角色扮演和情境模拟，服务人员可以在实践中掌握礼仪技巧。例如，模拟接待游客、处理投诉等场景，让服务人员在实际操作中提升礼仪水平。

3.反馈与改进

通过定期的评估和反馈，服务人员可以发现自身在礼仪实践中的不足之处，并及时改进。

（二）礼仪规范的制定

1.企业标准

旅游企业应根据自身的特点和需求，制定详细的服务规范和礼仪标准。例如，酒店可以制定前台接待礼仪、客房服务礼仪等标准，确保服务人员在各个服务环节都能表现出专业的礼仪风范。

2.行业规范

旅游行业应制定统一的礼仪规范，为旅游企业的礼仪培训提供指导。例如，行业协会可以发布导游服务礼仪规范、酒店服务礼仪规范等，推动整个行业礼仪水平的提升。

（三）礼仪文化的传播

1.内部宣传

企业通过内部的宣传栏、培训手册、网站等途径，传播礼仪知识和礼仪文化。例如，定期发布礼仪小贴士、礼仪故事等内容，提升员工的礼仪意识。

2.外部宣传

企业通过社交媒体、旅游宣传册等方式，向游客宣传礼仪文化。例如，在旅游宣传册中加入礼仪小知识，让游客在旅行前就能了解当地的礼仪规范，减少文化冲突。

通过本任务的学习，学生应能够深刻理解礼仪的基本特征及其在旅游服务中的重要作用，为今后的职业生涯打下坚实的基础。同时，也希望学生能够将所学知识应用于实践中，不断提升自己的职业素养和服务水平。

模块二 旅游从业者职业形象礼仪

思政引领

1. 敬业精神：旅游从业者精心打造职业妆容,展现的是对工作的认真态度和对游客的尊重。这反映了他们的敬业精神和良好的形象,传递着他们积极向上的工作热情。适度且符合职业规范的妆容是从业者自律和自我管理能力的体现,也能展现从业者的职业操守。

2. 文化传承：掌握职业着装技巧,选择合适的服装,是旅游从业者对自身职业身份的认同和尊重。着装不仅要体现美观大方,更要符合职业特点和文化内涵,这与文化自信紧密相关。通过着装展示本土文化特色,增强游客对当地文化的了解和认同。遵循统一的着装规范,体现了团队协作和纪律意识,展示行业的整体形象和专业精神。

3. 服务意识：注重职业姿态礼仪,如站姿、走姿、坐姿等,能够展现旅游从业者的自信和专业。优雅得体的姿态传递友善和热情,体现了为人民服务的宗旨,让游客感受到宾至如归。良好的姿态礼仪还培养了从业者的耐心和细心,有助于他们在工作中应对各种情况,展现坚韧不拔的意志品质。

4. 文化自信：在全球化背景下,旅游从业者的职业形象礼仪不仅是个人素养的体现,更是国家文化软实力的体现。例如,日本服务行业强调极致待客之道,而法国服务业注重优雅与艺术感的结合。中国旅游从业者应在遵循国际通用礼仪的基础上,融入中华优秀传统文化元素,如汉服元素工装、中式盘发等,展现文化自信。同时,需了解不同国家游客的文化禁忌,以提供更具包容性的服务。

5. 心理健康：研究表明,得体的职业形象能显著提升从业者的自我效能感。例如,美国一位社会心理学家提出"姿势决定心态",挺拔的站姿和自信的妆容可促进皮质醇水平降低,增强抗压能力。

项目一　职业妆容打造

知识目标

1.掌握化妆技巧,确保每位旅游从业者能够熟练掌握基础淡妆的打造方法,提升个人职业形象。

2.掌握职业场合中合适的发型打造技巧,使个人形象更加专业、得体,从而提升职业形象和气质。

技能目标

1.了解适合职业妆容的化妆品类型及品牌,学会根据个人肤质和肤色选择合适的化妆品。

2.形成日常化妆与卸妆的良好习惯,维护皮肤健康,保持职业形象的持久性。

3.掌握头发的清洗、护理和梳理方法,保持头发的健康和整洁。

4.学会根据个人脸型和职业需求选择合适的发型。

育人目标

1.旅游从业者通过学习职业妆容打造,培养敬业精神和对专业的热爱。无论从事何种职业都需要具备专业态度和服务意识。

2.将中华优秀传统文化元素融入现代妆容设计中,如借鉴古代妆容的特点、运用传统色彩搭配等,以增强旅游从业者对中华优秀传统文化的认同感和自豪感。

3.倡导尊重个体差异,欣赏多样化的美,培养旅游从业者开放包容的心态,学会从不同角度去理解和接纳他人的独特之处。

案例导入

在一家国际知名酒店,有一位名叫小李的前厅服务员。每天上班前,她都会严格按照公司规定的职业妆容标准来打扮自己。有一次,酒店来了一位心情不佳的商务旅客,对服务有些挑剔。但当小李微笑着为他服务时,精致得体的妆容让她看起来专业又亲切,旅客的态度逐渐缓和。在后续的交谈中,旅客表示小李的形象给他留下了很好的印象,让他感受到了酒店对旅客的尊重,也让他烦躁的心情感受到了一丝温暖。这个案例体现了职业妆容在服务行业中作为礼仪重要部分的作用,它不仅展示了个人的专业性,也能在一定程度上改善服务对象的情绪和体验。

任务一 淡妆打造技巧

淡妆打造微课

任务内容

一、化妆品基础知识

（一）化妆品的分类与功能介绍

1.清洁类化妆品

清洁类化妆品,如洁面乳、卸妆油等,用于去除皮肤表面的污垢、油脂和化妆品残留,保持皮肤清洁。

2.护肤类化妆品

护肤类化妆品包括乳液、面霜、精华液等,旨在滋润、保湿、修复和保护皮肤,改善皮肤状态。

3.彩妆类化妆品

(1)底妆:如粉底、遮瑕膏等,用于均匀肤色、遮盖瑕疵,打造自然或无瑕的肌肤效果。

(2)眼妆:如眼影、眼线笔/液、睫毛膏等,用于增强眼部轮廓,增加眼睛的神采和立体感。

(3)腮红与修容:如腮红用于增添气色,修容产品则用于塑造面部轮廓,提升立体感。

(4)唇妆:如口红、唇彩等,用于丰富唇部色彩,提升整体妆容的亮点。

（二）不同肤质适用的化妆品类型

1.干性皮肤

干性皮肤应选择保湿性强、滋润度高的护肤品和化妆品,如含有玻尿酸、甘油等保湿成分的底妆产品。

2.油性皮肤

油性皮肤应选择控油、清爽型的护肤品和化妆品,如哑光质地的粉底、控油眼线笔等。

3.混合性皮肤

混合性皮肤的 T 区(即额头和鼻子区域)使用控油产品,U 区(即面颊和下巴区域)使用保湿产品,以达到平衡。

4.敏感性皮肤

敏感性皮肤应选择温和、无刺激、低敏成分的化妆品,避免使用含有酒精、香料等刺激性成分的产品。

（三）化妆品的正确选择与购买建议

（1）了解自己的肤质和需求：根据肤质选择合适的化妆品类型和质地。

（2）查看成分表：了解化妆品中的有效成分和潜在刺激性成分。

（3）试用和测试：在购买前进行皮肤测试，确保产品适合自己的肤质且不会引起过敏反应。

（4）选择正规品牌和渠道：购买来自正规品牌和渠道的化妆品，以确保产品质量和安全。

二、淡妆打造步骤及建议

（一）淡妆打造步骤

1.妆前准备

（1）清洁：使用温和的洁面产品彻底清洁皮肤，去除污垢和油脂。

（2）保湿：使用适合自己肤质的保湿产品，为皮肤提供充足的水分和营养。

2.底妆技巧

（1）选择粉底：根据肤色、肤质和妆容需求选择合适的粉底类型（如粉底液、气垫 BB 等）。

（2）涂抹方法：使用化妆刷、海绵或手指等均匀涂抹粉底，注意轻薄自然，避免厚重感。

3.眉毛修饰

（1）设计眉形：根据个人脸型和喜好设计合适的眉形。

（2）使用眉笔/眉粉：用眉笔填补眉毛空缺，用眉粉晕染眉毛，使眉毛更加浓密自然。

4.眼妆打造：眼影、眼线与睫毛膏的使用

（1）眼影：选择适合自己的眼影颜色，用化妆刷均匀涂抹在上眼皮上，打造自然或深邃的眼妆效果，见图 2－1。

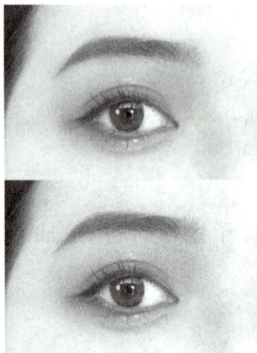

扫码看彩图

图 2－1　眼妆效果

（2）眼线：使用眼线笔/液描绘眼线，增强眼部轮廓，使眼睛更加有神。

（3）睫毛膏：用睫毛夹夹翘睫毛，然后涂抹睫毛膏，使睫毛更加浓密卷翘。

5.腮红与修容

（1）腮红：用腮红刷蘸取适量腮红，轻轻扫在脸颊上，增添气色，见图2-2。

扫码看彩图

图2-2　腮红效果

（2）修容：使用修容粉或修容棒在面部轮廓处进行修饰，打造立体效果。

6.唇妆选择

（1）选择口红颜色：根据个人肤色、妆容风格和场合选择合适的口红颜色。

（2）搭配质地：根据妆容需求选择口红质地（如哑光、滋润、珠光等）。

（二）淡妆打造建议

旅游从业者在不同场合中需要展现得体、专业的形象，而淡妆作为一种自然、清新的妆容，非常适合他们。以下是一些关于旅游从业者如何根据不同场合打造不同淡妆的建议。

1.日常工作场合

（1）底妆：选择轻薄透气的粉底液或气垫BB霜，以打造自然无瑕的肌肤质感。避免使用过于厚重的底妆产品，以免给人不自然的感觉。

（2）眉毛：使用眉笔或眉粉轻轻填充眉毛，塑造自然柔和的眉形。颜色应与发色相近，以保持整体妆容的和谐。

（3）眼妆：选择大地色系的眼影，以浅色系打底，逐渐加深眼窝处的颜色，打造自然的眼部轮廓。可选择棕色或灰色眼线笔，轻轻描绘内眼线，增加眼神的深邃感。睫毛膏可选择性使用，以打造自然卷翘的睫毛效果。

（4）腮红：使用淡粉色或珊瑚色腮红，轻轻扫在颧骨处，增加气色和立体感。

（5）唇妆：选择裸色、粉色或豆沙色口红，以打造自然水润的唇部效果。避免使用过于鲜艳或深色的口红，以免与整体淡妆风格不符。

2.户外旅游活动场合

(1)底妆:选择具有防水防汗功能的粉底液或气垫BB霜,以应对户外环境的挑战。使用散粉或定妆喷雾进行定妆,以保持妆容的持久性。

(2)眉毛:使用眉笔或眉粉塑造自然立体的眉形,颜色应与发色一致。在户外活动中,眉毛的修饰应更加自然,避免过于浓重的妆容效果。

(3)眼妆:选择大地色系或棕色系的眼影,以打造自然的眼部轮廓。可选棕色眼线笔,轻轻描绘内眼线,以增加眼神的锐利感。睫毛膏可选择防水型,以保持睫毛的卷翘和浓密效果。在户外活动中,应避免使用过于夸张的眼妆效果。

(4)腮红:使用珊瑚色或橙色腮红,以增加气色和活力感。在户外活动中,腮红的颜色可以稍微鲜艳一些,以突出整体妆容的生动感。

(5)唇妆:选择裸色、粉色或橙色口红,以打造自然水润的唇部效果。在户外活动中,应避免使用过于鲜艳的口红颜色,以免与整体淡妆风格产生冲突。

3.晚宴或正式场合

(1)底妆:选择具有光泽感和遮瑕力的粉底液或气垫BB霜,以打造无瑕且富有光泽的肌肤质感。使用高光粉或提亮液提亮T区、颧骨和眉骨处,增加立体感。

(2)眉毛:使用眉笔或眉粉塑造清晰立体的眉形,颜色可与发色稍做搭配,以增加时尚感。在晚宴或正式场合中,眉毛的修饰应更加精致,以突出整体妆容的优雅感。

(3)眼妆:选择金色、酒红色或紫色等华丽色调的眼影,以打造迷人的眼部效果。可选择黑色眼线笔或眼线液笔,沿着睫毛根部描绘出细长的眼线,以增加眼神的锐利感。睫毛膏可选择浓密型或加长型,以保持睫毛的浓密和卷翘效果。在晚宴或正式场合中,眼妆可以稍微夸张一些,以突出整体妆容的华丽感。

(4)腮红:使用淡粉色或珊瑚色腮红,轻轻扫在颧骨处,以增加气色和甜美感。在晚宴或正式场合中,腮红的颜色应更加柔和,以避免过于突兀的效果。

(5)唇妆:选择粉色、玫瑰色或豆沙色口红,以打造水润饱满的唇部效果。在晚宴或正式场合中,可以选择带有珠光或闪粉效果的口红,以增加整体妆容的华丽感和时尚感。

三、化妆工具与技巧

(一)化妆刷与海绵的正确使用方法

(1)化妆刷:不同类型的化妆刷用于不同的妆容部位,如散粉刷、腮红刷、眼影刷等。使用时注意手法轻柔,避免过度拉扯皮肤。

(2)海绵:用于涂抹粉底、遮瑕膏等底妆产品。使用时将海绵打湿并挤干水分,然后轻轻按压、拍打皮肤,使底妆更加服帖自然。

（二）不同化妆工具对妆容效果的影响

（1）化妆刷：能够精准地控制妆容范围和力度，打造细腻自然的妆容效果。

（2）海绵：能够均匀涂抹底妆产品，使妆容更加服帖、自然。

（3）手指：适用于涂抹滋润型的护肤品和化妆品，如面霜、唇膏等。

（三）化妆技巧的进阶学习

（1）晕染：使用化妆刷或海绵将眼影、腮红等产品晕染开来，使妆容更加自然柔和。

（2）叠加：在原有妆容基础上叠加不同颜色的眼影、腮红。

四、特殊肤质妆容的解决方案

（1）敏感肌：推荐使用矿物粉底，避免用含酒精成分的化妆品。妆前可敷冷藏后的医用面膜以镇定肌肤。

（2）痘痘肌：使用绿色遮瑕膏中和红肿，搭配无油粉底液。卸妆时建议用胶束水轻柔擦拭，避免摩擦。

（3）熟龄肌：选择含玻尿酸成分的粉底，配合提拉手法上妆，从下巴向太阳穴方向轻拍，增强面部紧致感。

五、全流程时间管理方案

（1）5分钟应急妆：仅用三样产品（CC霜＋眉膏＋润色唇膏）完成，重点覆盖黑眼圈和唇色暗沉区域。

（2）15分钟精致妆：增加眼线液笔和单色眼影，通过"三点定位法"快速勾勒眼型，见图2-3。

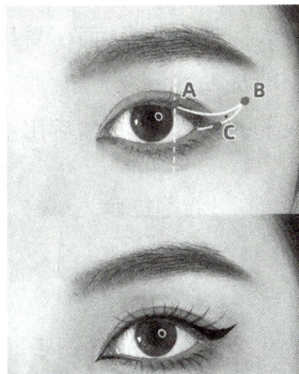

扫码看彩图

图2-3 "三点定位法"

综上所述,旅游从业者应根据不同场合的需求和氛围来打造不同的淡妆效果。在日常工作中保持自然、清新的妆容;在户外旅游活动中注重防水防汗和自然立体感;在晚宴或正式场合中则更加注重华丽感和时尚感。通过合理的妆容搭配和技巧运用,旅游从业者可以在不同场合中展现出得体、专业的形象。

任务二　发型打造技巧

发型打造微课

任务内容

头发的修饰是仪容礼仪的重要组成部分,主要包括头发的护养、修剪及发型的选择。

一、头发的护养

为了保持头发的整洁、健康、无异味,社交者应做好头发的护养工作,具体包括头发的清洗、护理和梳理。

（一）头发的清洗

保持头发的卫生健康最主要的方法就是清洗头发。通常,每两到三天就应当清洗。

(1)水温:宜选用40℃左右的温水,切勿用过冷或过热的水冲洗头发,否则会洗不干净油脂或损害发丝。

(2)洗发剂:宜选用适合自己发质的洗发剂。人的发质大致可分为中性、干性和油性三种。一般情况下,应按照洗发水外包装上的说明选择。洗发时,应尽量缩短洗发剂在头发上的停留时间,以免损伤发质。

(3)清洗手法:应用双手的指腹大圈按摩头发,而不要用指甲抓头发。

(4)冲洗:应当用清水将头发上的洗发液清洗干净。

(5)干燥方法:先用毛巾把湿发上的水分吸去,然后用吹风机小心吹干头发。

> **温馨提示**
>
> • 千万不要用毛巾摩擦头发,切忌拧搓头发,因为此时头皮及头发都很脆弱,这样容易引起头发损伤。
>
> • 传统的让头发自然风干的方法是干发的好办法。如果用吹风机吹干头发,不要用吹风机吹还在滴水的头发;把吹风机的速度和热量设置在最低度数上,在头发完全干燥之前停止使用吹风机;吹风过程中,不停地移动吹风机的位置,不要把吹风机固定对着某一处吹,这样会引起水分过度蒸发,损伤头发。

- 当头发仍然潮湿时,用阔齿梳子小心地解开纠缠的头发。
- 解开纠缠的头发时,用梳子自上而下梳理,自发端部位解起,然后解发根部位的纠缠,以避免引起头发分叉和扯断发丝。

（二）头发的护理

头发的护理方法可以从以下几个方面进行。

1.按摩头部

每次洗头前后,可按摩头皮数分钟,以促进头发生长,防止或减少脱发。按摩时,将十指分开,从前向后揉动头皮,反复多次,直至头皮发热,有紧缩感觉为止。

2.使用护发剂

洗发后,应注意使用发乳、发油等护发剂为头发补充营养,使头发保持柔软亮泽并富有弹性。但使用护发剂不能太过频繁,每周 1～2 次较为合适,否则易使头发营养过剩,变得黏腻。

3.注意饮食

如欲减少头皮屑,应少吃油性大的食物,多吃含碘丰富的食物。欲使头发乌黑亮丽,应多吃含蛋白质和维生素丰富的食物,尤其要多吃坚果(如核桃)和"黑色食物"(如黑芝麻、黑豆等)。

（三）头发的梳理

梳理头发可以促进头部的血液循环,并使头发整齐美观。梳头时应注意以下事项。

1.梳理工具

梳头时应选用专业的梳子梳理头发,而不宜用尼龙梳子梳头。用尼龙梳子梳头容易起静电反应,导致毛发脱落。

2.梳理方法

梳头时使梳子与头发形成一定角度,然后用适度的力量朝某一个方向重复运动,以促进头部血液循环和皮脂分泌。每次梳头 25～50 次,动作不要太快,用力要均匀适度,以免拉伤头发。

3.梳理场合

应在私密场合梳头,切勿在公共场合进行,否则有失礼仪,影响个人形象。

二、头发的修剪

修剪头发是保持头发整洁美观的重要途径。修剪头发时应注意以下事项。

（一）修剪频率

头发应当定期修剪，尤其是短发。一般情况下，应每半个月左右修剪一次，最长不宜超过一个月。若需要参加重要典礼或宴会，则可临时修剪一次。

（二）修剪方式

修剪头发的方式具体可分为剪、染、焗、吹、烫等，所选择的修剪方式应当与自己的实际和活动场合相称，否则将有损个人形象。

（三）修剪长度

一般情况下，修剪头发时男士应做到前发不遮眉，侧发不遮耳，后发不及领；女士应做到刘海勿遮脸，短发不过肩，若留长发则应注意在重要场合将头发束起来或盘起来。

三、发型的选择

发型对美化仪容起着非常重要的作用。选择发型时应综合考虑发质、脸形、身材等因素，尽量做到和谐自然、美观大方。

（一）发质

(1)硬发质：适宜选择修剪整齐的发型，避免花样复杂的发型。

(2)绵发质（头发软而细，且弹性不大）：适宜选择波浪式发型。

(3)沙发质（头发干涩、蓬松）：宜选择短发。

(4)卷发质（即"自来卷"）：宜遵从头发原有的特性塑造与脸形相称的发型。

（二）脸形

(1)椭圆形脸：适合任何发型。

(2)圆形脸：适合头前部或顶部略微隆高，两侧略遮脸颊的不对称发型。

(3)长形脸：适合遮住前额，两颊部位适当蓬松的发型。

(4)方形脸：适合遮住脸颊，掩饰脸型棱角的发型。

(5)"甲"字形脸：适合遮住前额，两颊及后部蓬松而饱满的波浪式发型。

(6)"由"字形脸：适合顶部蓬松，露出前额，遮住两腮，下部头发略微肥厚的发型。

（三）身材

(1)身材高大者：宜选择显得大方洒脱的发型（如短发），避免选择与高大身材形成鲜明对比的发型（如小烫卷）。

(2)身材高瘦者：宜选择略显丰盈的发型（如波浪式长发），避免选择突显"瘦长"特征的发型(如超级短发或盘高发髻)。

（3）身材肥胖者:宜选择整体向上、两侧紧束的发型,避免选择增加肥胖错觉的发型(如波浪式长发或两侧蓬松的发型)。

此外,身体局部特征明显不协调者,可通过合适的发型来掩饰不足,如肩宽臀窄者可选择披肩发或下部蓬松的发型,以发盖肩,可分散肩部宽大的视角;颈部细长者可选择蓬松的头发扩展颈部视角;颈部粗短者可选择中长发,以分散颈部注意力。

四、高科技护发工具的应用

（1）纳米喷雾梳:可在造型的同时释放护发精华,适合干燥的发质。

（2）温控卷发棒:细软发质建议将温度设定在 140℃,粗硬发质建议将温度设定在 180℃,搭配隔热喷雾减少损伤。

（3）头皮检测仪:通过 App 分析头皮健康状态,推荐个性化护理方案。

中国古典发型换新颜

中国古典发髻:导游在文化景区可尝试低盘发搭配玉簪,增强文化沉浸感。

汉代发髻:在汉代文化景区,女性员工可尝试汉代常见的发髻,如云髻、堕马髻等,搭配玉簪或金簪,展现汉代女性的优雅。

唐代双环髻:适用于古都景区讲解员,可搭配步摇,但需控制摆动幅度及步摇流苏的长度。

清代旗头:在清代文化景区,女性员工可尝试清代旗头,如两把头、大拉翅等,搭配珍珠饰品,展现清代女性的庄重。

五、发型与职业形象的融合

（1）职业形象的重要性:在旅游服务行业中,发型不仅是个人形象的一部分,更是职业素养的体现。一个得体的发型能够提升服务人员的专业形象,增强游客的信任感和满意度。

（2）发型与职业规范:旅游从业者应根据职业要求和工作环境选择合适的发型。例如,在正式场合,如商务会议或高端旅游活动中,应选择简洁、大方的发型;在休闲场合,如户外旅游或亲子活动中,可以选择稍微轻松一些的发型,但也要保持整洁和得体。

（3）发型与文化传承:在一些文化景区或传统节日中,旅游从业者可以通过发型展示当地的文化特色。例如,在汉文化景区,员工可以佩戴汉代发饰;在少数民族地区,员工可以佩戴当地的民族发饰,增强游客的文化体验感。

六、发型的注意事项

（1）保持头发健康：定期修剪头发，使用适合自己发质的护发产品，保持头发的健康和光泽。

（2）避免过度造型：过度使用发胶、发蜡等造型产品可能会对头发造成损伤，建议适量使用。

（3）注意发型的整洁：在工作前，检查自己的发型是否整洁、得体，避免出现碎发或凌乱的情况。

（4）尊重文化差异：在不同文化背景下，发型可能有不同的含义和禁忌。在接待国际游客时，应尊重他们的文化习俗，避免因发型引发不必要的误解或冲突。

七、发型的国际礼仪

（1）国际通用礼仪：在国际场合中，发型应保持简洁、大方，避免过于夸张或复杂的造型。例如，在国际商务会议或高端旅游活动中，建议选择简洁的盘发或低马尾，展现专业和优雅的形象。

（2）文化差异：不同国家和地区对发型可能有不同的礼仪要求。例如，在日本，女性在正式场合通常会佩戴发簪或发带，表示尊重和礼貌。

（3）国际旅游服务：在接待国际游客时，旅游从业者应了解不同国家的文化习俗和礼仪要求，尊重游客的文化背景，避免因发型引发不必要的误解或冲突。

项目二 职业着装技巧

知识目标

1. 能够熟练掌握男士正装穿着的基本技巧,了解正装穿着的礼仪规范。
2. 能够熟练掌握女士正装着装的基本原则、搭配技巧及注意事项。

技能目标

1. 能够在不同商务场合中得体地穿着正装,展现个人职业素养和形象。
2. 根据不同身材、肤色和职业需求,提供个性化的着装建议,使着装更加协调、得体。

育人目标

1. 学习不同行业的着装规范,强调每个行业都有其特定的职业道德标准,鼓励旅游从业者遵守并维护这些标准,增强职业责任感。
2. 使旅游从业者认识到得体的职业着装对建立专业形象的重要性,帮助他们理解在职场中保持整洁、专业的外表是对同事和客户的尊重。

案例导入

赵先生在一家五星级酒店担任大堂经理,他深知职业着装对酒店形象和客户体验的重要性。

每天上班时,他都会身穿一套量身定制的黑色修身西装,西装的质地精良,没有一丝褶皱。白色的衬衫领口和袖口总是干净整洁,系着一条酒红色的领带,领带的打法标准而精致,为整个着装增添了一份优雅。他的西裤裤线笔直,搭配着一双擦得锃亮的黑色皮鞋。皮鞋一尘不染,能清晰地映出周围的环境。

有一次,一位外国的重要商务代表团入住酒店。代表团成员刚踏入酒店大堂,就被赵先生专业得体的着装吸引。赵先生上前接待,他的着装让代表团感受到了酒店的高端品质和对他们的尊重。在交流过程中,代表团成员对酒店的第一印象极佳,也对后续的服务充满期待。赵先生的着装符合五星级酒店大堂经理的身份,展现出了专业性、权威性和热情友好的态度,为酒店赢得了良好的声誉。还有一次,酒店举办大型的行业交流活动,来自各地的酒店同行和嘉宾云集。赵先生穿梭其中接待和协调,他的着装彰显出酒店对活动的重视,也成为酒店员工职业着装的典范,向同行展示了酒店在礼仪细节方面的高水准。这个案例充分体现了职业着装在酒店服务行业作为礼仪关键部分的重要意义。

任务一　男士正装穿着技巧

男士职场穿着
技巧微课

任务内容

一、正装穿着的基本原则

（一）颜色搭配

1.基本原则

正装颜色应以深色系为主，如黑色、藏蓝色、灰色等，这些颜色给人以稳重、干练的感觉。同时，要注意全身穿着的颜色限制在三种以内，以保持整体形象的和谐统一，这也叫"三色原则"。

2.具体示例

黑色西装搭配白色衬衫和深色领带，是最经典的选择。如果选择灰色西装，可以搭配浅蓝色衬衫和深灰色领带，增加层次感。

（二）款式选择

1.基本原则

正装款式应简洁大方，避免过多的装饰和复杂的图案。西装应选择合身的剪裁，以展现男士的挺拔身姿。

2.具体示例

单排扣西装适合大多数场合，双排扣西装则更显正式和权威。对于身材较瘦的男士，可以选择稍宽松的剪裁；对于身材较胖的男士，应选择修身的剪裁，避免显得过于臃肿。

（三）面料选择

1.基本原则

正装面料应选择天然织物，如羊毛、羊绒等，这些面料质地优良，穿着舒适且透气性好。

2.具体示例

在夏季，可以选择轻薄的羊毛混纺面料；在冬季，可以选择厚实的羊毛或羊绒面料，以保持温暖。

二、西装的穿着技巧

（一）西装外套

1.合身要求

西装外套应合身,肩部完美贴合肩膀,领口与衬衣领口之间应无缝隙。西装外套的袖子应比衬衣袖子约短1~2厘米,且扣子不要全部扣上,最下面的扣子一般不扣。

2.具体示例

在选择西装外套时,可以请专业的裁缝量身定制,确保合身。如果购买成衣,应选择肩部和腰部有调节功能的款式,以便进行微调。

（二）衬衣

1.合身要求

衬衣应选择白色或浅蓝色等清爽的颜色,领口和袖口应干净平整。衬衣的袖子应比西装袖子长出1~2厘米,且袖口应扣好。不打领带时,衬衣第一个扣子要解开。

2.具体示例

在选择衬衣时,应选择质地柔软、吸汗性好的棉质或亚麻材质。领口可以选择标准领或宽领,根据个人脸型和喜好进行选择。

（三）领带

领带的打法微课

1.合身要求

领带是西装的重要配饰,应选择颜色和谐、质地优良的领带。领带的下端应正好触及腰带扣中间处,且领带结的大小要合适。领带的颜色要比衬衣的颜色深,以突出层次感。

2.具体示例

在正式场合,可以选择深色的领带,如黑色、深蓝色或深灰色。在较轻松的场合,可以选择带有图案的领带,如条纹或格子,增加时尚感。

三、配饰的搭配技巧

（一）皮鞋

皮鞋应与西装颜色相协调,黑色西装应搭配黑色皮鞋,棕色西装则应搭配棕色皮鞋。皮鞋应保持干净整洁,无破损和污渍。

在选择皮鞋时,应选择质地优良的牛皮鞋。黑色皮鞋适合大多数场合,棕色皮鞋则更适合休闲场合。

（二）袜子

男士穿着西装时,应该穿黑色的高腰口的棉质袜子,保证在坐下的时候,袜子的长度可以覆盖整个脚踝,不会出现漏出皮肤的现象,这样男士的脚部和腿部的颜色看起来更加和谐统一。

（三）腰带

腰带的颜色应与皮鞋一致,以展现整体形象的协调性。腰带的款式应简洁大方,避免过多的装饰。

在选择腰带时,应选择宽度适中的款式,一般为3～4厘米。腰带的扣子可以选择金属或皮质,根据个人喜好和场合进行选择。

（四）手表

手表是男士正装的重要配饰之一,应选择造型简约、颜色保守的商务款式。手表的表带可以选择钢带或皮带,但钢带手表在商务场合中更为正式。

在正式场合,可以选择黑色或银色的钢带手表;在休闲场合,可以选择棕色或黑色的皮带手表,增加时尚感。

（五）公文包

公文包要选择没有 logo 或者 logo 不明显的皮质包,大小和使用者身材保持平衡。男士在穿西装时,要求皮带、皮鞋、公文包都是一种颜色,一般都是以黑色为主,这也叫"三一定律"。

（六）扣子

男士在穿西装时,扣子的扣法是有讲究的,要求是"扣上不扣下"。西装如果是两粒扣的设计,只扣最上面的一粒,如果是三粒扣的设计,则只扣上面的两粒,最下面的一粒不扣。

（七）其他配饰

其他配饰如袖扣、领带夹等,这些配饰应简洁大方,避免过于花哨和复杂。同时,要注意不要佩戴过多配饰,以免显得累赘和不协调。

在选择袖扣时,可以选择金属或宝石材质,但应避免过于夸张的设计。领带夹可以选择金属材质,夹在领带的中间位置,增加整体的稳重感。

四、不同商务场合的着装要求

（一）正式商务场合

1.着装要求

在商务谈判、重要会议等场合，应穿着黑色或藏蓝色的西装套装，搭配白色衬衣和深色领带。皮鞋和腰带应选择与西装颜色相协调的款式。配饰应简洁大方，避免过于花哨。

2.具体示例

在正式商务场合，可以选择黑色西装套装，搭配白色衬衫和黑色领带，选择黑色牛皮鞋、黑色皮带、黑色钢带手表，整体形象显得稳重、专业。

（二）一般商务场合

1.着装要求

在商务拜访、客户接待等场合，可以选择深蓝色或灰色的西装套装，搭配浅蓝色衬衣和领带。皮鞋和腰带可以选择棕色或黑色的款式。配饰可以适当增加一些，但要保持整体形象的协调性。

2.具体示例

在一般商务场合，可以选择深蓝色西装套装，搭配浅蓝色衬衫和深蓝色领带，选择棕色牛皮鞋、棕色皮带、棕色皮带手表，整体形象显得时尚、专业。

（三）休闲商务场合

1.着装要求

在商务旅行、团队建设等场合，可以选择深色系的休闲西装或夹克衫，搭配深色长裤和休闲皮鞋。配饰可以选择一些具有个性的款式，但要保持整体形象的得体性。

2.具体示例

在休闲商务场合，可以选择深灰色休闲西装，搭配深色长裤和棕色休闲皮鞋，配饰可以选择带有图案的领带和金属袖扣，整体形象显得轻松、时尚。

任务二　女士正装着装技巧

女士职场穿着
技巧微课

✗ 任务内容

一、女士正装的基本款式

（一）套裙

1.基本要求

女士正装套裙通常以窄裙为主,颜色以黑色、藏青色、灰褐色、灰色和暗红色为佳。裙子长度应适中,可选择下摆在膝盖以上3厘米的裙子,但不可太短。

2.具体示例

在正式场合,可以选择黑色窄裙套装,搭配白色衬衫和深色丝巾,展现专业和优雅的形象。

（二）西装

1.基本要求

西装是女士正装的重要组成部分,颜色以深色、单色为宜。西装款式包括单排扣和双排扣,可根据个人喜好及场合选择。在穿西装时,应注意纽扣系法,确保着装整洁。

2.具体示例

在商务会议中,可以选择深蓝色单排扣西装,搭配浅蓝色衬衫,展现专业和稳重的形象。

二、颜色搭配原则

（一）协调原则

1.基本要求

正装颜色应与肤色、年龄、体型等相协调,避免穿着过于鲜艳或暗淡的颜色。

2.具体示例

对于肤色较白的女士,可以选择浅色系的正装,如浅蓝色、米色等;对于肤色较暗的女士,可以选择深色系的正装,如黑色、深蓝色等。

（二）统一原则

1.基本要求

套装上下装颜色应一致,或选择其中两样为素色,以展现整体美感。

2.具体示例

在选择套装时,可以选择同色系的上下装,如黑色西装搭配黑色窄裙,整体形象协调统一。

（三）衬托原则

1.基本要求

可通过配饰如围巾、领带等,以色彩、图案衬托正装,提升整体形象。

2.具体示例

在正式场合,可以选择深色正装搭配浅色丝巾,增加层次感和时尚感。

三、配饰搭配技巧

（一）丝巾与领带

丝巾的打法微课

1.基本要求

丝巾和领带是提升女士正装形象的重要配饰。丝巾可选择丝绸质,颜色应与套裙或西装相协调;领带则可根据个人喜好及场合选择,但需注意色彩、图案与正装的搭配。

2.具体示例

在商务场合,可以选择深色丝巾,如黑色或深蓝色,搭配深色正装;在较轻松的场合,可以选择带有图案的丝巾,如条纹或格子丝巾,增加时尚感。

（二）鞋子与袜子

1.基本要求

女士正装应搭配高跟、半高跟的船式皮鞋或盖式皮鞋,颜色以黑色或深色为宜。袜子应选择肉色或黑色长筒袜,避免露出袜口,保持整体形象整洁。

2.具体示例

在正式场合,可以选择黑色高跟鞋,搭配黑色长筒袜,整体形象稳重、专业;在休闲场合,可以选择深色半高跟鞋,搭配肉色长筒袜,增加时尚感。

（三）首饰与挂件

1.基本要求

首饰和挂件是提升女士气质的重要元素,但需注意佩戴数量不宜过多,以简洁大方为宜。同时,首饰和挂件的颜色、款式应与正装相协调,避免过于夸张或突兀。

2.具体示例

在商务场合,可以选择简单的珍珠项链或耳环,搭配深色正装,展现优雅和专业;在休闲场合,可以选择带有宝石的项链或手链,增加时尚感。

四、着装注意事项

（一）整洁原则

1.基本要求

保持正装整洁、无皱褶,避免穿着破损或污渍明显的正装。

2.具体示例

在选择正装时,应选择质地优良的面料,避免出现皱褶。在穿着前,应检查正装是否有破损或污渍,确保整洁。

（二）合身原则

1.基本要求

选择合身的正装,避免穿着过于宽松或紧身的衣服,影响整体形象。

2.具体示例

在选择西装时,应选择合身的剪裁,确保肩部和腰部的线条流畅。如果选择裙装,应选择合适的长度,避免过短或过长。

（三）搭配原则

1.基本要求

注意正装与配饰的搭配,确保整体形象和谐统一。

2.具体示例

在选择配饰时,应选择与正装颜色和款式相协调的配饰,避免过于花哨或突兀。

（四）场合原则

1.基本要求

根据场合选择合适的正装,如正式场合可选择深色套装,休闲场合则可适当放宽着装要求。

2.具体示例

在正式商务场合,可以选择黑色或深蓝色的西装套装;在休闲商务场合,可以选择深色系的休闲西装或夹克衫。

非遗工艺与现代职业装融合

苏绣西装领口暗纹绣"水波纹",每厘米8针标准,体现江南水乡导游特色;苗族蜡染丝巾作为工装配饰时,图案需避开图腾禁忌(如虎纹慎用于彝族景区)。

项目三　职业仪态礼仪

知识目标

1. 理解并掌握男士、女士站姿的基本要求和规范。
2. 理解并掌握男士、女士坐姿的基本要求和规范。
3. 理解并掌握男士、女士走姿的基本要求和规范。
4. 理解并掌握男士、女士蹲姿的基本要求和规范。
5. 理解并掌握目光交流技巧。
6. 理解并掌握面部表情的基本技巧。

技能目标

1. 旅游从业者能够根据具体场合,如服务、社交、正式活动等,调整并展现合适的站姿。
2. 通过学习和实践,能够避免常见的不良坐姿,提升整体服务质量和游客满意度。
3. 学习并实践标准的走姿动作,包括步伐、姿态、手臂摆动等细节。
4. 能够根据场合和需要,恰当地运用蹲姿礼仪,在不同情境下,如拾取物品、服务游客等,展现得体的蹲姿。
5. 学会在不同情境下使用恰当的目光交流方式,包括注视、扫视和回避等。
6. 能够根据不同的情境和游客需求,灵活运用面部表情来提升服务质量。

育人目标

1. 旅游从业者通过学习职业仪态礼仪,增强责任感,理解作为职场人士,在工作中展现对同事、客户及公司的尊重。
2. 鼓励旅游从业者将中华优秀传统礼仪文化融入现代职场礼仪中,如尊老爱幼、谦逊有礼等传统美德,以提升对中国文化的认同感和自豪感。
3. 强调遵守社会公共秩序和良好风俗习惯的重要性,培养旅游从业者积极向上的生活态度和社会责任感。
4. 使旅游从业者认识到礼仪是一个不断发展的领域,随着社会的进步和个人经历的增长,需要不断地学习新知识、新技能来进行自我提升。

案例导入

小王是一名经验丰富的导游,他的职业仪态礼仪为游客们留下了深刻印象。

在每次接待游客时,小王总是身姿挺拔,站立时抬头挺胸,双肩自然下垂,双手自然放在身前或背后。他的表情温和且充满热情,眼神专注地与游客交流,让游客感受到尊重。

有一次,小王带领一个老年旅游团参观历史古迹。在讲解过程中,他始终保持微笑,用清晰、洪亮又亲切的声音介绍景点的历史文化。当走在古迹的石板路上时,他步伐稳健且适中,既能让游客跟上,又不会显得拖沓。遇到上坡路,他会放慢脚步,时不时回头关注游客的情况。

在引导游客参观室内展品时,他用规范的手势指引方向,手臂伸直,手掌向上,四指并拢。有游客提出问题时,他微微侧身面向游客倾听,回答时身体微微前倾,表示对游客的关注。

这个老年旅游团中有一位老人腿脚不太方便,小王在搀扶老人的过程中,动作轻柔又有力,展现出关心。整个旅程结束后,游客们对小王赞不绝口。他们在评价中特别提到小王的仪态非常专业,让大家在游玩过程中感到舒适和被尊重,就像一位亲切的朋友带领他们领略美景,这让整个旅游体验更加美好。这个案例充分体现了旅游从业者良好的仪态礼仪在提升游客满意度方面的重要作用。

任务一　站　姿

站姿微课

任务内容

站姿是工作人员的基本仪态，是其他仪态的基础。良好的站姿能够展现个人的气质和风度。俗语有云："坐有坐样，站有站相。"古人认为："凡君子，举止舒迟不迫，体貌闲雅温润。"

在《礼记·玉藻》中有"君子九容"一说，即"足容重，手容恭，目容端，口容止，声容静，头容直，气容肃，立容德，色容庄。"此为君子容貌之常态，也暗含了古人对站姿的要求。

"君子九容"

"足容重"是指脚步稳重，不要轻举妄动。

"手容恭"是指手要端庄握住，不要乱动。

"目容端"是指目不斜视，观察事物时要专注。

"口容止"是要求在说话、饮食以外的时间，嘴不要乱动。

"声容静"是指振作精神，不要发出不合时宜的声音。

"头容直"是要求昂首挺胸，不要东倚西靠。

"气容肃"是指呼吸均匀，没有粗声怪音。

"立容德"是指不倚不靠，保持中立，表现出道德风范。

"色容庄"是指气色庄重，面无倦意。

随着时代的变化，现代站姿礼仪既有对古代站姿礼仪的传承，又有与时俱进的发展。

一、站姿的基本要领

（一）头正

头正即双目平视，颈部挺直，下颚微收，面容平和自然。如在接待游客时，保持头部正直，避免低头或仰头，展现专注和友好的态度。

（二）肩展

肩展即双肩舒展、放平，自然放松，稍向后下方下沉。如在引导游客参观时，保持肩部自然放松，避免耸肩或驼背。

（三）垂臂

垂臂即双臂放松,自然垂于身体两侧,手指并拢,自然弯曲。如在与游客交流时,双手自然垂放,避免交叉或插兜。

（四）挺胸

挺胸即后背挺直,胸部舒展,自然上挺。如在站立服务时,保持胸部挺起,避免含胸驼背。

挺胸立背小妙招:挺胸立背不是仅仅让胸部挺起来,关键是肩部,肩要打开,双肩向后微收1厘米,这样胸部自然就挺起来了,背也立起来了。

（五）收腹

收腹即腰部挺直,让腹部的肌肉微微紧收,保持自然呼吸。如在长时间站立服务时,保持腹部收紧,避免松懈。

（六）提臀

提臀即臀部肌肉向内、向上收紧。如在站立时,保持臀部收紧,避免松垮。

（七）腿直

腿直即双腿挺直,双膝紧贴,腿部肌肉向内收紧,身体重心置于双腿之间。如在站立服务时,保持双腿挺直,避免弯曲或交叉。

二、礼仪站姿

女士和男士都有四种礼仪站姿,分别是标准式、前腹式、腰际式和交流式。

（一）男士站姿

男士站姿要体现男士的稳重儒雅和帅气,四种站姿具体如下。

1.标准式站姿

男士标准式站姿(图2-4):首先,立正站好,双脚脚跟并拢,脚尖微微打开45°,双手自然垂放于身体两侧的裤缝处,头要正,肩要平,胸要挺,背要立,腹要收,臀要提,双腿并拢;其次,以腰为轴,向上无限挺立,仿佛有根线提拉着你往上,向下无限延伸,双脚向大树一样稳稳地立在地上;最后,目视前方,特别注意,眼神不要乱飘,更不能抖手抖脚,不然会给人一种不稳重、不可靠的感觉。

图 2－4 男士标准式站姿

2.前腹式站姿

男士前腹式站姿是在标准站姿的基础上,脚部和手部姿态有一些变化。双脚打开与肩同宽,这里要注意是脚跟打开,不是只打开脚尖,手部要求左手在上,抓握右手手腕,大拇指在下,右手握空拳,置于腹部中间,见图 2－5。

图 2－5 男士前腹式站姿

3.腰际式站姿

男士腰际式站姿的脚部姿态和前腹式一样,只是手部姿态有所变化,仍然是左手抓握右手手腕,右手握空拳,但要放在身体背后腰窝处,见图2-6。

扫码看彩图

图2-6 男士腰际式站姿

4.交流式站姿

男士交流式站姿的脚部姿态和前腹式一样,手部姿态有所变化,左手在上,搭在右手手背上,大拇指在外,右手握空拳,置于腹部中间,见图2-7。

扫码看彩图

图2-7 男士交流式站姿

（二）女士站姿

女士的站姿要柔美,以体现女性娴静优雅的韵味,四种站姿具体如下。

1.标准式站姿

女士标准式站姿和男士标准式站姿的区别仅仅在于脚部姿态,男士是双脚脚跟并拢,脚尖打开 45°,女士则是脚尖打开 30°,见图 2-8。

扫码看彩图

图 2-8　女士标准式站姿

2.前腹式站姿

女士前腹式站姿要求双脚呈丁字步站位,即左脚在前指 12 点方向,就是正前方,右脚脚中间部位和左脚脚跟贴紧,右脚脚尖指向 2 点钟方向。这里的 12 点和 2 点都是以左脚脚跟为中心,和钟表时间的位置类似。手部姿态是右手在上,右手抓握左手手指根部,大拇指全部收回藏在手掌后面,双手手指伸展,置于前腹部,见图 2-9。

扫码看彩图

图 2-9　女士前腹式站姿

3.腰际式站姿

女士腰际式站姿的脚部动作仍然是丁字步站位,手部姿态与前腹式相似,只是放置的位置由前腹部变成了腰际处,并且手肘打开成180°,见图2-10。

图2-10　女士腰际式站姿

4.交流式站姿

女士交流式站姿的脚部动作仍然是丁字步站位,手部姿态是在腰际式基础上,手肘收回,自然帖放在身体两侧,右手抓握左手指根处,手背朝上拱起,手心朝下,仍然置于腰际处,见图2-11。

图2-11　女士交流式站姿

这几种站姿的使用场合:标准式适用于各种场合,特别适合大型集体活动;前腹式适用于迎宾等待的场合;腰际式适用于大型活动礼仪站位的时候;交流式适用于交谈、演讲的时候。

三、站姿的注意事项

(1)在站立服务时,应保持身体挺直,避免歪斜或耸肩。

(2)在站立时,应保持胸部挺起,腰部挺直,避免弯腰驼背。

(3)在与游客交流时,应保持双手自然垂放,避免插兜或叉腰。

(4)在站立服务时,应保持身体稳定,避免双臂乱晃或交叉抱于胸前。

(5)在站立时,应保持双腿挺直,避免交叉或弯腿。

(6)在站立服务时,应保持身体挺直,避免倚靠墙壁或抖腿。

四、站姿的自我训练

(1)背靠背站立法:两人一组,背靠背站立,后脚跟、小腿、双肩、脑后枕部相互紧贴。

(2)靠墙练习法:两只脚后跟、两个小腿肚、两个臀尖、两个肩和后脑勺都贴着墙站立。

(3)顶书练习法:男生按照标准站姿站好,头顶一本书保持平衡;女生除了要头顶一本书,还要在膝盖部位夹一张纸进行练习。

任务二　坐　姿

坐姿礼仪微课

任务内容

坐姿是人入座、在座、离座时的姿态。在社交场合,无论是男士还是女士,其坐姿都应给人以端正、大方、自然、稳重之感。

一、坐姿的基本要领

(一)平缓入座

步至座前,从椅子的左边入座,转身缓坐,切忌沉重落座。如在接待游客时,应轻缓地坐下,避免发出声响。

(二)椅面不满

入座时,宜坐椅面的2/3处,不宜将椅面坐满。如在会议室或餐厅中,应保持坐姿的优雅和得体,避免坐满整个椅面。

（三）头部端正

双目平视,下颚向内微收,颈部挺直,保持端正。如在与游客交流时,应保持头部端正,避免低头或仰头。

（四）躯干平直

双肩放平、下沉,腰背挺直,胸部上挺,腹部微收,臀部略向后翘,上身略向前倾。如在长时间的会议或服务中,应保持躯干平直,避免弯腰驼背。

（五）四肢摆好

双臂自然弯曲,双手放于腿上。女士应双膝并拢,男士可双膝微开,双腿自然弯曲,双脚平落地面。如在与游客交流时,应保持四肢的自然和得体,避免不自然的动作。

（六）平稳离座

右脚后收半步,找支撑点,平稳起立,从椅子的左边离开座位,切忌猛起、哈腰或左右摇摆。如在会议结束或服务完成后,应平稳离座,避免动作过于急促或不稳。

二、男士的坐姿

在社交场合,男士的坐姿主要分为标准式和垂腿开膝式。

（一）标准式坐姿

男士标准式坐姿即上身端正,与大腿垂直,双膝、双脚完全并拢,双手掌心向下分别放在两个大腿上。在正式场合,如商务会议或接待重要客人时,应采用标准式坐姿。

（二）垂腿开膝式坐姿

男士垂腿开膝式坐姿即上身与大腿、大腿与小腿、小腿与地面均成直角,双膝、双脚自然分开(不超过肩宽),脚尖朝前,双手掌心向下分别放在两个大腿上。在较轻松的场合,如朋友聚会或非正式会议中,可以采用垂腿开膝式坐姿。

三、女士的坐姿

在社交场合,女士的坐姿主要分为标准式、侧放式、前后式和重叠式。

（一）标准式坐姿

女士标准式坐姿即上身与大腿、大腿与小腿、小腿与地面均成直角,双腿并拢,双膝紧贴,双脚并排靠拢,双手虎口相交置于左腿或两腿中缝上,见图2-12。在正式场合,如商务会议或接待重要客人时,应采用标准式坐姿。

图 2-12　女士标准式坐姿

（二）侧放式坐姿

女士侧放式坐姿即上身端正，双膝紧贴，两小腿并拢平移至身体一侧，与地面约成 45°，双脚平放或点地，双手互握于腹前，见图 2-13。在与游客交流时，可以采用侧放式坐姿。

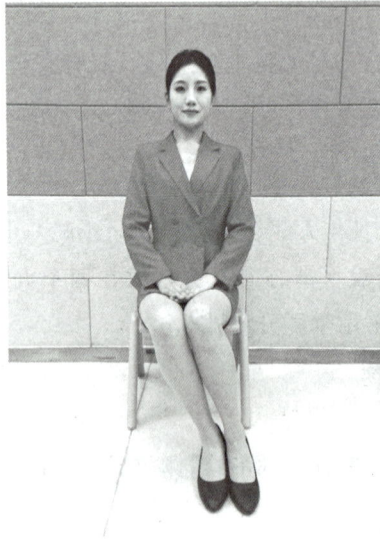

图 2-13　女士侧放式坐姿

（三）前后式坐姿

女士前后式坐姿即上身端正，双膝紧贴，左小腿与地面垂直，右小腿屈回，左脚掌着地，右脚尖点地，两脚前后位于同一直线上，双手互握置于腹前。采用这种坐姿时，可双腿互换，见图 2-14。在与游客交流时，可以采用前后式坐姿。

扫码看彩图

图 2-14　女士前后式坐姿

（四）重叠式坐姿

女士重叠式坐姿即上身端正，两小腿平移至身体右侧，与地面约成 45°，左腿重叠于右腿之上，左脚挂于右脚踝关节处，脚尖向下，右脚掌着地；也可以交换两腿的上下位置，将右腿重叠于左腿之上，将两小腿移至身体左侧，双手互握于腹前，见图 2-15。在与游客交流时，可以采用重叠式坐姿。

扫码看彩图

图 2-15　女士重叠式坐姿

四、坐姿的注意事项

(1)女士在入座前,应轻轻收拢裙摆,避免裙边凌乱或起皱。

(2)应保持头部端正,避免倚靠椅背或低头。

(3)应保持双手自然放在腿上,避免交叉抱胸或做出多余的动作,切忌将双手夹放在双腿之间。

(4)女士应保持双腿并拢,避免大腿并拢而小腿分开。

(5)男士不可将双腿叉得过开,或将双腿过分伸张,或一腿弯曲、一腿伸直呈现"4"字形,或将小腿搁在大腿上,用脚打拍子,甚至不停地抖腿,应保持双腿自然弯曲。

(6)在跷腿时,应保持脚尖向下,避免脚尖朝上或指向他人。

五、实践演练

(一)模拟练习

由老师带领学生练习入座、落座、离座,以及男性、女性的各种坐姿。在模拟接待游客的场景中,学生可以练习标准式坐姿。

(二)小组讨论与示范

请学生分组讨论并示范男性和女性的正确坐姿,以及需要避免的不良坐姿。在小组讨论中,学生可以互相观察并纠正姿势,提高坐姿的正确性。

(三)角色扮演

通过角色扮演,学生可以体验不同情境下的坐姿要求。在模拟商务会议或接待游客的场景中,学生可以扮演不同的角色,如导游、游客、上级、下属等,通过角色扮演来练习不同情境下的坐姿技巧。

任务三　走　姿

走姿礼仪微课

任务内容

走姿是人在行走过程中所形成的姿态。正确优美的走姿能够反映出充满活力的精神状态,给人以美的享受。

一、走姿的基本要领

(一)步态端正

昂首挺胸,收腹提臀,双肩放平、下沉,双目平视,重心稍向前倾,双臂自然地前后摆动,摆幅为 30~40 厘米,前摆幅大于后摆幅。掌心朝内,手指自然弯曲,脚尖伸向正前方,脚跟先于脚掌着地,脚尖推动不断前行。如在接待游客时,保持步态端正,可以展现自信和专业的形象。

(二)步位平直

男士的步位路线应为两条平行线,女士的步位路线应尽可能为一条直线。如在引导游客参观时,保持步位平直,避免左右摇摆,展现稳重和专业的形象。

(三)步幅适中

步行时双脚中心间的距离应适中,男士的步幅一般约为 40 厘米,女士的步幅一般约为 30 厘米。如在与游客交流时,保持步幅适中,避免过大或过小,展现自然和专业的形象。

(四)风格有别

男士应步伐矫健稳重,展现阳刚之美;女士应步伐轻盈娴雅,展现阴柔之美。如在接待游客时,男士可以采用稳重的步态,女士可以采用轻盈的步态,展现不同的职业魅力。

二、走姿的注意事项

(1)应保持头部端正,避免低头或仰头,展现出专注和友好的态度。同时,避免弯腰驼背或摇头晃肩。

(2)应保持双手自然摆动,避免置于背后。

(3)应保持双脚呈直线或微向外八字,避免内八字或外八字。

(4)应保持步伐轻盈,避免拖沓前行或发出噪声。

(5)避免与客人抢道或排成横队,避免勾肩搭背。

三、特殊场景下的走姿

(一)在狭窄通道中的走姿

在狭窄通道中行走时,应保持身体紧贴一侧,避免与他人碰撞,展现尊重和友好的态度。如在博物馆或展览馆的狭窄通道中,应保持身体紧贴一侧,避免影响他人参观。

(二)在上下楼梯时的走姿

在上下楼梯时,应保持身体挺直,步伐稳健,避免快速奔跑或拖沓前行。如在引导游客上下楼梯时,应保持身体挺直,步伐稳健。

(三)在人群中的走姿

在人群中行走时,应保持适当的速度,避免快速奔跑或拖沓前行。如在景区或商场中行走时,应保持适当的速度,避免影响他人通行。

四、走姿的文化差异

（一）国际通用礼仪

在国际场合,走姿应保持稳重和优雅,展现专业和友好的形象,避免快速奔跑或拖沓前行。

（二）文化差异

在不同国家和地区,走姿可能有不同的礼仪要求。如在大多数国家,行走时应保持身体挺直,步伐轻盈。

五、实践演练

（1）女性在练习走姿时,可以在地面上画一条直线或利用地面上砖的直线缝隙进行练习,保持步位平直,避免左右摇摆。

（2）男性在练习走姿时,可以在地面上画两条平行线进行练习,保持步位平行,避免左右摇摆。

（3）在练习走姿时,可以在头顶平放一本书,按照标准式走姿行走,保持书的平稳,通过这种方式训练身体的平衡和挺直。

任务四　蹲　姿

蹲姿微课

🖉 任务内容

一、蹲姿礼仪的基本概念与重要性

（一）概念

蹲姿是指人在拾取低矮物品或提供服务时,身体呈现出的弯曲姿势。如在景区内拾取游客掉落的物品,或在酒店内为客人递送低处的物品时,都需要使用正确的蹲姿。

（二）重要性

1.体现职业素养

正确的蹲姿能够体现旅游从业者的专业素养和服务质量。如在为游客提供服务时,优雅的蹲姿可以增加游客的满意度。

2.维护个人及企业形象

得体的蹲姿能够提升个人及企业的形象,展现专业和友好的服务态度。如在高端酒店或旅游景区,优雅的蹲姿可以提升企业及个人的整体服务品质。

3.避免尴尬场面

正确的蹲姿可以避免因不当姿势造成的身体伤害或尴尬场面。如在公共场合不当蹲姿可能会引起不必要的误解。

二、蹲姿礼仪的具体要求

（一）蹲姿的基本要领

1.直腰下蹲

上身端正，一只脚后撤半步，身体重心落在位于后侧的腿上，平缓屈腿，臀部平移，双膝一高一低。如在拾取地面物品时，应保持上身挺直，避免弯腰驼背，展现稳重和专业的形象。

2.直腰起立

下蹲取物或工作完毕后，挺直腰部，平稳起立、收步。如在为游客递送物品后，应平稳起立，避免动作过于急促或不稳，展现优雅和专业的形象。

（二）蹲姿的种类

常见的蹲姿主要有高低式和交叉式两种。

1.高低式蹲姿

在下蹲时，左脚在前，脚掌完全着地，右脚在后，脚掌着地，脚跟提起；屈腿下蹲后，左小腿基本垂直于地面或与地面呈60°，右腿居后，右膝低于左膝，形成左高右低的姿态。当采用这种蹲姿时，左右脚可以互换。例如，在为游客递送物品时，可以采用高低式蹲姿，展现稳重和专业的形象。女士在采用这种蹲姿时，应将两腿靠紧，并可略微侧转，见图2-16；男士在采用这种蹲姿时，可将两腿适当分开，见图2-17。

扫码看彩图

扫码看彩图

图 2-16　女士高低式蹲姿　　图 2-17　男士高低式蹲姿

2.交叉式蹲姿(女士)

在下蹲时,左脚在前,脚掌完全着地,右脚在后,脚掌着地,脚跟提起;屈腿下蹲后,左小腿基本垂直于地面,右腿从左腿下方伸向左侧,两腿交叉重叠,合理支撑身体,腰背挺直,略向前倾,见图2-18。这种蹲姿的造型优美典雅,适用于女性。当采用这种蹲姿时,可左右腿互换姿势。例如,在为游客递送物品时,女士可以采用交叉式蹲姿,展现优雅和专业的形象。

扫码看彩图

图2-18　女士交叉式蹲姿

(三)蹲姿的注意事项

(1)在为游客提供服务时,应保持适当的距离,避免过于靠近或远离,展现尊重和友好的态度。同时,避免下蹲动作过快或过猛,展现稳重和专业的形象。

(2)在为游客提供服务时,应尽量侧身相向,避免正面面对他人或背对他人,展现尊重和友好的态度。

(3)在下蹲时,女士应特别注意避免"走光",保持裙子或裤子的平整,展现优雅和专业的形象。

(4)下蹲的姿势应当优雅,切忌弯腰撅臀,或者两脚平行、两腿分开、弯腰半蹲(即"蹲厕式蹲姿")。

(5)在公共场合,应避免蹲在椅子上或蹲着休息。例如,在景区或酒店内,应避免蹲在椅子上或蹲着休息,展现专业和稳重的形象。

三、蹲姿礼仪在不同场合下的应用

（一）工作场合

在旅游服务中,如拾取地面上的物品、为游客递送低处的物品时,应采用正确的蹲姿礼仪。在景区、酒店等场所,保持蹲姿的优雅与得体,以维护企业形象。

（二）休闲场合

在日常生活中,如在与家人、朋友相处时,虽然蹲姿礼仪的要求可能相对宽松,但仍应尽量避免不雅姿势。例如,在公园或商场内,应保持蹲姿的得体,避免影响他人。

（三）公共场所

在公共场所,如商场、餐厅等,应注意蹲姿的隐蔽性和礼貌性,避免影响他人。

四、对特殊人群服务的蹲姿

(1)残障人士:在轮椅旁采用单膝跪地式,保持视线平行,右手扶椅背稳定重心。
(2)儿童:全蹲并双手撑膝,表情柔和,避免居高临下。

五、蹲姿健康管理

(1)护腰技巧:下蹲时收紧核心肌群,借助腿部力量起身,避免腰椎代偿。
(2)足部减压:选择鞋跟低于 3 厘米的牛津鞋,鞋底内置缓震凝胶垫。

六、蹲姿礼仪的模拟练习

（一）模拟练习

组织学生进行蹲姿礼仪的模拟练习,包括在不同场合下的蹲姿展示。例如,在模拟为游客递送物品的场景中,学生可以练习高低式蹲姿或交叉式蹲姿,展现优雅和专业的形象。

（二）小组讨论与示范

请学生分组讨论并示范正确的蹲姿,以及需要避免的不良蹲姿。在小组讨论中,学生可以互相观察并纠正姿势,提高蹲姿的正确性。

（三）角色扮演

通过角色扮演,学生可以体验不同情境下的蹲姿要求。在模拟为残障人士提供服务的场景中,学生可以扮演不同的角色,如服务人员、残障人士等,通过角色扮演来练习不同情境下的蹲姿技巧。

任务五　目　光

任务内容

一、目光的组成

目光是面部表情的核心,主要由注视的角度、注视的部位和注视的时间组成。

（一）注视的角度

注视的角度主要分为平视、仰视和俯视。

(1)平视:主要适用于在普通场合与身份、辈分平等者之间的交往,表示平等或坦率。例如,在与游客交流时,应保持平视,展现出平等和尊重。

(2)仰视:主要适用于与身份、名望或辈分较高者之间的交往,表示尊重或敬畏。例如,在向上级汇报工作时,可以适当仰视,表示敬畏和尊重。

(3)俯视:主要适用于与身份、辈分较低者之间的交往,表示宽容或怜爱。例如,在与儿童互动时,可以适当俯视,展现出亲切和关爱。

在社交活动中,不可俯视身份、辈分较高或与自己平等的人,更不可斜视、扫视或无视他人,否则是极其失礼的。

（二）注视的部位

在不同场合或针对不同对象时,目光注视的部位是有所差别的。通常,目光注视可分为以下几种。

(1)公务注视:在办公场合或公务活动中,目光一般应注视交际对象额头至双眼之间的区域,以表示严肃、认真或有诚意。例如,在商务会议中,应采用公务注视。

(2)社交注视:在茶话会、朋友聚会等一般社交场合,目光一般应注视交际对象双眼至嘴唇之间的区域,以表示尊重或重视对方,见图 2-19。例如,在与游客交流时,可以采用社交注视,展现尊重和友好。

(3)亲密注视:在与关系密切的人交往时,目光可注视对方双眼至胸部之间的区域,以表示亲近、友善。例如,在与亲人或朋友交流时,可以采用亲密注视。

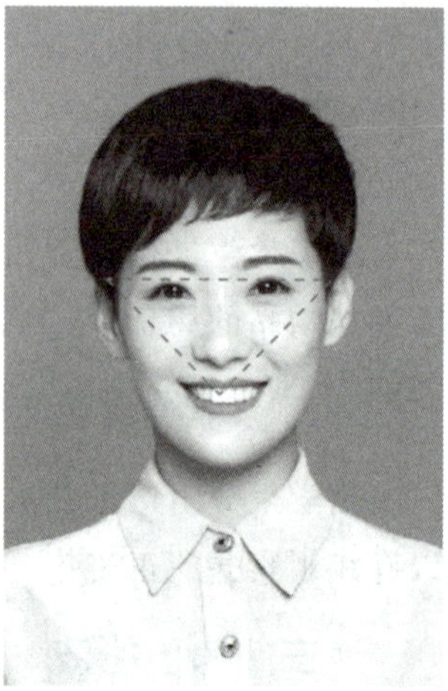

图 2-19　社交注视

（三）注视的时间

在社交活动中,目光注视交际对象的时间占全部相处时间的 1/3,以表示友好和尊重。若注视时间不到全部相处时间的 1/3,则表示轻视,或者对交际对象本人或谈话内容不感兴趣;若常常把目光投向对方,注视对方的时间约占全部相处时间的 2/3,则表示重视,或者对其感兴趣;若目光始终盯在对方身上,注视时间占全部相处时间的 2/3 以上,则显失礼。在与游客交流时,应保持适当的目光接触,避免长时间盯着对方,以免让对方感到不适。

二、目光的运用

在社交活动中,应善于灵活地运用目光。

（一）被介绍给他人时

当你被介绍给他人时,可注视对方稍久一点,并微微点一下头,以示尊重。例如,在商务会议或社交活动中,当你被介绍给新认识的人时,应注视对方并微微点头,展现出友好和尊重。

（二）在谈话过程中

(1)中断他人的话:若想中断他人的话,则可有意识地将目光转向他处片刻。例如,在与游客交流时,若需要插话,可以先将目光转向他处,再轻轻转回,以示礼貌。

(2)对方感到拘谨:若交际对象因说了错误的话而显得拘谨害羞时,应用柔和的、理解的目光继续注视对方,而不应马上转移视线,以免使其更尴尬或误认为被嘲讽。例如,在游客提问时,即使问题有些不当,也应保持柔和的目光,避免让游客感到尴尬。

(3)谈话冷场:若与交谈对象的谈话出现冷场,不宜继续注视对方,以免加剧尴尬。例如,在与游客交流时,若出现短暂的冷场,可以适当转移视线,避免让对方感到不适。

（三）为他人送别时

当为他人送别时应用惜别的目光目送对方走远,直至其走出一段路且不再回头,以示尊重。例如,在送别游客时,应保持目送,直到游客离开视线范围,展现友好和尊重。

三、目光的国际礼仪

（一）国际通用礼仪

在国际场合中,目光应保持平视,展现出平等和尊重。避免长时间盯着对方,以免让对方感到不适。例如,在接待国际游客时,应保持平视,展现友好和尊重。

（二）文化差异

在不同国家和地区，目光交流可能有不同的礼仪要求。例如，在北欧国家，目光接触时间应控制在整个交流时间的40％以内，过多的目光接触可能会被视为侵犯隐私；在东亚国家，目光接触时间应控制在整个交流时间的60％以上，适当的目光接触可以增加信任感。

四、目光的注意事项

（一）避免斜视

在与他人交流时，应避免斜视，以免让对方感到不尊重或被轻视。例如，在与游客交流时，应保持目光正视，避免斜视。

（二）避免扫视

在与他人交流时，应避免频繁扫视周围，以免让对方感到不被重视。例如，在与游客交流时，应保持适当的目光接触，避免频繁扫视周围，展现专注和友好的态度。

（三）避免无视

在与他人交流时，应避免无视对方，以免让对方感到被忽视或不被尊重。例如，在与游客交流时，应保持适当的目光接触，避免无视对方。

五、目光的心理学

（一）目光与信任

适当的目光接触可以增加信任感，让对方感到被尊重和重视。例如，在与游客交流时，保持适当的目光接触，可以增加游客对服务人员的信任感，提升服务质量。

（二）目光与情绪

柔和或坚定的目光可以传达不同的情绪，如柔和的目光可以传达友好和亲切，坚定的目光可以传达自信和专业。

（三）目光与文化

在不同文化背景下，目光交流可能有不同的含义和禁忌。例如，在一些国家，过多的目光接触可能会被视为不礼貌；在某些国家，目光接触时间应适当延长，以表示尊重和友好。了解这些文化差异，可以避免因目光交流不当而引发误解或冲突。

六、目光的科技应用

（一）眼动追踪技术

眼动追踪技术可以记录和分析服务人员的目光焦点和注视时间,优化服务流程和讲解内容。例如,在景区或博物馆,眼动追踪技术记录导游的目光焦点,用以优化讲解词和展品布置,提升游客体验。

（二）虚拟现实（VR）技术

虚拟现实技术可以模拟不同服务场景,让服务人员在虚拟环境中练习正确的眼神交流技巧。例如,通过该技术模拟接待游客的场景,服务人员可以在虚拟环境中练习目光交流,改善实际服务中的表现。

七、模拟练习与角色扮演

（一）模拟接待场景

学生分组进行模拟接待练习,通过角色扮演来体验不同目光交流方式的效果和影响。例如,模拟接待一位重要的商务客人,学生需要运用正确的目光交流技巧展现专业和友好的形象。

（二）角色扮演

学生可以扮演不同的角色,如导游、游客、上级、下属等,通过角色扮演来练习不同情境下的目光交流技巧。例如,模拟一次商务会议,学生需要运用公务注视,保持严肃和认真;模拟一次朋友聚会,学生需要运用社交注视,展现尊重和友好。

任务六　表　情

任务内容

一、面部表情的重要性

面部表情是人类沟通的重要方式之一,它能够传达丰富的情感和信息。在旅游服务行业中,面部表情的运用尤为重要,因为它直接影响游客的满意度和体验感。一个恰当、真诚的微笑,一个专注、耐心的眼神,都能让游客感受到尊重和关怀,从而提升满意度。

二、笑容的种类

在社交活动中,合乎礼仪的笑容主要包括含笑、微笑和轻笑。

(一)含笑

含笑即不出声,不露齿,只是面带笑意,表示友善或接受对方,适用范围比较广。例如,在与游客初次见面时,可以采用含笑,展现友好和欢迎的态度。

(二)微笑

微笑即嘴角微微上扬,唇部略呈弧形,齿不外露,面带笑意,表示自信或友好,适用范围非常广。例如,在与游客交流过程中,保持微笑可以增加亲和力和信任感。

(三)轻笑

轻笑即嘴巴微微张开,嘴角上扬,上齿外露,喜形于色,但不发出笑声,表示欣喜、快乐,常适用于会见客人或向熟人打招呼。在与游客分享有趣的故事时,可以采用轻笑,增加互动的趣味性。

三、笑容的要求

合乎礼仪的笑容需符合以下要求。

(一)表现和谐

笑的时候,眉毛、眼神、嘴巴、牙齿和面部肌肉应协调,表现出亲切、大方的和谐美。例如,在与游客交流时,应保持眼神的接触,同时面带微笑,展现真诚和友好的态度。

(二)声情并茂

笑的时候,应注意将笑容与美好的言谈举止相结合,使其相得益彰。例如,在介绍景点时,可以结合微笑和生动的语言,增加讲解的吸引力。

(三)发自内心

笑的时候,需真诚自然、表里如一,切忌强颜欢笑、假意奉承、放肆大笑,或者假笑、冷笑、怪笑、傻笑、媚笑、窃笑、怯笑、狞笑。例如,在与游客交流时,应保持真诚的微笑,避免虚假或不自然的表情。

四、面部表情的运用技巧

(一)根据不同情境调整表情

在不同的服务场景中,应根据游客的需求和情境调整自己的面部表情。如在接待初次到来的游客时,应展现出热情和欢迎;在解决游客问题时,应表现出专注和耐心。

（二）与语言和身体语言相结合

面部表情应与语言和身体语言相结合,共同传达出清晰、准确的信息。如在介绍景点时,应结合手势和眼神交流,以增强讲解的生动性和吸引力。

（三）保持自然和真诚

面部表情应自然、真诚,不应刻意模仿或夸张。只有真实的情感才能打动游客,提升服务质量。例如,在与游客交流时,应保持自然的微笑,避免过度夸张的表情。

五、面部表情的注意事项

（一）避免冷漠或不耐烦的表情

在与游客交流时,应避免带有冷漠或不耐烦的表情,以免让游客感到不被重视或不被尊重。

（二）避免过度夸张的表情

在与游客交流时,应避免带有过度夸张的表情,以免让游客感到不自然或不真诚。

六、面部表情的国际礼仪

（一）国际通用礼仪

在国际场合中,面部表情应保持友好和自然,展现出平等和尊重。避免过于夸张或不自然的表情,以免让对方感到不适。

（二）文化差异

在不同国家和地区,面部表情可能有不同的含义和禁忌。例如,在亚洲,微笑通常表示友好和尊重,但在某些情况下,过度的微笑可能会被视为不真诚。

七、面部表情的心理学

（一）表情与情绪

面部表情可以传达不同的情绪,如微笑传达友好和快乐,皱眉传达困惑或不满。了解这些情绪的表达,可以帮助服务人员更好地理解游客的需求和感受。

（二）表情与信任

真诚的微笑可以增加信任感,让游客感到被尊重和重视。例如,在与游客交流时,保持真诚的微笑,可以增加游客对服务人员的信任感,提升服务质量。

八、面部表情的科技应用

(一)表情识别技术

表情识别技术可以记录和分析服务人员的面部表情,优化服务流程和培训内容。例如,在景区或博物馆,通过表情识别技术记录导游的面部表情,可以优化讲解词和展品布置,提升游客体验。

(二)虚拟现实(VR)技术

虚拟现实技术可以模拟不同服务场景,让服务人员在虚拟环境中练习正确的情感表达技巧。例如,通过该技术模拟接待游客的场景,服务人员可以在虚拟环境中练习面部表情,改善实际服务中的表现。

九、模拟练习与角色扮演

(一)模拟接待场景

学生分组进行模拟接待练习,通过角色扮演来体验不同面部表情的运用效果。例如,模拟接待一位初次到访的游客,学生需要运用热情和欢迎的表情,展现友好的形象。

(二)角色扮演

学生可以扮演不同的角色,如导游、游客、上级、下属等,通过角色扮演来练习不同情境下的面部表情运用。例如,模拟一次游客投诉处理,学生需要运用专注和耐心的表情,展现专业和友好的态度。

模块三 旅游从业者社交礼仪

思政引领

1. **构建和谐社会**：旅游从业者熟练掌握社交礼仪,是构建和谐旅游环境、传递正能量的重要手段,也是践行社会主义核心价值观和为人民服务宗旨的具体体现。

2. **体现服务为本**：见面礼仪是旅游从业者与游客建立良好关系的第一步,展现出对游客的尊重与友好。从业者通过真诚的微笑、恰当的问候和礼貌的肢体语言,营造出亲切、温暖的氛围,让游客感受到关爱与重视,体现了以人为本的服务理念,增进社会的和谐与融洽。

3. **展现职业道德**：在通讯礼仪中,及时、准确、文明地回复游客的信息和咨询,体现了旅游从业者的责任心和诚信意识。遵守通讯规范,不泄露游客隐私,保障游客权益,是对法治精神的贯彻,也是对职业道德的坚守,有助于建立行业的良好信誉。

4. **展现文明风貌**：旅游从业者在进行拜访时,提前预约、准时到达、尊重对方的空间和时间,彰显了尊重他人、守时守信的品质。这不仅有助于业务的顺利开展,也展现了行业的文明风貌,促进社会的文明交流与互信。

5. **建立良好沟通**：良好的沟通礼仪要求旅游从业者耐心倾听游客需求,用清晰、友善的语言表达观点,避免冲突。这培养了从业者的同理心和包容心,能够有效地解决问题,提升服务质量,体现了社会的公平正义原则,促进社会的和谐发展。

6. **体系有序公平**：准确把握位次礼仪,体现了旅游从业者对秩序和规范的尊重,以及对不同身份游客的恰当对待。这种有序和尊重能够避免不必要的误解和尴尬,维护旅游活动的顺利进行,体现了社会的公平与平等原则,推动社会的文明进步。

项目一　见面礼仪

知识目标

1. 掌握见面礼仪的基本原则和规范,包括称呼、问候、握手、介绍、鞠躬等。

2. 了解不同文化背景下的见面礼仪差异,如中西方礼仪的区别。

3. 熟知见面礼仪在人际交往中的重要性及其对个人形象的影响。

技能目标

1. 能够在不同场合恰当地运用见面礼仪,展现良好的个人修养。

2. 具备跨文化交际能力,尊重并适应不同文化的礼仪习惯。

3. 通过对见面礼仪的学习提升沟通技巧,促进有效交流。

育人目标

1. 弘扬中华优秀传统文化,增强文化自信。

2. 培养尊重他人、礼貌待人的品德,提升个人修养。

3. 强化规则意识,自觉遵守社会礼仪规范。

4. 树立正确的价值观,展现新时代青年的良好风貌。

案例导入

1972年美国总统尼克松访华,尼克松走下飞机舷梯,将手伸向周恩来总理。这一握意义非凡,跨越了中美之间多年的敌对和隔阂,开启了两国关系的新篇章。这次握手不仅是一种见面礼节,更象征着两个大国之间新的历史开端,向世界传递了积极的外交信号。

任务一 称呼与介绍

称呼与介绍微课

任务内容

一、称呼礼仪

称呼礼仪是指称呼他人时所应遵循的行为规则,它是人际交往中不可或缺的礼仪因素。因而,在社交活动中,社交者有必要掌握恰当的称呼礼仪。

(一)常用的称呼

在社交活动中,对于不同场合的不同交际对象,需要采用不同的称呼礼仪。常用的称呼主要包括生活中的称呼和公务活动中的称呼。

1.生活中的称呼

生活中的称呼具有亲切、自然、准确、合理的特点。按照与交往对象亲疏关系的不同,可从以下三个方面来灵活选用具体的称呼方式。

(1)对陌生人的称呼。对于陌生人或初次交往者,可根据具体情况采用以下称呼方式:①在较正式的场合,以"先生"称呼男性,以"女士"称呼女性。例如,在商务会议或正式场合中,应使用"先生"或"女士"来称呼对方,以示尊重。②在非正式场合,按当地习俗,采用对方理解并可接受的称呼相称,如"大哥""大姐""大叔""大妈"等。例如,在社区活动或非正式聚会中,可以使用这些称呼来拉近与对方的距离。

(2)对朋友、熟人的称呼。对于朋友、熟人,可根据具体情况采用以下称呼方式:①直接以姓名相称,如"王岳明"。这种称呼常适用于平辈、晚辈或年龄相仿的朋友。例如,在与朋友聚会时,可以直接使用对方的姓名来称呼。②只称其姓,不呼其名,并在姓的前面加上"老""大"或"小",如"老张""大刘""小王"等。这种称呼常适用于关系比较亲密的朋友或熟人。例如,在与关系较好的朋友交流时,可以使用这种称呼来表达亲近感。③不称其姓,直呼其名,如叫"董佳佳"为"佳佳"。这种称呼常适用于关系很亲密的朋友或熟人。例如,在与非常亲密的朋友交流时,可以直接使用对方的名字来称呼。④采用类似于血缘关系的称呼(如"大娘""大伯""叔叔""阿姨"等),或在这类称呼前加上对方的姓氏(如"李大伯""刘阿姨"等)。这种称呼常适用于邻居、街坊等熟人。例如,在社区中,可以使用这些称呼来表达亲切感。

(3)对亲属的称呼。对亲属的称呼可分为对自己亲属的称呼和对他人亲属的称呼。

对自己亲属可采用以下称呼方式:①在普通称呼前加"家"字,如"家父""家姐"等。这种称呼适用于称呼长辈或年龄比自己大的亲属,例如,在与长辈交流时,使用"家父"或"家姐"来称呼自己的父亲或姐姐,以示尊重。②在普通称呼前加"舍"字,如"舍弟""舍侄"等。这种称呼适用于称呼晚辈或年龄比自己小的亲属。要记住"家大舍小"。例如,在与晚辈交流时,使用"舍弟"或"舍侄"来称呼自己的弟弟或侄子,以示谦逊。③在普通称呼前加"小"字,如"小儿""小婿"等。这种称呼常用于称呼自己的子女。例如,在与他人交流时,可以使用"小儿"或"小婿"来称呼自己的儿子或女婿。

对他人亲属的称呼可采用以下称呼方式:①在普通称呼前加"尊"字,如"尊母""尊父"等。这适用于称呼交际对象的长辈。例如,在正式场合中,使用"尊母"或"尊父"来称呼对方的母亲或父亲,以示尊重。②在普通称呼前加"贤"字,如"贤妹""贤侄"等。这适用于称呼交际对象的晚辈或平辈。例如,在正式场合中,使用"贤妹"或"贤侄"来称呼对方的妹妹或侄子,以示友好。③在普通称呼前加"令"字,如"令尊"(对方的父亲)、"令堂"(对方的母亲)、"令爱"(对方的女儿)、"令郎"(对方的儿子)等。这种称呼一般可不分辈分和长幼。例如,在正式场合中,使用"令尊"或"令堂"来称呼对方的父母,以示尊敬。

2.公务活动中的称呼

公务活动中的称呼具有正式、庄重、规范的特点,通常可分为以下几种。

(1)职务性称呼。职务性称呼即以交往对象的职务相称,以示身份有别、敬意有加。这种称呼具体可分为以下三种形式:①仅称职务,如"经理""主任"等,在正式的商务会议中,可以直接使用"经理"或"主任"来称呼对方。②在职务前加上姓氏,如"刘经理""王主任"等,这种称呼适用于较为正式的场合,能够更具体地指代某个人。③在职务前加上姓名,如"刘星卫院长"等。这种称呼仅适用于极其正式的场合,如国际会议或高级别的商务活动。

(2)职称性称呼。职称性称呼即对于有职称的人,尤其是具有高级或中级职称的人,直接以其职称相称。这种称呼具体可分为以下三种形式:①仅称职称,如"教授""医师"等,如在学术会议或医疗场合中,可以直接使用"教授"或"医师"来称呼对方。②在职称前加上姓氏,如"张教授""李工程师"等。这种称呼有时也可约定地简化,如将"李工程师"简称为"李工",但其使用前提是不会发生歧义或让人产生误会。③在职称前加上姓名,如"李明教授""张鹏工程师"等,这种称呼适用于比较正式的场合,如学术讲座或专业研讨会。

(3)行业性称呼。行业性称呼即对于从事某些特定行业或特定工作的人,直接称呼其职业,如"老师""警官""医生"等。一般而言,此类称呼前均可加上对方的姓氏或姓名。例如,在学校或医院中,可以直接使用"老师"或"医生"来称呼对方。

(4)姓名性称呼。姓名性称呼即直接称呼交往对象的姓名。这种称呼与日常生活中对朋友、熟人的称呼相似,可根据具体情况直呼对方的姓名,或只称其姓,不呼其名,如"小王""老李"或直呼其名,不称其姓。

(5)性别性称呼。性别性称呼即根据性别称呼交往对象为"先生"或"女士",或者称呼前加上对方的姓氏。

（二）使用称呼的注意事项

1.称呼多人时应有礼有序

称呼多个人应按照先疏后亲、先长后幼、先女后男、先上级后下级的顺序进行。例如,在正式场合中,应先称呼长辈或上级,再称呼晚辈或下级。

2.切忌使用错误的称呼

错误的称呼主要是指误读或误会。误读即念错他人姓名,如将多音字或不认识的字念错,如将"张华"误读为"张花";误会即错误判断了他人的年龄、辈分、婚否及与其他人的关系,如称未婚妇女为"夫人",误认为某男士与某女士为夫妻关系而称呼错误等。避免使用错误称呼的主要方法是事先积极查证、了解,或临时谦虚请教。

3.切忌使用不通行的称呼

有些称呼具有一定的地域性。例如,山东人喜欢称呼他人为"伙计",但该称呼在南方人的意识里是"打工仔"的意思;中国人一般称配偶为"爱人",而该称呼在外国人的意识里是"第三者"的意思。使用不通行的称呼通常会引起他人的误解,因此,在称呼他人之前一定要了解当地的风俗或习惯,选用正确、恰当的称呼。

4.切忌使用庸俗的称呼

庸俗的称呼主要是指不适合在较正式的场合使用的称呼,如"兄弟""哥们儿""姐们儿"等。在社交活动中,应避免使用这类称呼,以免给人留下不好的印象。

5.切忌称呼外号

在社交活动中,切忌给他人取外号或以道听途说的外号去称呼他人,如"胖子""四眼儿""傻大个儿""瘦猴儿"等,这些外号可能会让对方感到不被尊重,甚至受到伤害。

二、介绍礼仪

介绍是指通过自己主动沟通或通过第三人从中沟通,从而使交往双方相互认识、建立联系的一种社交方式。介绍的种类很多,按照被介绍者的人数多少可分为集体介绍和个人介绍;按照介绍者的不同可分为自我介绍、他人介绍和介绍他人。常用的介绍主要是自我介绍、介绍他人和集体介绍。

（一）自我介绍

自我介绍是指与他人初次见面时,将自己介绍给他人,使其认识自己。自我介绍是结识新朋友、扩大交际圈的有效方法,合乎礼仪的自我介绍能够有效地展示个人修养和魅力,给他人留下美好印象。

1.自我介绍的时机

(1)介入陌生人交际圈:在聚会或宴会上,打算介入陌生人所组成的交际圈时;有不相识者对自己感兴趣时,或不相识者要求你作自我介绍时。

(2)担心对方健忘:交往对象因健忘而记不清自己时,或自己担心他人健忘时。

(3)结识新朋友:欲结识某人,又苦于无人引见时。

(4)有求于人:有求于人而对方对自己不甚了解或一无所知时。

(5)初次拜访:初次登门拜访时,或拜访熟人过程中遇到不相识者挡驾,而需要请其代为转告时。

(6)不期而遇:在旅行途中与所知晓的人不期而遇,而对方不认识自己时。

2.自我介绍的方式

在不同场合下或针对不同的交往对象时,通常应采取不同方式的自我介绍。一般而言,自我介绍的方式主要有以下五种。

(1)应酬式。应酬式自我介绍主要适用于某些公共场合和一般性的社交场合(如旅途中、舞会上等),且主要针对泛泛之交或早已熟悉的交往对象,用于向对方表明自己的身份。这种自我介绍的内容少而精,往往只包括姓名,如"您好! 我叫××"。

(2)公务式。公务式自我介绍主要适用于工作场合,用于因工作需要而交友。这种自我介绍的内容应包括姓名、所在单位及部门、担任的职务等。例如:"您好! 我叫刘××,是×××学院运输管理系的老师。"

(3)交流式。交流式自我介绍主要适用于一般性的社交场合,用于寻求与交往对象的进一步交流和沟通。这种自我介绍的内容一般应包括姓名、工作、籍贯、爱好,以及与交往对象有些联系的事物。例如:"您好! 我叫张××,在××××公司工作,××人。我和您一样,喜欢打网球。"

(4)礼仪式。礼仪式自我介绍主要适用于讲座、报告、演出、庆典、仪式等一些正规而隆重的社交场合,用于向交往对象表示友好和敬意。这种自我介绍的内容应包括姓名、单位、职务等个人信息,同时,应加入一些表示欢迎、感谢之类的谦辞、敬语等。例如:"各位来宾,大家好! 我叫×××,是××公司的人事经理。我代表本公司全体员工欢迎大家参加今天的周年庆典,愿各位在此度过一个美好的周末。"

(5)问答式。问答式自我介绍主要适用于应试、应聘、公务交往等一般性的社交场合,其主要特点是"你问我答"。这种自我介绍的内容与交往对象所提的问题相对应。例如:主考官说"您好! 请介绍一下你的基本情况",应聘者回答"您好! 我叫×××,22岁,××××人,……"。

3.自我介绍的注意事项

社交者在进行自我介绍时,除了应注意时机、方式和内容之外还应注意以下几点。

(1)顺序。在多人相互自我介绍时,通常应按照以下顺序进行:长辈与晚辈相互介绍时,晚辈应先自我介绍;职位高者与职位低者相互自我介绍时,职位低者应先自我介绍;主人与客人相互介绍时,主人应先自我介绍;已婚者与未婚者相互介绍时,未婚者应先自我介绍。

(2)态度。在进行自我介绍时,一般应保持站立姿势,面带微笑,目光坦然,语气平和,举止庄重大方,表现出亲切、自然、友善的态度。

(3)时间。把握时间包括选择合适的时间点和恰当的时长。一是自我介绍应在对方有空闲、情绪较好、有兴趣认识自己等合适的时间点进行,切忌在对方休息、用餐、忙于处理事务、心情不好等时间点进行,否则会引起对方的反感,不利于进一步沟通。二是自我介绍的时间一般控制在一分钟之内,否则会显得啰唆,易使对方厌烦。

(二)介绍他人

介绍他人是指作为第三方为彼此不相识的双方引见,使他们相互认识,建立联系。其中,被介绍的双方为被介绍人,介绍双方的人为介绍人。

1.介绍人的确定

介绍人身份的确定是有一定规则的。在具体场合中有下列身份的人可以充当介绍人。

(1)东道主:社交活动中的东道主,通常由东道主一方的长者,身份较高者,或主要负责人员担任。

(2)女主人:家庭聚会中的女主人。

(3)专职人员:公务活动中的专职人员,如接待人员、公关人员、礼宾人员、秘书、办公室主任等。

(4)熟悉双方的人:熟悉被介绍者双方的人。

(5)被要求的人:应被介绍者一方或双方要求的人,或者被其他人指定的人。

2.介绍他人的时机

在下列情况下,介绍人需要为他人做介绍。

(1)接待客人:在家中接待与家人不相识的客人时,或与家人外出时路遇家人不相识的朋友、同事时。

(2)陪同拜访:陪同亲友前去拜访其不相识者时。

(3)双方打招呼:接待的对象遇见了其不相识者,而该不相识者又与自己打了招呼时。

(4)推介他人:打算推介某人加入某一交际圈时。

(5)受人邀请:受人邀请为他人做介绍时。

3.介绍他人的顺序

介绍他人必须遵守"尊者居后"的原则,即让受尊重程度较高者有优先知情权。介绍人在介绍他人之前,应先判断被介绍人双方的受尊重程度,然后先向尊者介绍卑者,后向卑者介绍尊者。

在较正式社交场合中,介绍他人的顺序大致有如下几种:①先将男士介绍给女士;②先将晚辈介绍给长辈;③先将主人介绍给客人;④先将学生介绍给老师;⑤先将家人介绍给同事、朋友;⑥先将未婚者介绍给已婚者;⑦先将职位低者介绍给职位高者;⑧先将晚到者介绍给早到者。

4.介绍他人的方式和内容

在介绍他人时,应根据不同场合与不同需要,采用不同的方式介绍。介绍他人的方式有以下几种。

(1)标准式。标准式介绍主要适用于正式场合,其内容应以被介绍者的姓名、单位、职务为主。例如:"李总,您好!请允许我为您介绍,这位是××××公司的销售部经理张×先生。张经理,这位是××××公司的总经理李×先生。"

(2)简介式。简介式介绍主要适用于一般性的社交场合,其内容往往只包括被介绍者的名字。例如:"您好!我来介绍一下,这位是王×,这位是张×。两位彼此认识一下吧。"

(3)强调式。强调式介绍可适用于各种交际场合,其特点是介绍人刻意强调自己与其中某位被介绍人之间的关系,以便引起另一位被介绍人的重视。例如:"李经理,您好!请允许我介绍一下,这位是刘×,在××传媒有限公司工作,是我的侄女,请您多多关照!刘×,这位是××××公司的销售部经理张×先生。"

(4)推荐式。推荐式介绍常适用于比较正式的场合,其特点是介绍人将某位被介绍人举荐给另一位被介绍人,并着重介绍前者的优点或专长。例如:"张总,您好!这位是××××公司的王×先生。王先生是经济学博士,而且是企业管理方面的专业人士,我相信王先生能给您提供一些管理方面的好建议!"

5.介绍他人时的注意事项

介绍人在介绍他人时除了注意时机、顺序、方式和内容外,还应注意以下事项。

(1)了解情况和意愿。在介绍他人之前,介绍人应先了解一下被介绍人双方的情况,以免张冠李戴。同时,应先征求一下双方的意愿,以免为本来相识或不愿相识的双方去作介绍,致使三方尴尬。

(2)注意态度和姿势。在介绍他人时,介绍人应态度友好,仪态文雅。一般而言,介绍人应站在被介绍者的中间,上身略微前倾,掌心向上,五指并拢、伸直,前臂绷直并略向外伸,指向被介绍者的其中一方,同时,面带微笑地注视另一方。切忌用手拍打被介绍人的肩、胳膊、腰等部位。

（3）把握语言和时间。介绍他人应当言辞准确，完整地表述被介绍人的姓名和头衔，不可含糊其辞。同时，介绍的言语应简洁，以便双方相互记住对方的姓名及基本信息。此外，介绍言语应避免厚此薄彼，否则，有失礼仪。介绍的时间不宜过长，通常应控制在两分钟之内。

（4）注意引导。介绍他人结束后，介绍人应稍停片刻，引导被介绍人进行交谈后再离开。

（三）集体介绍

集体介绍是指被介绍的一方或双方不止一人，由介绍人按一定顺序介绍双方相互认识，建立联系。介绍人在为双方集体做介绍时通常应按以下顺序进行。

1.先少数后多数

若被介绍者双方的身份大致平等或难分高低时，应遵循"先少数后多数"的原则，即先介绍人数较少的一方或个人，后介绍人数较多的一方。在介绍人数较多的一方时，应由尊至卑逐一介绍。

2.先卑后尊

若被介绍者双方的身份存在明显的差异（如年龄、辈分、性别、职务、婚否等差异）时，应先介绍位卑的一方，后介绍位尊的一方，即使后者人数较少，甚至只有一个人，也应最后加以介绍。

（四）被介绍者应注意的礼仪

当被他人介绍时，被介绍者应作出恰当的反应，具体包括以下几点。

（1）接受介绍：在介绍人询问自己是否有意认识某人时，一般不应拒绝，而应欣然接受。若实在不愿意，应说明缘由。

（2）起身站立：在介绍人走上前来开始为被介绍人做介绍时，双方被介绍人均应起身站立，面带微笑，大方地注视对方，以示友好、尊重。

（3）握手致意：在介绍人介绍完毕后，双方被介绍人应按合乎礼仪的顺序握手致意或相互点头微笑致意，彼此问候对方，并进行适当的交谈，必要时还可进行自我介绍。

三、称呼与介绍的文化差异

在不同国家和地区，称呼和介绍的礼仪可能存在显著差异。了解这些差异有助于在国际交往中避免误解和尴尬。

（一）西方国家

（1）称呼：在西方国家，通常使用"先生""女士""小姐"等称呼，但在非正式场合，人们更倾向于使用名字。如在美国,即使是初次见面,人们也可能会直接使用名字来称呼对方。

（2）介绍：在西方国家,介绍时通常会先介绍年轻者给年长者,介绍职位低者给职位高者。在商务场合中,介绍时会特别强调对方的职位和公司名称。

（二）亚洲国家

（1）称呼：在亚洲国家,尤其是中国和日本,称呼通常会根据对方的年龄、辈分和职务来选择。例如,在中国,称呼长辈时会使用"叔叔""阿姨"等,而在日本,称呼时会使用"先生""女士"等,但也会根据对方的职务来选择更具体的称呼。

（2）介绍：在亚洲国家,介绍时通常会先介绍年长者给年轻者,介绍职位高者给职位低者。在商务场合中,介绍时会特别强调对方的职位和公司名称。

四、称呼与介绍的国际礼仪

在国际交往中,称呼和介绍的礼仪尤为重要。以下是一些国际通用的称呼和介绍礼仪。

（一）国际通用称呼

先生：用于称呼成年男性。

女士：用于称呼成年女性。

小姐：用于称呼未婚女性。

（二）国际通用介绍

在国际交往中,通常会先介绍年轻者给年长者,以示尊重。

在商务场合中,通常会先介绍职位低者给职位高者,以示尊重。

在社交场合中,通常会先介绍女士给男士,以示尊重。

五、称呼与介绍的实践操作

（一）模拟练习

（1）设定场景：设定旅游服务中的不同场景,如接待游客、送别游客、处理投诉等。

（2）角色扮演：学生分组进行角色扮演,模拟称呼和介绍的实际应用。例如,在模拟接待游客的场景中,学生可以练习使用恰当的称呼和介绍方式,展现出友好和专业的形象。

（3）点评与反馈：教师对学生的表现进行点评与反馈,指出优点与不足,提升学生的应用能力。

（二）案例分析

（1）成功案例：分析成功案例中的称呼和介绍技巧,总结经验教训。例如,分析某国际旅游公司的导游如何通过恰当的称呼和介绍赢得游客的高度评价,为公司树立良好的国际形象。

(2)失败案例:分析失败案例中的称呼和介绍问题,总结经验教训。例如,分析某旅游公司的导游如何因不恰当的称呼和介绍导致游客不满,影响公司的声誉。

(三)实际应用

(1)实践操作:在实际旅游服务中,学生应将所学的称呼和介绍技巧应用到实际工作中,提升服务质量。例如,在接待国际游客时,学生应根据游客的国籍和文化背景,选择合适的称呼和介绍方式,展现出友好和专业的形象。

(2)反馈与改进:在实际应用中,学生应根据游客的反馈和自己的经验,不断改进称呼和介绍技巧,提升职业素养。

任务二　握手礼仪

握手礼仪微课

任务内容

一、握手礼仪概述

握手礼仪是指一种不用说话就能显示出热情、友好的待人之道,是见面时最为普通的礼仪之一。握手礼仪的产生据说与人类的争斗有关,在争斗时手握兵器,能伸手相握则代表放下兵器,是和平与友好的象征。在旅游服务中,握手礼仪不仅能够表达对游客的欢迎和尊重,还能增强游客的满意度和信任感。

二、握手要领

(一)上身稍微前倾

握手时身体要微微前倾,表示对对方的尊重,不要懒散地站着,也不要弯腰过度,保持自然挺拔的姿态。例如,在商务场合初次和客户握手时,身体前倾 $15°\sim30°$,这样可以展现出积极主动的态度。

握手时双脚并拢或者略微分开站稳,给人一种稳重的感觉。如果双脚随意摆放,会显得不稳重。

(二)眼神交流

在握手的同时,保持自然的眼神交流,眼睛要看向对方的眼睛,传递出友好和尊重的信号,不要盯着对方的其他部位,也不要眼神游离不定,显得心不在焉。握手时微笑可以进一步缓解眼神可能带来的紧张感,让对方感到更加亲切和舒适。

(三)右臂自然伸出

握手时右臂自然伸出,与身体成 40°~50°角,手臂不要伸得过直,那样会显得僵硬;也不要弯曲得太多,否则会显得不热情。例如,当和朋友握手时,手臂自然地伸向对方,让对方感受到友好。肩部要放松,不要耸肩,耸肩可能会让对方觉得你很紧张或者有敌意。

(四)握手姿态

握手时一般都是伸出右手,手掌与地面垂直。如果手掌向上,可能会给人感觉是被动接受握手;手掌向下则显得过于强势。正确的姿势是手掌和地面垂直,四指并拢,拇指张开。例如,当和长辈握手时,这种手部姿势可以体现出礼貌和尊重。

握手姿势男女有别。男士是右手虎口交错相握(图 3-1),而女士是只握右手手指根部(图 3-2)。

图 3-1　男士握手姿势

图 3-2　女士握手姿势

扫码看彩图

扫码看彩图

(五)遵循尊者优先原则

在社交场合,长辈和晚辈握手时,长辈先伸手,如在家族聚会中,晚辈要等长辈先伸手,这是对长辈的尊重;上级和下级握手时,上级先伸手,如在公司,员工要等领导先伸手,这体现了职场的上下级关系;男性和女性握手时,一般女性先伸手,如在社交场合,男性要等女性主动伸手,这是出于对女性的尊重,如果女性没有主动伸手的意思,男性可以点头致意来代替握手。

（六）特殊情况的顺序

当客人到达时,主人先伸手表示欢迎;当客人告辞时,客人先伸手表示感谢。例如,在一场商务宴请中,当客人到达餐厅时,主人应主动伸手与客人握手,让客人感受到热情好客的氛围。

三、握手时间

（一）一般情况

通常情况下,握手时间控制在 3～5 秒比较合适。这是一个比较标准的时间范围,既能表达热情,又不会让对方觉得时间过长而感到尴尬。例如,在社交聚会中与新朋友握手时,保持 3～5 秒的握手时间,然后松开,这样可以营造出良好的第一印象。

（二）特殊情况

如果是久别重逢的好友,握手时间可以适当延长,同时可以配合语言表达情感,如"好久不见,真想你啊"。在这种情况下,握手时间延长是为了更好地表达情感,但也要注意不要过长,以免周围的人觉得不妥。

四、握手力度

握手时应遵循适度原则。力度太轻,会让对方觉得你态度冷淡或者缺乏诚意。例如,轻轻一碰就松开,可能会让对方怀疑你是否真的欢迎他。力度太大,会让人感觉不舒服,甚至可能造成对方的疼痛。一般来说,握手力度要能让人感觉到热情和友好,同时又不会让对方感到疼痛。

对于不同性别和年龄的人,力度要有所调整。与女性或者老年人握手时,力度要轻一些,避免让他们感到不适。比如,和一位年迈的老人握手,只需轻轻地握住对方的手,表示友好即可。

五、握手禁忌

（一）忌用左手握手

在大多数情况下,用左手握手被认为是不礼貌的,因为左手通常被认为不正式。如果右手受伤或不便,应提前向对方说明情况,并用左手轻轻接触对方的手背,表示歉意。

（二）忌交叉握手

在多人同时握手时,避免交叉握手。交叉握手会显得混乱,而且可能会让其他人感到不自在，显得不礼貌且容易引发误解。

（三）忌精力不集中

握手时看着第三者或环视四周，显得不专注。

（四）忌戴手套握手

在大多数情况下，戴手套握手是不礼貌的，因为它给人一种距离感或不尊重对方的感觉。握手是一种亲密的肢体接触，戴手套会让人感觉你不愿意直接接触对方。此外，在某些特殊场合，若女士在社交场合戴薄纱手套，或者在寒冷的户外戴保暖手套时，可以适当放宽这一规则。但如果戴的是厚手套，最好在握手前摘掉。

（五）忌握手时将左手放在裤袋里

握手时插兜会让对方觉得你很随意或不尊重对方。

（六）忌握手时间过长

握手时间过长会让对方感到不自在，甚至可能被误解为有其他意图，如果需要表达特别热情，可以通过语言和表情来补充。

（七）忌握手时带墨镜

在握手时戴墨镜是不礼貌的，因为它会阻碍眼神交流，给人一种冷漠或不尊重的感觉。

六、握手礼仪在旅游服务中的应用

（一）迎接游客

在迎接游客时，主动伸手与游客握手，表示欢迎与友好。例如，在机场、车站或酒店门口迎接游客时应主动伸手，以示欢迎。

（二）送别游客

在送别游客时，与游客握手道别，表示感谢与祝福。例如，在游客离开酒店或景区时应主动伸手，面带微笑，目光注视对方。

（三）处理投诉

在处理游客投诉时，通过握手表达理解与同情，缓解游客情绪。例如，在处理游客投诉时应主动握手，以示理解和同情，从而缓解游客的情绪。

七、模拟演练

（一）设定场景

设定旅游服务中的不同场景,如迎接游客、送别游客、处理投诉等。

（二）角色扮演

学生分组进行角色扮演,模拟握手礼仪的实际应用。

（三）点评与反馈

教师对学生的表现进行点评与反馈,指出优点与不足,提升学生的应用能力。

任务三　鞠躬礼仪和致意礼仪

鞠躬礼仪和
致意礼仪微课

任务内容

一、鞠躬礼仪

鞠躬礼仪是一种通过身体前倾的动作来表达敬意、尊重或感谢的礼仪形式。它通常用于正式场合、社交活动、宗教仪式或日常生活中,以示对他人或特定对象的尊重和敬意。鞠躬礼的姿势和幅度可以根据不同的场合和对象来调整,以体现不同程度的敬意。它是旅游从业者经常用到的一种礼节,通常是用来表示对游客的尊敬、欢迎及问候。

（一）鞠躬礼仪的起源

鞠躬礼仪起源于中国商代时期,有一种祭天仪式被称为"鞠祭"。在这种仪式中,祭品如牛、羊等不是切成块,而是整体弯卷成圆的鞠形,再摆到祭处奉祭。这种仪式表达了祭祀者的恭敬与虔诚。随着时间的推移,人们在现实生活中逐步沿用了这种形式,用它来表达自己对崇高者或长辈的崇敬之情,从而形成了鞠躬礼仪。

（二）鞠躬礼仪的特点

1.表达敬意

鞠躬礼仪是一种非语言的沟通方式,通过身体的前倾动作来表达对对方的尊重和敬意。

2.文化差异

在不同文化背景下,鞠躬礼仪的形式和规范有所不同。如在韩国,鞠躬礼仪非常常见且规范严格;在中国,鞠躬礼也广泛用于正式场合。

3.适用范围广

鞠躬礼仪可以用于多种场合,包括但不限于正式仪式、社交活动、宗教仪式、日常问候等。

(三)鞠躬礼仪的姿势

1 站立姿势

鞠躬时双脚并拢,身体保持正直,双手自然下垂放在身体两侧。

2.头部和目光

在行礼时,头部应自然下垂,目光向下看,表现出谦逊的态度。

3.身体前倾

鞠躬时以腰部为轴,身体上部向前倾斜,根据不同的鞠躬礼,前倾的角度可以是 30°、45°或 90°。

4.恢复姿势

当鞠躬礼毕起身时,应恢复立正姿势,同时眼睛礼貌地看着对方。

(四)鞠躬的深度

鞠躬的深度应根据受礼对象和场合而定。在工作中,鞠躬的深度主要分为以下几种情况。

1.30°鞠躬

(1)姿势:头颈背成一条直线,双手自然放在裤缝两边(女士双手交叉放在体前),前倾30°,目光约落于体前 1.5 米处,再慢慢抬起,注视对方,见图 3 - 3。

扫码看彩图

图 3 - 3　30°鞠躬姿势

（2）应用场景：在公司大门口、电梯门口、机场、酒店、餐厅等地迎接客人时；在会客室迎接客人时；在欢送客人时；在接受对方帮助表示感谢时。

2.45°鞠躬

（1）姿势：头颈背成一条直线，双手自然放在裤缝两边（女士双手交叉放在体前），前倾45°，目光约落于体前1米处，再慢慢抬起，注视对方，见图3-4。

扫码看彩图

图 3-4　45°鞠躬姿势

（2）应用场景：在给对方造成不便或让对方久等时；在接受对方帮助表示感谢时。

3.90°鞠躬

（1）姿势：头颈背成一条直线，双手自然放在裤缝两边（女士双手交叉放在体前），前倾90°，目光约落于正下方，再慢慢抬起，注视对方，见图3-5。

扫码看彩图

图 3-5　90°鞠躬姿势

（2）应用场景：在向对方表示最大的歉意或者敬意时。

（五）鞠躬礼仪的注意事项

在行鞠躬礼时，需要注意以下几点。

（1）站姿：在对方前边2～3米的地方立正站好，面带微笑，注视对方。

（2）幅度：根据所要表达的情感选择合适的鞠躬幅度。

（3）速度：鞠躬时应匀速进行，不宜过快或过慢。

（4）姿态：在鞠躬过程中，应保持身体挺直，不要驼背或弯腰过度。

（5）在鞠躬完毕后，应礼貌地起身并恢复站立姿势。同时，在行鞠躬礼时，应避免把手插在衣袋里，这是极为失礼的行为。

（六）鞠躬礼仪的适用场合

鞠躬礼仪适用于庄严肃穆、喜庆欢乐的仪式场合。

（1）在日常生活中学生对老师、晚辈对长辈、下级对上级、表演者对观众等都可行鞠躬礼。

（2）当领奖人上台领奖时，向授奖者及全体与会者鞠躬行礼。

（3）当演员谢幕时，对观众的掌声常以鞠躬致谢。演讲者也用鞠躬来表示对听众的敬意。

（4）当遇到客人表示感谢或回礼时，可行鞠躬礼。

二、致意礼仪

致意礼仪是指向他人表达问候、尊重、敬意心意的礼仪，通过行为举止表现出来。它通常在迎送、被别人引见、拜访时作为见面的礼节，对社交活动影响极大。礼貌的致意会给人一种友善的感觉，会让对方感到你很有修养，很有素质。

（一）常见的致意礼仪形式

1.点头礼

点头礼即颔首致意，以示礼貌，这种礼节一般用于同级或同辈之间，主要用于在同一场合已多次见面或者仅仅有一面之缘的朋友之间。如遇长者、贤者、女士时应停足真诚点头致意。

2.注目礼

眼睛时刻看着对方，眼神根据对方的移动轨迹移动，适用于一些正式场合，表示对对方的尊重。如在升旗仪式时运用此礼，双眼应目不转睛地凝视着旗帜。仪仗兵接受检阅时也用注目礼，目光随检阅者的移动而移动。

3.摆手礼

摆手礼适用于距离较远的送别或迎接客人时;在大型活动中向观众致意时。

4.欠身礼

欠身礼常用于别人将你介绍给对方,或主人向你奉茶等时。行礼时,以腰为轴,上体前倾15°左右,面带微笑注视对方。

5.脱帽礼

脱帽礼适用于戴帽子的人。行礼时,微微欠身,用距对方稍远的一只手摘下帽子,将其置于与肩平行的位置,同时与对方交换目光。

6.哈达礼

哈达礼主要用于藏族等民族的社交场合,表示敬意和欢迎。行礼时,将哈达献给对方,须双手捧上。

7.拥抱礼

拥抱礼在西方国家较为常见,用于表达亲密和欢迎。行礼时,双方身体贴近,手臂环绕对方。

(二)致意礼仪的基本规范

1.先后顺序

致意礼仪通常应遵循年轻者先向年长者致意,学生先向老师致意,男士先向女士致意,下级先向上级致意的原则。

2.表情和态度

致意时应诚心诚意,表情和蔼可亲,避免毫无表情或精神萎靡不振。

3.回应

遇到对方先向自己致意时,应以同样的方式回敬,不可视而不见。

三、鞠躬礼和致意礼的文化差异

鞠躬礼和致意礼在不同文化背景下存在显著差异,这些差异体现在礼仪的形式、适用场合、表达的含义及社会规范等多个方面。

(一)西方国家

在西方国家,鞠躬礼并不常见,更常用的是握手礼、拥抱礼、亲吻礼等致意礼。

握手礼是最常见的致意礼,适用于各种正式和非正式场合。握手时,双方右手相握,力度适中,时间一般控制在 3 秒左右。

拥抱礼在欧美国家较为常见,用于表达亲密和欢迎。行礼时,双方身体贴近,手臂环绕对方。

亲吻礼包括亲吻脸颊、额头等,用于表达亲近和友好。长辈吻晚辈时要吻其额头,晚辈吻长辈时要吻其下颌或面颊。

鞠躬礼在西方国家不常见,但在一些正式场合,如颁奖仪式、演讲结束等,也会使用鞠躬礼来表达敬意。

（二）亚洲国家

在亚洲国家,鞠躬礼是一种非常重要的礼仪形式,如在中国、日本、韩国等国家,对鞠躬礼的使用非常广泛。

中国:鞠躬礼主要用于庄重的仪式、正式活动、师生之间、商务场合等。在中国,鞠躬礼并不像日本那样有特定的角度含义,更多地体现为平等主体之间的尊重。

日本:鞠躬礼是最常用的礼节,鞠躬的角度和持续时间可以传达不同的情感强度和意图。例如,15°鞠躬用于日常打招呼,30°鞠躬用于表示普通礼节,45°鞠躬用于表示尊重,而90°鞠躬则用于表示极度的谦卑或忏悔。

韩国:鞠躬礼在韩国也非常重要,尤其是在长辈与晚辈、上级与下级之间的互动中。鞠躬时,晚辈或下级通常会鞠躬 90°,并伴随问候。

其他亚洲国家:如泰国,人们见面时会双手合十于胸前,低头问候,这是一种表示敬意的致意礼。

综上所述,鞠躬礼和致意礼可以在各种社交场合中更好地表达对他人的尊重和友好,促进人际关系的和谐发展。

项目二　通讯礼仪

知识目标

1.掌握电话、手机、微信、电子邮件礼仪的基本知识和规范。

2.培养良好的手机使用习惯,掌握在旅游服务中正确、恰当地使用电话及手机的礼仪。

3.掌握微信礼仪的相关知识,包括加好友、聊天、朋友圈发布、微信群互动等方面的基本规范。

技能目标

1.学生需在日常生活中积极实践电话及手机礼仪,形成良好习惯。

2.学会正确使用手机,并深刻认识手机礼仪的作用与效果,减少对他人和公共环境的干扰,营造和谐的社交氛围。

育人目标

1.弘扬中华优秀传统文化,增强文化自信。

2.培养尊重他人、礼貌待人的品德,提升个人修养。

3.强化规则意识,自觉遵守社会礼仪规范,增强社会责任感。

4.树立正确的价值观,展现新时代青年的良好风貌。

5.培养具有文化素养的高素质旅游从业者,自觉维护通讯秩序,促进社会和谐。。

案例导入

公司有个重要项目的工作群,大家都在积极讨论方案。小李经常在群里发一些和项目无关的搞笑视频,还不停地刷屏。而且他经常在深夜艾特同事询问工作问题,完全不考虑同事可能已经休息,让同事们很困扰。相反,小王在工作群里每次发言都简洁明了且紧扣主题。如果需要和某个同事单独沟通非紧急的事情,会选择在合适的时间发消息,尊重他人的生活和工作时间。

任务一 电话及手机礼仪

小贴士

古代通信不便利,如果是烽火连天、战乱流离之际,书信更是一字千金,弥足珍贵。杜甫诗中的"烽火连三月,家书抵万金",岑参笔下的"马上相逢无纸笔,凭君传语报平安",都是古人笔下的深情远致。

古人往来书信的传递不仅造就了丰富璀璨的书信文化,更留下了无数传奇佳话。书信有书、缄、雁、尺素、鲤鱼、鱼雁等诸多称呼,也留有"青鸟传书""鸿雁传书""鲤鱼传书""黄耳传书"等传奇佳话。

晋朝王羲之的书法名作《快雪时晴帖》便是写给友人的一封书信,虽然信中只有"羲之顿首。快雪时晴,佳。想安善。未果为结。力不次。王羲之顿首。山阴张侯。"短短二十八个字,却在寒冬中暖人心怀。清朝孙星衍有诗云:"莫放春秋佳日过,最难风雨故人来",风雨如晦,鸡鸣不已之时,朋友间的问候,往往是最能温暖人心的。

任务内容

一、电话礼仪

良好的电话礼仪不仅能提高沟通效率,还能展现个人和单位的专业形象。在职场中,电话是重要的沟通工具,一个礼貌、专业的电话礼仪可以给对方留下良好的印象,有助于建立良好的合作关系。在日常生活中,电话礼仪也能让通话更加愉快,避免不必要的误解和冲突。

(一)打电话礼仪

1.选择合适的时间

避免在对方的休息时间(如晚上10点以后、早上7点以前)、用餐时间(中午12点至1点、晚上6点至7点)或节假日打扰对方。如果不确定对方是否方便,可以先问一句:"您现在方便接电话吗?"

2.做好准备

提前整理好通话内容,明确要表达的重点和需要对方回答的问题。准备好纸笔,以便记录重要信息。根据通话对象和场景灵活调整语气和内容,如与上级通话时要正式、恭敬;与客户通话时要热情、专业。

3.控制通话时间

遵循"3分钟原则",尽量长话短说,避免占用对方过多时间。

4.自我介绍

电话接通后,先礼貌地进行自我介绍:"您好,我是[姓名],来自[单位名称]。"

5.礼貌用语

使用敬语,如"您好""请问""麻烦您""谢谢"等。在通话过程中,应尊重对方的意见和感受,避免使用冒犯性或攻击性的语言。

6.环境选择

尽量在安静、无干扰的环境中打电话,避免在嘈杂的公共场所或有背景噪音的地方通话。

7.注意语气和语速

通电话时语气要温和、友好,语速适中,避免过快或过慢。

8.尊重对方隐私

不要在公共场合大声通电话,避免泄露对方的隐私或敏感信息。

（二）接电话礼仪

1.及时接听

在电话铃响三声之内接起,若迟接需表示歉意:"您好,抱歉让您久等了。"

2.礼貌问候

接起电话后先说"您好",并自报家门:"您好,这里是[单位名称],我是[姓名]。"

3.专注聆听

接听时不要同时做其他事情,保持专注,避免分心并适时予以回应(如"嗯""好的""我明白了"),让对方知道你在认真听。

4.做好记录

准备好纸笔记录重要信息,避免遗漏。如果对方提供的信息较多,可以复述一遍予以确认:"您说的是……对吗?"如果需要记录对方的信息,要确保记录准确且安全,避免信息泄露。在职场中,严格遵守公司的保密制度,不要在电话中透露公司机密或内部信息。

5.尊重对方

通话时保持耐心和友好,不要打断对方讲话,即使对方态度不好,也要保持冷静和礼貌。

如果与不同文化背景的人通话,要注意语言和表达方式的差异,避免误解或冒犯。

6.礼貌结束

通话结束时,等对方先挂断电话。如果需要自己先挂断,要先致歉:"好的,那我不打扰您了,谢谢,再见。"

7.特殊情况的处理

如果接听电话时对方找的人不在,要礼貌地告知对方,并询问是否需要留言:"他/她暂时不在,有什么可以帮您的吗?"

如果电话突然中断,应主动回拨,并说明情况:"您好,刚才电话突然中断了,我再和您确认一下……"

(三)特殊情况下的电话礼仪

1.电话视频会议

(1)会前准备。测试设备:提前测试摄像头、麦克风和网络;选择合适的背景:确保背景整洁、专业;着装得体:根据会议性质选择合适的着装。

(2)会议过程。按时加入:提前几分钟进入会议,避免迟到;专注参与:保持专注,不要做与会议无关的事情;开启摄像头:除非有特殊情况,尽量开启摄像头;礼貌发言:发言时要清晰、简洁,避免打断他人。

(3)会议结束。礼貌致谢:会议结束后,感谢主持人和参会人员;有序退出:等待主持人结束会议后再退出。

2.国际电话

在接打国际电话时应注意以下几个方面。

(1)注意时差,选择合适的时间拨打。

(2)了解对方的文化背景和语言习惯,避免误解。

(3)通话时尽量使用清晰、简洁的语言,避免使用过于复杂的词汇或方言。

3.紧急电话

在接打紧急电话时应注意以下两个方面。

(1)如果是紧急情况,要迅速、简洁地说明情况,避免过多的寒暄。

(2)语气要坚定,但不要过于急促,以免对方听不清楚。

二、手机礼仪

手机礼仪微课

手机礼仪是现代生活中不可忽视的文明准则,它不仅体现了个人修养,还能避免给他人带来不便。

1.安全使用手机

避免在驾驶时使用手机,无论是通话还是查看信息,都可能分散注意力,增加交通事故的风险。在飞机上、加油站等特殊场所,应关闭手机或调至飞行模式,避免干扰设备或引发安全问题。

2.公共场合的手机礼仪

在公共场合(如图书馆、电影院、会议室)应将手机调至静音或震动模式,避免大声通话或外放声音。如果需要接听电话,应离开人群,避免影响他人。避免在公共场合查看或讨论敏感信息,防止隐私泄露。

3.尊重他人隐私

未经许可不翻看他人手机,即使是亲密关系,也应尊重他人的隐私。在社交平台上分享他人照片或视频前,应征得对方同意。

4.礼貌沟通

在发送消息或拨打电话前,考虑对方的时间和状态,避免在深夜或休息时间打扰。避免使用"在吗"等模糊开场白,直接表达需求或问题,避免让对方感到困扰。在正式场合或与长辈、领导沟通时,应谨慎使用表情符号。

5.手机放置与使用

在公共场合或与人交谈时,将手机放在合适的位置,如公文包或上衣内袋,避免放在桌上或拿在手中。避免在社交场合过度使用手机,如在参加会议时,应将手机调至静音或关闭,避免频繁查看手机。

6.手机使用场合礼仪

在公共场所使用手机时,应注意音量和光线的影响,避免干扰他人。如听音乐、看视频时,应使用耳机并调低音量。在会议或课堂等需要集中注意力的场合,应关闭手机或将其调至静音模式,以免干扰他人或影响自己的注意力。在与亲友相聚时,应减少使用手机的时间,多与亲友交流,珍惜彼此相处的时间。

7.其他注意事项

避免使用过于刺耳或不恰当的铃声。未经他人同意,不要拍摄他人照片或视频。在分享照片或视频时,应注意避免侵犯他人的版权或知识产权。

三、短信与社交媒体礼仪

收到短信或社交媒体消息后,应及时回复,以免让对方等待过久。若无法及时回复,应事后表示歉意。在发送短信或社交媒体消息时,应注意内容的恰当性,避免发送垃圾信息、广告或恶意言论。在社交媒体上发布信息时,应注意保护个人隐私和他人的隐私,避免泄露敏感信息。

四、电子邮件礼仪

电子邮件是现代沟通中不可或缺的工具,尤其在职场和正式场合中,良好的电子邮件礼仪至关重要。它不仅能提升沟通效率,还能展现个人和组织的专业形象。

(一)撰写邮件

1.明确主题

邮件主题应简短且能准确概括邮件内容,避免模糊或冗长的主题。避免空白主题,空白主题容易被误判为垃圾邮件,也可能让收件人感到困惑。如果邮件内容紧急,可以在主题前加上"紧急"或"重要"字样,但不要滥用。

2.格式规范

根据收件人的身份和关系,使用合适的称呼,如"尊敬的[姓名]""[姓氏]先生/女士"或"亲爱的[姓名]"。使用清晰的段落划分,避免长篇大论,可以使用项目符号或编号来列出要点,使内容更易读。避免使用过多的字体、颜色或格式,保持邮件格式简洁、专业,避免使用过于花哨的字体或颜色。邮件结尾应包含一个专业的签名,包括姓名、职位、公司名称、联系电话和电子邮件地址。

3.内容简洁

邮件内容应简洁明了,直接回答问题或说明意图,避免不必要的赘述。将内容分段,每段聚焦一个主题,便于收件人快速浏览和理解。在发送前仔细检查邮件内容,确保没有拼写或语法错误,避免给收件人留下不专业的印象。

(二)发送邮件

1.选择合适的收件人

明确主送对象,确保将邮件发送给正确的收件人,避免误发或群发。合理使用抄送和密送,抄送(CC)用于通知相关人员,密送(BCC)用于保护收件人隐私,但应谨慎使用,避免滥用。

2.附件说明

如果有附件,应在正文中明确说明附件的内容和用途,避免收件人困惑。检查附件是否正确,在发送前确认附件已正确添加且文件格式兼容。如果文件过大,建议使用云存储服务(如 Google Drive、Dropbox)分享链接,而不是直接发送文件。

3.邮件优先级

根据邮件的重要性和紧急程度,选择合适的优先级(高、中、低),但不要滥用高优先级。

（三）回复邮件

1.及时回复

尽量在 24 小时内回复邮件,即使不能立即解决问题,也应发送简短的回复,告知对方已收到邮件并正在处理。避免拖延,及时回复邮件是尊重对方的表现,也是保持沟通顺畅的关键。

2.礼貌回复

在回复邮件时,可以简短地感谢对方的来信,如"感谢您的来信"或"收到您的邮件,非常感谢"。尽量直接回答对方的问题,避免回避或模糊回答。

3.简明扼要

避免不必要的赘述,直接回答对方的问题或说明情况。如果需要引用对方的原文,可以适当引用,但不要全文复制,以免显得冗长。即使不同意对方的观点,也要保持礼貌和尊重,避免使用过于强硬或冒犯性的语言。

（四）特殊情况处理

1.邮件误发

如果邮件误发,应立即尝试撤回,并发送一封简短的道歉邮件,说明情况。如果邮件内容有误,不要重复发送,而是发送一封更正邮件,说明更正内容。

2.垃圾邮件

不要发送未经请求的广告或宣传邮件,避免给收件人带来困扰。如果收到垃圾邮件,可以将其标记为垃圾邮件,帮助邮件服务提供商过滤垃圾邮件。

（五）跨文化邮件礼仪

1.了解文化差异

不同文化背景下的人可能对语言风格有不同的期待,如西方文化更倾向于直接表达,而东方文化可能更注重委婉。了解不同文化中的称呼习惯和敬语使用,避免冒犯对方。

2.避免文化误解

使用清晰、简洁的语言,避免使用可能引起误解的成语、俚语或行话。在邮件中提及文化相关的内容时,应尊重对方的文化习俗和价值观。

任务二　微信礼仪

微信礼仪微课

任务内容

微信作为当下非常主流的社交平台之一,已经深度融入人们的日常生活和工作之中,成为旅游从业者与游客、合作伙伴、同事等进行沟通交流的重要工具。微信礼仪不仅关乎个人形象和职业素养,更直接影响旅游服务的质量和人际关系的和谐。掌握良好的微信礼仪,能够帮助旅游从业者更好地展示专业形象,提升沟通效率,避免不必要的误解和冲突,为游客提供更加优质、贴心的服务,同时也为个人的职业发展和企业形象塑造奠定坚实基础。

一、加好友礼仪

（一）精准自我介绍

在申请添加对方为好友时,自我介绍是至关重要的第一步。旅游从业者应提供清晰、简洁且具有针对性的自我介绍,包括姓名、所在单位、职位及添加对方的具体原因。例如:"您好,我是［姓名］,在［旅行社名称］担任导游,负责本次［旅游线路］的行程安排,期待与您共同度过愉快的旅程!"这样的介绍能够让对方迅速了解你的身份和意图,增加通过好友申请的可能性。

（二）尊重对方隐私

如果对方未通过好友请求,应尊重对方的决定,不要强行要求或频繁发送申请。旅游从业者应意识到,每个人都有自己的隐私和社交边界,过度纠缠可能会给对方带来困扰,甚至引起反感,从而影响后续的沟通和服务效果。

（三）备注管理

加完好友后,第一时间修改对方的备注名,这不仅有助于自己日后查找和沟通,也体现了对对方的尊重。备注名可以是对方的姓名、职位或与旅游相关的身份标识,例如"［姓名］－［游客/合作伙伴/同事］"。同时,定期检查和整理好友列表,确保备注信息的准确性和完整性,避免因备注混乱而导致沟通失误。

二、聊天礼仪

（一）及时回复与合理解释

当收到他人微信消息时,应尽量及时回复,这是基本的沟通礼仪。如果因特殊情况无法及时回复,应在方便的时候主动向对方解释原因,并表达歉意。例如:"抱歉,刚才正在带团,信号不太好,没及时看到您的消息,现在回复您……"。及时反馈能够让对方感受到你对他的尊重和重视,避免对方因等待而产生焦虑或误解。

(二)明确表达意图

在用微信聊天时,应尽量直接明确地表达自己的意图和需求,避免冗长的寒暄和无关紧要的闲聊。尤其是对于旅游相关的问题,如行程安排、景点介绍、费用说明等,应简洁明了地回答对方的疑问,同时提供必要的补充信息。例如,游客询问某个景点的开放时间,你回复时可以直接给出具体时间,并补充道:"建议您提前半小时到达,避开人流高峰,以便更好地欣赏景点。"

(三)注意语气和措辞

聊天时的语气和措辞至关重要,这直接影响沟通的效果和对方的感受。聊天时应使用礼貌、温和、友好的语言,避免使用过于生硬、粗鲁或带有攻击性的词汇。同时,要尊重对方的隐私和感受,不要询问或提及过于敏感的话题,如对方的个人收入、婚姻状况等。在表达不同意见时,应采用委婉的方式,避免直接反驳或指责对方。例如:"我理解您的想法,不过根据我的经验,这个景点在下午的时候阳光更好,拍照效果会更佳,您可以考虑一下。"

(四)合理使用语音和文字

微信提供了语音和文字的聊天方式,旅游从业者应根据具体情况灵活选择。对于工作汇报、重要事项说明或需要对方记录的信息,建议使用文字描述,这样更清晰、准确,便于对方随时查阅和回顾。如在向游客发送行程安排时,使用文字版的行程表,标注清楚每天的活动内容、集合时间、用餐地点等信息。而对于简单的问候、日常交流或需要快速传达的信息,则可以使用语音聊天,但要注意语音的语速和语调,确保对方能够听清楚。

(五)控制聊天时间

尊重对方的休息时间和个人空间,避免在特别早或特别晚的时候给对方发消息。一般来说,晚上 10 点以后和早上 7 点以前应尽量避免打扰对方,除非是紧急情况。同时,也要控制聊天的时长和频率,避免过度打扰对方。如果发现对方长时间未回复,应主动询问对方是否方便继续交流,或者提出改天再聊的意愿。

三、朋友圈礼仪

(一)内容选择与价值体现

朋友圈是展示个人生活和情感的平台,但作为旅游从业者,发布的内容应具有一定的价值性和专业性。可以分享旅游行业的动态、有趣的旅游故事、实用的旅游攻略、当地的风土人情等内容，既能体现自己的专业素养，又能为游客提供有价值的信息。例如，分享一篇自己撰写的关于某个热门旅游目的地的小众玩法攻略，或者介绍当地的传统手工艺品制作过程，吸引游客的兴趣。

（二）发布时间与频率

一般来说，上午 8 点至 10 点、中午 12 点至 14 点、晚上 18 点至 20 点是比较合适的发布时间段，这些时间段用户活跃度较高，能够更好地吸引关注。同时，控制朋友圈的发布频率，避免过于频繁地刷屏，以免让他人产生反感，建议每天发布 1～3 条有价值的内容即可。

（三）尊重他人隐私

如果要在朋友圈发布与他人的聊天记录、照片或视频，应事先征得对方的同意，并对敏感信息进行打码处理。在旅游服务过程中，可能会拍摄到游客的照片或视频，如果需要分享到朋友圈，必须明确告知游客，并尊重他们的意愿。例如："您好，我刚刚拍摄了一些咱们团队在景点的合影，觉得很有纪念意义，想发到朋友圈分享一下，您看可以吗？如果同意的话，我会对您的面部进行打码处理，保护您的隐私。"

（四）点赞与评论的艺术

当看到朋友发布的内容时，可以适当点赞或评论以表达关注和认可，但要注意点赞和评论的方式和内容。点赞是一种简单而直接的肯定，而评论则需要更加谨慎。评论时应保持积极、友善的态度，避免发表负面或不当言论。同时，要避免过度刷屏点赞或评论，以免给他人造成困扰。例如，对于朋友分享的旅游照片，可以这样评论："这张照片拍得太美了，背景的建筑很有特色，感觉你们玩得很开心！"这样的评论既表达了赞美，又体现了你对内容的关注。

四、微信群礼仪

（一）群聊与私聊的区分

如果群内两个人之间的对话较多，应尽量私下进行聊天，避免在群内长时间占用公共空间，干扰其他群成员的正常交流。例如，在旅游服务群中，如果需要与某位游客详细讨论行程中的某个问题，可以主动邀请对方私聊，以减少对其他游客的影响。比如可以说："您好，关于明天行程中的用餐安排，我想和您详细沟通一下，我们私聊吧，以免打扰其他游客。"

（二）避免刷屏与滥用表情包

在微信群中聊天时，要避免连续刷屏的行为。刷屏会淹没其他重要的信息，影响群内正常的交流秩序。同时，表情包的使用应适度，避免过度使用或使用过于夸张的表情包，以免给他人带来不适感。例如,在群内讨论旅游行程安排时,如果有人频繁发送与话题无关的表情包,会干扰正常的讨论氛围。

(三)遵守群规与尊重群主

每个微信群都有自己的规则和约定,加入群聊后,应仔细阅读并遵守群规,尊重群主的管理权。对于违反群规的行为,要及时纠正并道歉。例如,在旅游服务群中,群主可能会规定禁止发布与旅游无关的广告或链接,旅游从业者应严格遵守这一规定。如果发现有人违反群规,可以私下提醒对方,或者向群主反映情况,共同维护良好的群聊环境。

(四)信息整理与回复

在群内发布信息时,应尽量将信息整理得清晰、完整,避免分多次发送碎片化的信息。对于群内其他成员的问题或意见,要及时回复,体现你的责任心和专业性。例如,在群内发布旅游行程变更通知时,应详细说明变更的原因、新的行程安排、注意事项等,避免让群成员产生误解或焦虑。

五、其他注意事项

(一)保护个人隐私

在使用微信时要注意保护个人隐私,避免泄露个人敏感数据,如身份证号、银行卡号、家庭住址等。旅游从业者在与游客沟通时,也要提醒游客注意保护自己的隐私,不要随意在微信上透露过多个人信息。例如,在处理游客的预订信息时,应确保相关信息的安全,避免在微信聊天中直接发送包含敏感信息的文件或截图。

(二)谨慎使用红包功能

微信红包是一种常见的社交功能,但在使用时应遵循一定的礼仪规范。发红包时要明确用途和祝福语,避免让对方感到困惑或误解。例如,在旅游服务中,如果游客对服务非常满意,主动提出发红包表示感谢,导游可以礼貌地拒绝:"非常感谢您的认可,您的满意就是对我们最大的支持,红包就不用了。"同时,也要避免强求他人发红包或只抢不发等行为。

(三)维护良好形象

在微信上展示自己的形象时要注重礼貌和谦逊,避免使用过于夸张或负面的言辞来评价他人或事物。旅游从业者应始终保持专业、友善的形象,通过积极的沟通和优质的服务赢得游客的信任和好评。

综上所述,微信礼仪是我们在微信社交平台上进行沟通交流时应遵循的基本规范和准则。遵循这些礼仪规范不仅有助于提升沟通能力和职业素养,为游客提供更加优质、贴心的服务,同时也为个人的职业发展和企业形象塑造奠定坚实基础。

项目三　拜访礼仪

知识目标

1.熟知拜访礼仪的基本规范与原则。

2.熟知递接物品及名片的基本礼仪。

技能目标

1.掌握拜访礼仪中预约、准时、着装、交谈等方面的要求。

2.通过恰当的拜访礼仪,与客户、合作伙伴等建立良好的关系,增强信任和合作意愿。

3.能够在不同场合得体地使用递接礼仪及名片礼仪,展现个人的修养和对他人的尊重。

育人目标

1.通过实践拜访礼仪,学生能够提升个人的职业素养和服务质量,为游客和合作伙伴提供更加专业、贴心的服务。

2.帮助学生在国际交流中展现良好的文化素养,增强文化自信。

案例导入

　　小赵临时想去拜访一位客户,没有提前预约,直接去了公司。当时客户正在开重要会议,小赵在公司等待区等了一会儿后,开始不耐烦。等客户出来,小赵也没有为自己的贸然来访表示歉意,还在交谈时不停地看手机,回答问题心不在焉。最后,小赵不仅没有谈成业务,还让客户对他和他的公司印象极差。

任务一 拜访礼仪

任务内容

一、拜访前的准备

（一）提前预约

拜访前必须提前预约，这是拜访礼仪中最基本的要求。旅游从业者应提前与拜访对象沟通，说明拜访的目的、时间、地点和预计时长，确保对方有时间和精力接待。例如："您好，我是[姓名]，在[旅行社名称]工作。我想和您讨论一下关于[具体事宜]，不知道您下周[具体时间]是否方便，大概需要[预计时长]。"

（二）了解对方背景

在拜访前，应对拜访对象的基本情况、兴趣爱好、工作背景等进行了解，以便在拜访过程中能够更好地与对方沟通交流。例如，如果拜访对象是一位摄影爱好者，可以在拜访时提及一些与摄影相关的话题，拉近彼此的距离。

（三）准备资料

根据拜访的目的，准备好相关的资料和物品。如果是业务拜访，应携带名片、宣传资料、合同文本等；如果是拜访个人，可以准备一些小礼物作为见面礼，但礼物的选择应符合拜访对象的文化背景和喜好。

（四）着装得体

拜访时的着装应得体、整洁，符合职业要求和拜访场合。旅游从业者应根据拜访对象的身份和拜访场合选择合适的着装。例如，当拜访企业客户时，应穿着正装；当拜访游客时，可以选择休闲装，但应保持整洁、得体。

二、拜访中的礼仪

（一）准时到达

拜访时应严格遵守约定的时间，提前5~10分钟到达拜访地点，以显示对对方的尊重。如果因特殊情况无法按时到达，应提前通知对方并说明原因。例如："您好，我因为路上堵车，可能要晚到10分钟，非常抱歉给您带来不便。"

（二）礼貌进门

在到达拜访地点后，应礼貌敲门或按门铃，等待对方开门。进门后，主动向对方问好，并递上名片。例如："您好，我是［姓名］，非常感谢您抽出时间见我。"

（三）尊重对方空间

在拜访过程中，应尊重对方的私人空间，不要随意走动或触碰对方的物品。如果需要使用对方的办公设备或物品，应先征得对方的同意。例如："我可以看一下您这边的宣传册吗？"

（四）专注交谈

在交谈过程中，应保持专注，认真倾听对方的发言，避免分心或频繁查看手机。交谈时应保持微笑，语气友好，表达清晰。如果需要记录重要内容，应提前告知对方并征得同意。例如："我这边记录一下您提到的重点，方便我后续整理。"

（五）适度表达

在交谈中，应根据拜访目的和对方的反馈，适度表达自己的观点和需求，避免过于冗长或偏离主题。如果对方提出意见或建议，应虚心接受并表示感谢。例如："您说得非常有道理，我会认真考虑您的建议。"

三、拜访后的礼仪

（一）感谢对方

在拜访结束后，应向对方表示感谢，感谢对方抽出时间接待自己。感谢的方式可以是当面致谢，也可以是事后发送感谢信或短信。例如："非常感谢您今天抽出时间与我交流，我收获颇丰。"

（二）及时跟进

如果拜访中涉及具体的业务或合作事宜，应在拜访后及时跟进，确保事项的顺利推进。例如，如果拜访中提到需要提供某个文件或资料，应在约定时间内完成并发送给对方，并附上简短的说明。

（三）反馈与总结

在拜访结束后，应对拜访过程进行总结，反思自己的表现和对方的反馈，总结经验教训，为下一次拜访做好准备。例如，可以记录拜访中对方提出的问题和建议，以及自己在沟通中的不足之处，以便改进。

综上所述,拜访礼仪是商务场合和社交活动中不可或缺的一部分。通过掌握这些礼仪,我们可以更好地展现自己的修养和对他人的尊重,从而建立更好的人际关系和业务联系。

任务二　名片礼仪

任务内容

名片是商务交往和个人社交中不可或缺的工具,它不仅是个人身份的象征,也是建立联系的重要媒介。正确的名片礼仪能够体现个人的专业素养和对他人的尊重,有助于建立良好的人际关系和合作基础。旅游从业者在拜访客户、合作伙伴或游客时,掌握名片礼仪尤为重要,它能够帮助从业者更好地展示专业形象,提升服务质量。

一、名片的起源

名片作为一种个人身份和职业信息的载体,其历史可以追溯到古代文明时期。名片的发展经历了从简单的身份标识到复杂的社交工具的演变过程。

（一）古代中国的“谒”

名片的雏形出现在中国古代,称为“谒”或“刺”。这种“谒”通常由仆人传递给主人,主人根据“谒”上的信息决定是否接待来访者。

西周时期:最早的“谒”是用竹片或木片制成的,上面写有来访者的姓名和身份信息。这种“谒”主要用于宫廷和贵族之间的交往。

汉代:随着纸张的发明,竹木制的“谒”逐渐被纸制的“名刺”所取代。纸制的“名刺”更加轻便,书写也更加方便。

唐代:名片的使用更加广泛,不仅用于官场,还用于民间交往。唐代诗人杜甫在《赠卫八处士》中提到“名刺朝朝入,谁人肯见临”,说明名片已经成为一种常见的社交工具。

宋代:名片的制作更加精美,出现了烫金、印制等工艺。名片不仅用于个人交往,还用于商业活动。

明清时期:名片的使用更加普及,成为社交礼仪的重要组成部分。名片的尺寸、材质和制作工艺都有了严格的规定,反映了使用者的社会地位和文化修养。

二、名片的使用时机

（一）初次见面

在商务场合或社交活动中，初次与对方见面时，应主动递出自己的名片。这是建立联系和展示专业形象的重要步骤。例如，在旅游业务洽谈会或客户拜访中，见面后应立即递上名片，表明自己的身份和来意。

（二）介绍自己

当需要向对方介绍自己的工作背景或业务范围时，名片可以作为辅助工具。递上名片的同时，可以简要介绍自己的工作职责和此次拜访的目的。例如："您好，我是［姓名］，在［旅行社名称］担任［职位］，负责本次旅游项目的策划和执行。"

（三）结束会面

在会面结束时，如果之前没有递过名片，可以在告别的时候递上名片，表示感谢和期待后续合作。例如："非常感谢您今天的接待，这是我的名片，期待我们后续的合作。"

三、递交名片的正确方式

（一）双手递送

在递名片时应使用双手，拿住名片的上端，正面和名字朝向接收者。这种做法体现了对对方的尊重和诚意。例如："您好，这是我的名片，请多指教。"

（二）礼貌用语

在递送名片时应配以礼貌的用语，如"请多指教""请多关照"等，增强友好氛围。同时，递名片时应保持微笑，眼神注视对方，传递出积极的态度。

（三）尊重顺序

一般情况下，职位低的人先把名片交给职位高的人，年轻者先把名片交给年长者。但如果对方先拿出名片，自己也应大方收下，并回递自己的名片。例如，在拜访一位资深的旅游行业专家时，应先递上自己的名片，表示尊重。

四、接受名片的注意事项

（一）双手接受

在接受名片时应使用双手，接过名片后仔细看一遍，确认对方的姓名和职位，表示对对方的尊重和重视。例如："非常感谢,[姓名]先生/女士。"

(二)认真保管

在接过名片后,应将其放入名片夹或认真收好,避免随意丢弃或放在不适当的地方。这不仅体现了对对方的尊重,也方便后续查阅。例如,可以将名片放入专门的名片夹中,按类别整理好。

(三)礼貌回应

在接受名片后,可以配以"谢谢"等礼貌用语,并回递自己的名片(如果还没有递出的话)。例如："非常感谢,这是我的名片,请多关照。"

五、名片的其他用途

(一)拜访客户时

如果拜访客户时对方不在,可以将名片留下,以便客户回来后知道你来过。例如："您好,我是[姓名],今天来拜访您,但您不在,已留下我的名片,希望您回来后能联系我。"

(二)赠送纪念品时

向客户赠送纪念品时,如让人转交,则可随带名片一张,以便客户知道纪念品的来源。例如："这个纪念品,希望您喜欢。我的名片已留下,有任何问题可以随时联系我。"

六、名片礼仪的注意事项

(一)避免随意涂改

名片上的信息应保持清晰、准确,避免随意涂改。如果名片上的信息有变化,应及时更换名片,确保信息的准确性。

(二)避免携带过多的名片

在拜访过程中,应避免携带过多的名片,以免显得过于急切或不专业。一般来说,携带适量的名片即可,确保名片的质量和整洁度。

递接礼仪

一般而言,递接物品时,应起身站立,用双手递送或接取物品以示尊重,同时,上身略向前倾。在递送物品的时候,如书本、材料,需要把正面对着接受物品的一方;在递送笔的时候,可以先将笔帽打开,然后笔尖的一端放在自己的右边,双手递给对方;递送水杯的时候,特别是一次性水杯,用右手拿着水杯的下三分之一处,不要接触水杯的上三分之一处,因为这是在喝水时会接触嘴唇的部分,以免被手指污染,然后双手递给对方;递送利器的时候,如剪刀需要把剪刀的尖锐部分放在自己的左边,然后水平双手递出。

递接礼仪微课

项目四　沟通礼仪

语言与沟通
艺术微课

知识目标

1.通过学习,学生能够掌握正确的发音方法,确保在沟通过程中发音准确、清晰。

2.避免因发音问题导致的误解或沟通障碍,提高沟通的准确性和效率。

3.通过学习,学生能够掌握在不同场合下选择恰当语言的能力,确保信息传达清晰、准确。

4.通过学习,学生掌握有效倾听的要求,包括全神贯注、给予反馈、避免打断等。

技能目标

1.掌握正确的发音技巧和方法,包括呼吸、声带、共鸣等方面的训练。

2.学生通过模拟演练和实际应用,提升发音的准确性和清晰度,确保在沟通中能够准确表达信息。

3.学生通过掌握正确发音,增强自信心,克服语言表达中的紧张和焦虑,提升心理素质。

4.学生通过学习和实践,能够掌握处理投诉的有效方法,提升解决问题的能力,减少冲突和不满。

育人目标

1.学生通过正确的发音,展现良好的个人形象和职业素养,增强游客和合作伙伴的信任感。

2.帮助学生掌握标准发音,提升语言表达的准确性和清晰度。通过正确发音,感受语言的美感,增强对母语的热爱和尊重。

3.通过正确发音,传承和弘扬中华优秀传统文化,增强文化自信。

4.在公共场合使用标准发音,展现个人修养和社会责任感。遵守语言规范,维护语言的纯洁性和规范性,促进社会和谐。

5.通过有效的倾听,旅游从业者能够与游客、同事和合作伙伴建立良好的关系,增强合作意愿和团队凝聚力。

6.培养尊重与包容,学会尊重他人的观点和感受,展现良好的个人修养。

7.理解并接纳不同的意见和文化背景,促进多元文化的和谐共存。

案例导入

　　小张是一名新入职的员工,加入公司后,他总是急于表现自己,经常在会议上打断同事的发言,甚至在领导讲话时插话。有一次,小张在部门会议上打断资深同事小刘的方案介绍,提出了自己的想法,但没有充分考虑小刘的感受和方案的完整性。小刘感到被轻视,对小张产生了不满,其他同事也觉得小张不懂得尊重他人。后来,小张意识到自己的问题,在一次团队活动中主动向小刘道歉,并在之后的会议中学会了耐心倾听,等待合适的时机发言。慢慢地,他与同事的关系缓和了,工作也更加顺利了。

任务一　正确的发音

正确的发音
微课

任务内容

　　在沟通礼仪中,正确的发音是至关重要的,它不仅关乎信息的准确传递,还体现了对他人的尊重和自身的专业素养。

一、发音训练

(一) 呼吸训练

　　呼吸是发音的动力来源,充足、稳定的气息是发音的基础。采用胸腹式联合呼吸法,吸气时小腹向内收缩,大腹、胸、腰部同时向外扩展;呼气时小腹要收住,努力控制胸、腹部,将肺部储气慢慢放出,均匀地外吐。可以通过以下方法进行呼吸训练。

　　(1)闻花香:深吸一口气,想象自己在闻花香,感受气息充满胸腔和腹部。

　　(2)吹蜡烛:点燃一根蜡烛,站在距离蜡烛约30厘米的地方,用气息吹动蜡烛火焰,保持火焰摇曳但不熄灭。

　　(3)数数:深吸一口气,然后缓慢地数数,尽量延长数数的时间,锻炼气息的控制能力。

　　(4)绕口令:选择一些绕口令进行练习,如"四是四,十是十,十四是十四,四十是四十",通过快速而准确地朗读,锻炼口腔肌肉和气息控制。

(二) 声带训练

　　声带的好坏既有先天因素,也有后天训练和保护的影响。可以通过以下训练方法有效提升声带的使用效果。

　　(1)清晨吊嗓子:清晨在空气清新处进行"吊嗓子"练习,吸足一口气后发出连续的声响,如"啊""咿""呜"等,每次练习5~10分钟。

(2)声带准备活动:在长时间讲话前,进行声带准备活动,如用均匀的气流轻轻拂动声带,使其发出细小的抖动声,避免声带突然受到过大压力。

(3)避免过度用嗓:在日常生活中,避免长时间大声说话或唱歌,尤其是在身体疲劳或生病时,减少对声带的使用。

（三）共鸣训练

共鸣腔是决定音色的重要发音器官。正确的共鸣训练可以使声音更加洪亮、圆润、优美动听。共鸣训练的方法主要有以下几种。

(1)朗读练习:选择一些优美的文章或诗歌进行朗读,注意声音的共鸣效果,感受声音在口腔、鼻腔和胸腔的共鸣。

(2)唱歌练习:通过唱歌来锻炼共鸣,选择一些适合自己的歌曲进行练习,注意声音的共鸣和气息的控制。

(3)模仿练习:模仿一些声音洪亮、发音标准的播音员或演员的发音,通过模仿来提升自己的共鸣效果。

（四）舌位与嘴型

不同的发音需要不同的舌位和嘴型。例如,发元音时嘴型要张大,发辅音时舌位要准确。舌位和嘴型的训练方法主要有以下几种。

(1)镜前练习:站在镜子前,观察自己的舌位和嘴型,对照标准发音进行练习,确保舌位和嘴型准确。

(2)发音对比:对比不同发音的舌位和嘴型,如"b"和"p"、"d"和"t"等,通过对比练习,增强对不同发音的感知能力。

(3)朗读练习:选择一些包含多种发音的短文进行朗读,注意每个音的舌位和嘴型,确保发音准确。

（五）气息控制

在发音过程中,要控制好对气息的运用。吸气要迅速而充分,呼气要缓慢而均匀,避免在发音时出现气息不足或气息过猛的情况,具体训练方法如下。

(1)深呼吸练习:深吸一口气,然后缓慢地呼出,感受气息的控制能力,每次练习5～10分钟。

(2)气息支持练习:在发音时,注意气息的支持,确保每个音都有充足的气息支持,避免因气息不足导致发音不清晰。

(3)连续发音练习:选择一些长句子或绕口令进行练习,如"八百标兵奔北坡,北坡炮兵并排跑",通过连续发音练习,提升气息的控制能力。

（六）语调与节奏

语调要自然流畅,避免过于生硬或单调。节奏要适中,既不能过快也不能过慢,以适应不同的沟通场景和对方的节奏,训练方法主要有以下几种。

（1）朗读练习:选择一些优美的文章或诗歌进行朗读,注意语调和节奏的控制,感受语言的韵律美。

（2）对话练习:与他人进行对话练习,注意语调和节奏的自然流畅,避免过于生硬或单调。

（3）录音对比:将自己的朗读或对话录音,与标准发音进行对比,找出不足并加以改进。

二、发音训练的注意事项

（一）避免发音错误

在日常练习和实际沟通中,要特别注意避免常见的发音错误,如平舌音和翘舌音的混淆、前后鼻音的混淆等。学生应通过反复练习,确保发音的准确性。

（二）注重语音语调

语音语调不仅影响信息的传递,还会影响沟通的效果和氛围。在练习发音时,要注重语音语调的自然流畅,避免过于生硬或单调。

（三）保持练习的持续性

发音训练需要长期的坚持,不能一蹴而就。建议每天安排一定的时间进行发音练习,持之以恒,逐渐提升发音的准确性和清晰度。

（四）寻求专业指导

如果条件允许,可以寻求专业的语音训练指导,如参加播音主持培训课程或请教专业的语言教师。专业的指导可以帮助你更快地掌握正确的发音技巧,避免走弯路。

综上所述,沟通礼仪中正确的发音需要通过系统的训练和实践来不断提高。通过掌握正确的发音技巧和方法,我们可以更好地与他人进行沟通,传递准确的信息,展现良好的个人形象和职业素养。

任务二　语言与表达艺术

任务内容

语言礼仪是人际交往中不可或缺的润滑剂,它如同一盏明灯,照亮沟通的桥梁。恰当的语言礼仪能够塑造良好的第一印象,体现个人修养,赢得他人的尊重与信任。它能有效避免误解,促进信息的准确传达,让交流更加顺畅。在职场中,它能提升职业形象,助力事业发展;在社交中,它能拉近人与人的距离,增进感情。语言礼仪还能减少冲突,营造和谐氛围,提升团队协作效率。它不仅是个人素质的体现,更是文化传承的重要载体。

一、语言选择

（一）正式与非正式语言

在正式场合,如商务会议、官方活动等,应使用正式、规范的语言,避免使用方言或俚语。例如,在向游客介绍历史文化景点时,应使用标准的普通话,确保语言的准确性和权威性。

在非正式场合,如日常交流、团队活动等,可以适当使用轻松、幽默的语言,营造愉快的沟通氛围。例如,在与游客闲聊时,可以使用一些口语化的表达,拉近与游客的距离。

（二）专业与通俗语言

在涉及专业内容的沟通中,应使用专业术语,但要注意解释和说明,确保对方能够理解。例如,在向游客介绍某个专业术语时,可以先解释其含义,再进行详细说明。

在与游客沟通时,应尽量使用通俗易懂的语言,避免使用过于专业的术语。例如,在介绍某个景点的历史背景时,可以使用简单明了的语言,让游客更容易理解。

二、表达技巧

（一）清晰准确

在沟通时应确保语言表达清晰、准确,避免使用模糊不清或含糊的词汇。例如,在介绍行程安排时,应明确说明集合时间、地点和注意事项,避免使用"大概""可能"等模糊词汇。

在沟通时应注意语言的逻辑性和条理性,确保信息传递的连贯性和准确性。例如,在讲解一个复杂的旅游项目时,应按照一定的逻辑顺序进行说明,避免跳跃式表达。

（二）礼貌用语

在与游客、同事和合作伙伴沟通时,应使用礼貌用语,如"您好""请""谢谢""麻烦您"等,体现对他人的尊重和礼貌。例如,在请求游客配合时,可以说:"麻烦您稍微等一下,我们马上开始。"

在沟通时应避免使用冒犯性或侮辱性的言辞。例如,在处理游客投诉时,应保持冷静,避免使用过激语言。

（三）修辞手法

（1）比喻:通过比喻可以使语言更加生动、形象。例如:"这个景点就像一幅美丽的画卷,让人流连忘返。"

(2)排比:通过排比可以使语言更加有节奏感和感染力。例如:"在这里,您可以欣赏到壮丽的山川,感受到深厚的文化底蕴,体验到独特的民俗风情。"

(3)对比:通过对比可以使语言更加鲜明、突出。例如:"与其他地方相比,这里的风景更加优美,空气更加清新。"

三、非语言沟通

(一)面部表情

在沟通时应保持自然、友善的微笑,传递出积极、友好的态度。例如,在迎接游客时,应面带微笑,让游客感受到温暖。

在沟通时应避免过于严肃或冷漠的表情,以免让对方感到不被重视。例如,在与游客交流时,应保持温和的表情,避免面无表情。

(二)目光交流

在沟通时应保持与对方的目光接触,体现关注和尊重。例如,在与游客交谈时,应保持适当的眼神交流,让游客感受到你在认真倾听。

在沟通时应避免眼神游离不定,以免让对方感到不被尊重。例如,在介绍景点时,应保持眼神的专注,避免四处张望。

(三)身体语言

在沟通时我们可以通过适当的肢体动作(如点头、挥手等)来辅助语言表达,增强沟通效果。例如,在讲解时,可以适当用手势来强调重点内容。

在沟通时应避免做一些不适当的肢体动作,如频繁地摆弄手指、抖腿等,以免让对方感到不被尊重。例如,在与游客交流时,应保持身体的稳定和自然。

四、10 句文明用语

在旅游服务中,文明用语是提升服务质量、树立良好形象的重要手段。以下是一些常用的文明用语,旅游从业者应熟练掌握并运用到日常工作中。

(1)您好,欢迎光临!适用场景:迎接游客时,表达欢迎和热情。

(2)请稍等,马上就好!适用场景:需要游客稍作等待时,表达歉意和感谢。

(3)谢谢您的配合!适用场景:游客配合工作时,表达感谢和认可。

(4)非常抱歉,让您久等了!适用场景:因工作原因让游客等待时,表达歉意。

(5)请放心,我们会尽力!适用场景:游客提出需求或问题时,表达承诺和努力。

（6）祝您旅途愉快！适用场景：送别游客时，表达祝福和关怀。

（7）请慢走，注意安全！适用场景：游客离开时，表达关心和提醒。

（8）您的意见很重要，我们会改进！适用场景：游客提出建议或意见时，表达重视和感谢。

（9）请谅解，这是我们的疏忽！适用场景：出现工作失误时，表达歉意和改正的态度。

（10）很高兴为您服务！适用场景：完成服务后，表达满足和愉悦。

综上所述，沟通礼仪中的语言与表达艺术是一项重要的技能，它要求我们在沟通过程中注重语言表达的准确性和得体性，同时善于运用非语言沟通方式来增强沟通效果。通过不断学习和实践，我们可以逐渐提升自己的沟通能力，为建立良好的人际关系打下坚实的基础。

任务三　倾听的艺术

任务内容

倾听的艺术微课

倾听是一门艺术，是沟通中不可或缺的重要环节。它不仅仅是用耳朵听，更是一种用心去理解和感受的过程。

一、倾听的重要性

（一）反映礼仪修养

在交往中，善于倾听别人的发言既是一种交际艺术，也能反映一个人的礼仪修养。旅游从业者通过倾听，能够更好地理解游客的需求和感受，从而提供更加贴心的服务。

（二）受欢迎程度

在社交场合，一个聚精会神的听众往往比一个慷慨激昂的演说家更受欢迎，因为他会使说话者感觉自己很重要。通过倾听，旅游从业者能够赢得游客的尊重和信任。

（三）建立信任

倾听能使对方感受到尊重和关注，有助于建立和维护双方的信任关系。在处理游客投诉或意见时，有效的倾听能够缓解游客的不满情绪，增强合作的可能性。

二、倾听的技巧

（一）全神贯注

（1）保持专注：在倾听对方发言时，应保持全神贯注，避免分心或打断对方。例如，在与游客交流时,应认真倾听游客的需求和意见,避免心不在焉。

（2）身体前倾：通过身体微微前倾,传递出你对对方的专注和关注。例如,在与游客交谈时,可以适当前倾身体,让游客感受到你在认真倾听。

（二）给予反馈

（1）非言语反馈：通过点头、微笑等非言语方式给予对方积极的反馈,让对方感受到你在认真倾听。例如,在游客讲述自己的经历时,可以适当点头表示理解。

（2）言语反馈：在适当的时候,通过提问或重述对方的观点来确认你的理解。例如："您刚才提到的这个问题,我理解的意思是……,是这样吗？"

（三）避免打断

（1）让对方完整表达：让对方完整地表达自己的想法和观点,不要过早地打断或提出反对意见。即使不同意对方的看法,也要尊重对方的表达权。例如,在游客提出建议时,应耐心听完,再表达自己的观点。

（2）适时回应：在对方发言结束后,适时回应对方的观点,表达你的看法和意见。例如："您说得非常有道理,我会认真考虑您的建议。"

（四）同理心

（1）设身处地：设身处地地理解对方的感受和立场,通过共情表达来增强双方的理解和信任。例如,在处理游客投诉时,可以说："我理解您的感受,遇到这种情况确实会让人感到不愉快。"

（2）表达理解：通过表达理解,让对方感受到你的关心和尊重。例如："我明白您的意思,我会尽力解决这个问题。"

（五）注意非言语信息

（1）关注语气：关注对方的语气,了解其真实感受。例如,如果游客的语气显得有些焦虑,可以适当安抚对方的情绪。

（2）观察表情：观察对方的表情,了解其情绪状态。例如,如果游客面露难色,可以主动询问："您看起来有些担心,是不是有什么问题？"

（3）留意肢体语言：留意对方的肢体语言,了解其真实意图。例如,如果游客频繁点头,说明他可能对你的解释表示认同。

三、倾听中的注意事项

（一）克服主观障碍

（1）避免偏见：避免因为个人偏见、情绪或思维定势而影响倾听效果。保持客观、开放的心态,尊重他人的观点和意见。例如,在处理游客投诉时,不要因为游客的态度而产生偏见,影响对问题的处理。

(2)保持耐心:在倾听过程中要保持耐心,不要急于表达自己的观点或打断对方的发言。尊重他人的表达权,给予对方充分的思考和表达时间。例如,在游客讲述自己的经历时,应耐心倾听,不要急于打断。

(二)注意环境干扰

(1)选择安静环境:在倾听过程中要注意环境干扰,如嘈杂的环境。尽量选择安静、舒适的环境进行沟通,以提高倾听效果。例如,在与游客交流时,可以选择一个安静的角落,避免外界干扰。

(2)减少干扰因素:减少可能干扰倾听的因素,如手机、电脑等。在与游客交流时,应将手机调至静音或震动,避免分心。

(三)保持虚心

(1)尊重对方的意见:在倾听过程中要虚心,不要急于表达自己的观点或打断对方的发言。尊重他人的表达权,给予对方充分的思考和表达时间。例如,在游客提出建议时,应虚心接受,不要反驳或轻视。

(2)积极学习:将倾听过程视为学习的机会,积极听取对方的观点和建议,不断提升自己的服务能力和专业素养。例如,在游客提出改进意见时,应认真记录并思考如何改进。

四、处理投诉的技巧

(一)保持冷静

(1)情绪控制:在处理投诉时,保持冷静和理智,避免情绪失控。即使面对情绪激动的游客,也要保持专业和礼貌。例如:"我理解您的感受,我们会尽快解决这个问题。"

(2)换位思考:学会换位思考,理解游客的立场和需求,寻求双方都能接受的解决方案。例如:"如果我是您,遇到这种情况也会很生气,我会尽快为您处理。"

(二)倾听诉求

(1)全神贯注:认真倾听游客的诉求,不要急于解释或辩解。通过倾听,让游客感受到被重视和尊重。例如:"请您详细说说遇到的问题,我会认真记录并尽快处理。"

(2)确认问题:通过提问或重述游客的观点来确认问题的具体内容。例如:"您刚才提到房间的空调不制冷,是这样吗?"

(三)表达歉意

(1)及时道歉:对于游客的不满和不便,及时表达歉意,缓解游客的情绪。例如:"非常抱歉给您带来了不便,我们会尽快解决。"

(2)承认错误:如果确实是工作失误,要勇于承认错误,表达改正的态度。例如:"这是我们的疏忽,我们会立即改进。"

（四）提供解决方案

(1)明确措施:在确认问题后,迅速提供具体的解决方案,让游客感受到问题正在被解决。例如:"我们会立即联系酒店维修部门,预计30分钟内解决问题。"

(2)跟进反馈:在问题解决后,及时向游客反馈结果,确保游客满意。例如:"空调已经修好了,您现在感觉如何?"

（五）记录和总结

(1)记录问题:将投诉的问题详细记录下来,便于后续跟进和总结。例如:"我已经将您的问题记录在案,我们会持续关注。"

(2)总结经验:从业者通过总结投诉处理的经验,避免类似问题再次发生。例如:"感谢您的反馈,我们会总结经验,改进服务。"

从业者通过对以上内容的学习,能够有效掌握倾听艺术,提升个人在社交和职场中的沟通能力,建立良好的人际关系。

项目五 位次礼仪

知识目标

1.掌握行进中的位次、乘车位次、会客时的位次、谈判位次和宴会位次的基本规范,明确并掌握在各种场合下的位次礼仪。

2.掌握位次礼仪的基本原则,理解位次安排中的原则,学会根据身份和场合进行合理安排。

技能目标

1.灵活运用位次礼仪,确保在各种场合中都能展现出专业和礼貌的形象。

2.了解不同文化中位次礼仪的习俗和意义,尊重文化差异。认识位次礼仪在社交、商务、会议等场合中的重要作用。

育人目标

1.学生通过学习和实践位次礼仪,提升个人的职业素养和服务质量,为游客和合作伙伴提供更加专业、贴心的服务。

2.遵守位次礼仪,学会尊重他人的贡献,在适当场合展现谦让精神,促进和谐的人际关系。

案例导入

在一次重要的商务宴请中,某公司的王总带着几位得力下属与合作公司的代表会面。宴会开始前,大家在包间内就座。王总的下属小李不懂位次礼仪,一屁股就坐在了主位上。王总看到后,脸色微微一变,但不好当场发作。合作公司的代表们面面相觑,对合作方的素养产生了一丝疑虑。王总经验丰富,他笑着对小李说:"小李,这个位置通常是留给最重要的客人或者领导的,你往这边坐。"然后,他亲自引导大家按照正确的位次就座,化解了这一尴尬的局面。在整个宴请过程中,因为王总的及时处理,双方的交流还算顺利。宴请结束后,王总专门找小李谈话,耐心地给他讲解位次礼仪的重要性:"在这样的正式场合,位次安排是有讲究的,它代表着尊重和秩序。我们不能因为这些小细节给合作伙伴留下不好的印象,影响到业务合作。"小李深刻地认识到了自己的错误,从此认真学习各种商务礼仪,再也没有犯过类似的错误。

任务内容

位次排列有时也称座次排列,它具体所涉及的是位次的尊卑问题。这个问题实际上在日常生活和工作中无所不在。引导行进、出入电梯、上下楼梯、通过房门、起来落座等,都有位次的问题。

在商务活动中,尤其是涉外活动中,位次的排列十分重要。行走、引导、接待、会议、餐饮、乘车等,对不同身份的人都有不同的位次安排。位次安排是否规范,是否符合礼仪的要求,往往代表了对交往对象的尊重和友善。

一、行进中的位次排列

(一)常规做法

常规做法有并排行进和单行行进。并排行进的要求是中间高于两侧,内侧高于外侧,一般要让客人走在中间或者走在内侧,这是并排行进时的做法。当与客人单行行进时,即一条线行进时,标准的做法是前方高于后方,如果没有特殊情况,应该让客人在前面行进。引导客人时,应在左前方引导。

(二)上下楼梯

上下楼梯是在商务交往中经常遇到的情况。上下楼梯时的位次排列非常重要,因为楼道比较狭窄,并排行走会阻塞交通。没有特殊原因,应靠右侧单行行进。出于安全的需要,上楼时以前方为上,下楼时以后方为上。若男女同行时,上下楼应让女士居后。

(三)出入电梯

目前很多办公楼都有升降式电梯,它们一般无人值守。在出入无人值守的电梯时,标准化的做法是陪同者需先进后出,而被陪同者一般要后进先出。因为电梯门口的按钮是升降钮,而电梯里的按钮则是开关钮,陪同者先进后出,就是为了控制开关钮,不使它夹挤客人。如果出入有专人值守的升降式电梯时,陪同者则应后进后出。

乘坐自动扶梯时,最好站在扶手电梯的右侧,左侧为通道,以便有急事的乘客自由上下电梯。自动扶梯尽量单行乘坐,避免多人并行、拥挤。同时,要照顾好身边的小孩、老人和残疾人等,避免出现危险和意外。

二、乘坐汽车的位次排列

(一)小轿车

在专职司机驾驶的小轿车中,后排右座是最尊贵的位置,应让客人或领导坐在后排右座。在主人亲自驾驶的小轿车中，副驾驶座是最尊贵的位置，应让客人或领导坐在副驾驶座。

（二）中型轿车

中型轿车第一排 1 号座位的位置是临窗的，如果后排有空位，第一排座位一般让领导一个人坐，其他人从前往后依次坐开。

（三）吉普车

在吉普车中，前排右座是最尊贵的位置，应让客人或领导坐在前排右座。后排右侧的位置次之，应让其他客人或陪同人员坐在后排右侧。

（四）旅行车

在旅行车中，前排是最尊贵的位置，应让客人或领导坐在前排。后排的位置依次递减，应让其他客人或陪同人员坐在后排。

模块四 旅游从业者酒店服务职场礼仪

1. 文化自信：酒店服务人员应深入学习中华优秀传统礼仪文化,如待客之道、餐桌礼仪、酒水文化等,并将其融入日常服务中。例如,在为客人办理入住时,可以运用传统礼仪中的"拱手礼"表达欢迎;在餐厅服务中,可以运用"斟茶礼"展现对客人的尊重,让客人感受到中华优秀传统文化的博大精深和独特魅力。

2. 职业认同：酒店服务人员应认识到自身职业的价值和意义,树立职业自豪感,以饱满的热情投入工作中。例如,酒店服务人员可以通过学习优秀酒店服务案例、参加职业技能竞赛等方式,提升自身专业技能和服务水平,增强职业认同感。

3. 服务意识：酒店服务人员应树立"宾客至上"的服务理念,时刻关注客人的需求,提供个性化、人性化的服务。例如,为客人提供旅游咨询、帮助客人解决困难等,让客人感受到宾至如归的温暖。

4. 职业素养：酒店服务人员应保持良好的仪容仪表,如整洁的着装、得体的妆容、优雅的举止等,展现良好的职业形象和精神风貌。酒店服务人员应具备团队合作精神,与同事相互配合、相互支持,共同为客人提供优质的服务。

5. 沟通能力：酒店服务人员应具备良好的沟通能力,能够用清晰、准确、礼貌的语言与客人沟通,如耐心解答客人的疑问、妥善处理客人的投诉等,与客人建立良好的关系。

项目一　前厅部服务礼仪

前厅服务礼仪微课

知识目标

1.掌握酒店前厅接待礼仪的相关操作。

2.熟悉礼貌用语。

技能目标

1.会运用所学的礼仪知识做好酒店接待服务工作。

2.熟悉前厅部服务礼仪,初步具备酒店管理与服务技能。

育人目标

1.培养积极阳光的生活态度。

2.培育精益求精的工匠精神。

3.践行社会主义核心价值观。

4.树立职业责任感。

案例导入

小王是酒店管理专业的学生,暑假去一个酒店实习。正值旅游旺季,大厅里宾客来来往往,络绎不绝。

一位手提皮箱的客人走进大厅,行李员立即微笑地迎上前去,鞠躬问候,并跟在客人身后询问客人是否需要帮助。这位客人可能有急事,说了声:"不用,谢谢。"头也没回径直朝电梯走去,行李员朝着客人匆匆离去的背影深深地鞠了一躬,还不断地说:"欢迎,欢迎!"小王看到这情景困惑不解,便问身旁的大堂经理:"当面给客人鞠躬是为了礼貌服务,可那位行李员朝客人的后背深鞠躬又是为什么呢?"

"既为了这位客人,也为了其他客人。"经理说:"如果此时那位客人突然回头,他会对我们的热情留下印象。同时也是给大厅里的其他客人看的,他们会想,当我转过身去,酒店的员工肯定对我也同样有礼貌。"

古代酒店服务

1.古代酒店服务的基本理念

• 宾至如归：这一理念在古代酒店服务中占据核心地位，体现了酒店对客人的尊重和关怀。酒店努力营造一种温馨如家的氛围，让客人在旅途中也能感受到家的温暖和舒适。

• 礼貌待客：古代酒店强调对客人的关怀和尊重，无论客人的身份如何，都要以礼相待。店小二等服务人员需要掌握各种称呼和礼仪规范，以确保与客人的交流得体而亲切。

2.古代酒店服务的具体内容

• 入住服务：古代酒店为客人提供周到的入住服务，包括安排房间、提供必要的生活用品等。有些酒店还会根据客人的需求提供其他服务，如代为照看马匹、检修车辆等。

• 餐饮服务：古代酒店的餐饮服务也十分丰富，不仅有各种美食佳肴供客人选择，还会根据客人的口味和喜好进行定制。在唐代，随着膳食技术和茶文化的发展，酒店开始提供名菜和名茶，以满足客人对美食的追求。

• 娱乐服务：在唐代，一些有实力的酒店开始提供娱乐服务，如戏剧表演、说书等。这些服务不仅丰富了客人的住宿体验，也促进了酒店业的发展。

3.古代酒店服务的特殊性与差异化

• 针对不同客人的需求：古代酒店会根据客人的身份、兴趣爱好等提供差异化的服务。如对富家公子、小官吏、军士等不同身份的人，酒店会提供不同的称呼和服务方式；对有特殊习惯的人，酒店也会给予最大便利和尊重。

• 提供特色化服务：一些古代酒店还会提供特色化服务，如代为存钱和货物、帮助客人跑腿办理委托事宜等。这些服务不仅体现了酒店的周到和贴心，也增加了酒店的竞争力。

4.古代酒店服务的文化意义

• 传承和弘扬传统文化：古代酒店服务不仅体现了对客人的尊重和关怀，也传承和弘扬了传统文化。如宾至如归的服务理念就体现了中华优秀传统文化中"以客为尊"的思想；而餐饮服务中的名菜和名茶则展示了中国饮食文化的博大精深。

• 促进社会交往和文化交流：古代酒店不仅是旅客的栖息地，也是社会交往和文化交流的重要场所。在这里，人们可以结识来自不同地方的人，分享彼此的故事和经历；也可以通过品尝美食、欣赏表演等方式感受不同地域的文化魅力。

任务内容

在酒店中前厅部是宾客到达酒店后首先接触的部门,也可以说是酒店的"门面",是酒店服务的开始。前厅部给客人留下的第一印象直接影响其他各部门服务工作的开展。因此,前厅部服务人员的素质和服务礼仪,直接关系和影响整个酒店在客人心目中的形象,这其中包括客人对酒店工作效率、服务质量、管理水平等方面的心理定位。

一、迎宾员服务礼仪

迎宾员又称门卫、门迎,主要在酒店正门外服务客人,代表酒店对抵达或离开的客人迎来送往。

(一)着装与仪态礼仪

迎宾员在工作时,着装要整齐、洁净,要精神饱满地站在正门处,采用前腹式站姿恭候宾客的光临,不可含胸、驼背、叉腰、弯腿、靠物,走路应稳健自然。女迎宾员应化淡妆,仪态要优雅大方。

(二)迎客进店时的礼仪

1.热情迎宾礼仪

当宾客到来时,迎宾员要主动热情地上前亲切问候,要面带微笑并热情地说:"您好,欢迎光临!"当客人集中到达时,应不厌其烦地向宾客微笑、点头示意、问候,尽量使每一位客人都能得到亲切的问候。当客人进店时,如果不是自动门,则要为客人开门。如遇老弱病残和需要帮助的女宾时,征得同意后予以必要的搀扶,以示关心。

2.宾客乘坐车辆到达时的服务礼仪

当宾客乘坐车辆到达酒店时,待车停稳后,迎宾员须上前开启车门迎接宾客下车。一般先开右侧车门,并用手挡住车门上方为客人护顶,以免客人碰头。

3.行李服务礼仪

当客人随身的行李较多或车上装有行李时,迎宾员应立即招呼门口的行李员为客人搬运行李,并且协助行李员装卸行李,检查有无遗漏的行李物品。若门口暂时没有行李员,迎宾员就应主动帮助客人提拿行李至大厅交给行李员后迅速返回。

(三)送客离店时的礼仪

当客人离店时,迎宾员应主动上前问候,客人需要叫车时应帮助联系。待车到达停稳后替客人打开车门并请客人上车。同时将客人的行李放入车内，并与客人核实行李件数。客人坐好后应为客人关好车门，忌关车门时用力过猛或夹住客人手脚、衣物等。关门后迎宾员应站在车斜前方1米处，上身前倾15°，微笑道别，并亲切地说"欢迎下次光临"等送别礼貌用语，要目送客人离开直至车远去后方可返回。

二、行李员服务礼仪

（一）客人抵店时的礼仪

1. 微笑欢迎，提取行李

当客人抵店时，行李员应向客人微笑、点头、问好以示欢迎，然后帮助卸行李，清点数目，检查有无破损，并记录客人乘坐到店的车辆牌号、所属单位及特征，然后搬行李到大厅登记处，请客人核实行李件数，若有差错，立即根据记录的车牌号码、所属单位和特征迅速为客人查清行李的下落，以示酒店的服务水平。行李员在卸行李时应做到及时且轻拿轻放，不能用脚踢行李，对易破的行李要格外注意，如客人要自己提取行李时行李员不可强行提取。

2. 引客人进店办理相关手续

行李员除了帮助客人提取行李外，还要礼貌地引领宾客到大厅总台登记处办理住宿手续。当客人办理手续时，行李员要站在客人身后约1.5米处，看管行李，并随时听从客人的吩咐和总台人员的指示。

3. 带客人入住

待客人办理好手续后，应主动上前向客人或总台人员拿取房间钥匙，引领客人入住。引领客人时要走在客人两三步距离的左前方，对客人要主动热情，遇有拐弯时，应回头微笑示意。

在引领客人乘坐电梯时，行李员应在前面用一只手按住电梯门，请客人先进入电梯，进电梯后，行李员应站在靠近电梯控制板附近，便于操纵电梯；出电梯时，应请客人先行。

将客人引至房间门口时，行李员应先按门铃再敲门，房内无反应后再用客用钥匙打开房门。开门后，先打开电源总开关，再将房间内的灯全部打开，并将行李放在行李架上或按客人的吩咐将行李放好，然后向客人介绍房间内设施设备的使用方法，最后征询客人是否还有其他吩咐，如没有，就向客人告别，退出房间，将房间门轻轻关上。

（二）客人离店时的礼仪

1. 搬运行李

当行李员接到当值主管分派上楼运送客人行李的通知后，应立即拿好写有房号的寄存行李卡到客人房间搬运行李。进入房间前,先按门铃再敲门,征得客人同意后方可进入房内提取行李,并与客人共同清点行李件数,检查行李破损情况,问明客人行李运往何地,何时取回,并按要求填写寄存卡。如客人与行李同行时,要将行李运到酒店大厅,指引客人到前台结账处结账。

2.热情送客

当客人结账完毕准备离店时,行李员应请客人再次清点行李件数后再装上车,向客人道别,并祝客人旅途愉快。

3.接受客人小费时的礼仪

行李员在为客人服务时,客人可能会给小费,应主动拒绝。若客人执意要给,行李员接受小费后,应向客人道谢,不要当着客人的面数小费。如客人没有主动给小费时,切忌向客人伸手索要小费,或因小费少而露出不屑的神情,引起客人反感,影响酒店的整体形象。

三、总台服务礼仪

(一)接待问询时的礼仪

酒店总台服务员在工作时要站立服务,精神饱满,举止大方,彬彬有礼。当有客人到总台时,服务人员应放下手中的工作面带微笑礼貌接待来宾,如遇特别忙不能及时接待时,应礼貌请客人稍候,并表示歉意。

在接待问询时,服务员要全神贯注地倾听客人提出的问题和要求,并尽可能地给予满足和帮助。对不明确的问题不能不懂装懂,应及时向客人表示歉意后迅速查阅相关资料或向有关人员请教,然后答复客人。

服务员还要负责前台或咨询接待室的卫生清洁及桌椅摆放,并保持整洁干净;管理好前台的设备,如发现设备使用不正常时,应及时向相关人员汇报,并及时处理;文件资料要分类;主动沟通和协调各部之间的关系,对职责范围内的工作及时处理、汇报。

(二)办理入住手续时的礼仪

对于总台办理宾客入住手续的服务人员来说,要做到工作有条不紊,忙而不乱,讲究效率,对每一位到店宾客都要热情接待。对客人提出的合理要求应尽量满足,使客人满意。如客人提出的要求无法满足时,要诚恳地向客人道歉并提出可行性的建议供客人参考,切忌以"不行""不可以""没有"等回绝宾客。

在办理入住手续时,服务员要精通业务,熟练操作电脑,保证快速敏捷地为客人办理登记、分房工作,一般要求在两分钟左右完成。在递送证件、房门钥匙、房卡等物品时,服务员应双手呈递并予以感谢,切忌将证件、钥匙等物品粗鲁地抛给宾客。

三、处理投诉时的礼仪

接待服务工作很难保证面面俱到、万无一失，可能会因为设施设备等诸多因素引起宾客的不满，产生投诉。当客人前来投诉时，接待员应迅速起身，面带微笑热情相迎，请客人就座。如客人不坐，接待员也不能坐下。接待员要以礼貌的语言安抚客人，并仔细、认真地倾听客人投诉的原因，对投诉的问题要详细询问，当面记录，以示重视。

四、电话总机服务礼仪

（一）接听电话的礼仪

所有来电应在铃声响起三声内接听，接听时用语文明、吐字清晰、语音亲切、音量适中。注意聆听客人讲话，不可随意打断，重要话语要加以重复、附和，做出积极反馈。接转电话要准确无误，叫醒服务应认真负责。重要的事项认真记录并传达给相关的人员，不遗漏、延误。

（二）严格遵守保密制度

在大多数情况下，接听询问电话时不能向问询人提供住店客人的姓名、房号及客人的相关情况。话务员不能利用工作之便偷听或打电话骚扰客人。

项目二 餐饮部服务礼仪

知识目标

1.了解中西餐、酒水服务礼仪。

2.熟悉饭店服务礼貌用语。

3.掌握餐厅服务员在工作中需严格遵守的礼仪规范。

技能目标

1.能运用所学的礼仪知识做好饭店餐饮及酒水服务工作。

2.能够运用所学知识,熟悉餐饮部各区域服务礼仪,初步具备酒店餐饮部服务技能。

育人目标

1.培养学生细致认真、精益求精的工作态度。

2.培养具有礼仪文化涵养的旅游从业者。

案例导入

一天早上,某五星级酒店餐厅吃早餐的客人很多,服务员都在紧张地进行服务工作。这时,走来一对夫妇,由于客人很多,服务员为这对夫妇找到了一张桌子,但是这张桌子还没有来得及收拾,服务员建议这对夫妇先回房间取外出需携带的行李,然后再来吃早餐,这样避免等待又能节约客人的时间,客人觉得建议很好,于是就上楼去了。但是当这对夫妇取了行李再次回到餐厅的时候,刚才那个位置已经坐了其他客人。服务员很快又给他们安排了另一个位置,位置是解决了,但是,从开始吃饭到结束始终没有一位服务员来询问他们要喝咖啡还是茶,这是不符合五星级酒店餐厅服务程序的。中午当他们来到西餐厅吃午餐时发现点的蘑菇汤不对,被换成了番茄汤。晚上,这对夫妇写了一封书面的投诉信交给大堂副理。大堂副理在第一时间通知了餐饮部的经理,经理马上了解情况,带着一个果篮到该夫妇住的房间。首先表示了歉意,然后表示立即加大对服务质量的管理力度,保证避免此类事件再次发生。

任务一　中餐服务礼仪

中餐服务礼仪微课

任务内容

一、餐前准备阶段服务礼仪

服务人员应坚持做到个人卫生干净,工作制服整洁,头发清洁,发型大方;女服务员应着淡妆,不可戴饰物;客人到来之前应整理仪容仪表,确认无任何不妥之后再上岗;工作时不嚼口香糖,不在食品服务区梳理头发、修剪指甲;不能面对食品咳嗽或打喷嚏,不能在洗碗池里洗手。服务员到岗后的第一件事就应该把餐厅的地面、桌椅、餐具、桌饰等进行细致地清洁和整理。

二、迎宾引位服务礼仪

(1)开餐前,迎宾员应恭候在大门两侧做好迎接准备,当客人走向餐厅约 1.5 米处时,应面带笑容,拉门迎宾,并热情问候:"您好,欢迎光临!"或"小姐(先生),晚上好,请问几位?"或"您好,请问您预订过吗?"

(2)如果是男女客人一起进来,要先问候女宾,然后再问候男宾。见到年老体弱的客人要主动上前搀扶,悉心照料。如遇雨天,要主动收放客人的雨具。

(3)如果客人已有预订,要迅速查阅预订单或预订记录,将客人引到其所订的餐桌。如果客人没有预订,应根据客人到达的人数、喜好、年龄及身份等选择座位。如果客人要求到一个指定的位置,应尽量满足其要求,如被占用,迎宾员应解释、致歉,然后再带他们到其他满意的位置去。靠近厨房出入口的位置往往不受人欢迎,对那些被安排在这张餐桌就餐的客人要多说几句抱歉的话。

(4)在选定餐桌、引领客人入座时,迎宾员应说:"请这边来。"如果需要另加餐具、椅子时,尽可能在客人入席之前布置妥善,不必要的餐具及多余的椅子应及时撤走。

(5)迅速判断客人情况以安排合适的餐位,如聚会客人要安排中间的大餐桌;年老体弱的客人应尽可能安排在行走路线较短、出入比较方便并且较为安静的位置;对于有明显生理残缺的客人,要注意安排在适当的位置就座,遮掩其生理缺陷,以示体贴和关怀;当贵宾光临时,要把他们安排在餐厅较好的位置就座;对于带小孩的客人,要把小孩安排在靠墙角、不易随便乱跑的餐位上等。

(6)当客人走近餐桌时,迎宾员应以轻捷的动作,用双手拉开座椅,招呼客人就座。顺序为先宾后主,先女宾后男宾。尽量把女士的座位安置在面对餐厅的内侧,避免面对墙壁。在招呼客人就座时动作要和客人配合默契,待客人屈腿入座的同时,轻轻推上座椅,推椅动作要适度,使客人坐好、坐稳。

三、值台服务礼仪

(1)客人入座后,用托盘送上毛巾和茶水,递送时要从主宾开始按顺时针依次进行。递送香巾时要招呼客人:"先生(小姐),请!"送茶时切忌手指接触杯口,动作要轻缓。

(2)客人坐稳后,值台员把菜单递给客人,菜单要从客人的左边递上。对于夫妇,应先递给女士;如果是团体,先递给主宾。递送的菜单要干净、无污迹,递送时态度要谦恭,切不可随意把菜单往客人手中一塞或往桌上一扔就一走了之,这是极不礼貌的行为。

(3)不要催促客人点菜,要耐心等候,让客人有充分的考虑时间。值台员应对客人有可能问及的问题有所准备,对每一道菜的特点要能予以准确的答复和描述。在推荐本餐厅的特色菜、时令菜、创新菜等时要讲究说话的方式和语气,察言观色,充分考虑客人的心理反应,不要勉强或硬性推荐,以免引起客人的反感。

(4)在记录客人点菜时,值台员应站在客人的一侧,注意站立的位置,身体不能紧靠餐桌,手不能放在餐桌上,上身略微前倾,集中精神聆听。当主人表示客人各自点菜时,服务员应先从坐在主人右侧的主宾开始记录,并站在客人的左侧按逆时针方向依次接受客人点菜。

(5)如客人点的菜菜单上没有列出,不可一口回绝,而应尽量满足其要求,可以礼貌地说:"请允许我马上和厨师长商量一下,尽量满足您的要求。"如客人点的菜已无货供应,值台员应致歉,求得客人的谅解,并委婉地建议客人点其他的菜。

(6)值台员要将口布放在客人的腿部或压放在骨碟下,对不习惯用筷子的外宾,应及时换上刀、叉等餐具。

(7)斟酒要严格按照规格和操作程序进行,应当着客人的面开启酒瓶盖。斟酒时从客人右侧进行,注意不可站在同一位置为两位客人同时斟酒。斟酒时先斟烈性酒,后斟果酒、啤酒等。在斟香槟酒或其他冰镇酒类时,要用餐巾包好酒瓶,以免水滴落在客人身上。

(8)斟酒的浅满程度要根据各类酒的特性来决定。斟酒的顺序是先斟给主宾,再按顺时针方向绕桌斟酒,最后给主人斟酒。斟酒时,瓶口不要碰到杯口,也不要拿得太高,免得酒水溅出。当偶尔操作不慎将酒杯碰翻或碰碎时,应向客人致歉,立即调换,并迅速铺上干净餐巾,将溢出的酒水吸干。在宴会中斟酒时,应由客人选择用哪一种酒,值台员不得自作主张。

(9)掌握好上菜的时机和程序,并根据客人的要求和进餐的快慢灵活掌握。上菜时要从客人的左边上,最好在陪同或翻译之间进行,不要在主人和主宾之间进行,以免影响来宾用餐。摆菜时要讲究造型艺术,酒席中的头菜,看面要对正主位,其他菜的看面要朝向四周。有特殊风味的菜,要先摆在主宾位置上,在上下一道菜后顺势撤摆在其他地方。每上一道菜都要报菜名,并简单扼要地介绍其特色,要注意说话时切不可唾沫四溅。

(10)分菜时,按照先主宾、后主人和一般来宾的顺序逐次分派。分菜要注意将菜肴的优质部分分给主宾或其他客人,同时,要掌握好均匀。添菜时应征求客人的意见,如客人谢绝,则不必勉强。主人或客人祝酒或发表讲话时,应停止上菜,但要及时斟酒,以便宾客干杯。

(11)在撤换餐具时,应轻声询问客人,切不可在客人进食时撤餐具,那样是很不礼貌的。撤换餐具要轻拿轻放,动作要优雅利索。

(12)如有酒水溅洒在客人身上,要及时递送毛巾或餐巾协助擦拭,但如果对方是女宾,男值台员不要直接动手帮助。若捡到客人的物品,要走到客人旁边轻声告知,不要在远处高声呼喊客人;如果客人的物品不慎落在地上,服务员应立即帮忙拾起,双手奉上,不可视而不见。对有醉意的客人要特别关照。

(13)服务人员的眼睛应始终注意餐厅的每一位客人,留意客人在需要帮助时表现出来的种种迹象(手势、表情、姿势等),如客人在进餐时起身或张望,表明客人有事求助或询问,此时服务员应主动迎上去询问并给予帮助;发现客人有筷子掉在地上,应及时上前为其换上干净的筷子。

(14)值台时,服务员应坚守岗位,站姿规范,不倚墙靠台,不搔头摸耳,不串岗闲聊。整个餐厅的清扫工作,应在所有客人离去后进行。

四、结账送客服务礼仪

(1)待结账时,应把账单正面朝下放在小托盘或账夹内,从左边递给客人。当客人付款后,要表示感谢,同时征求客人的意见,如"先生(小姐),请您多提宝贵意见。"

(2)当客人起身离座时,值台员应主动上前拉开椅子方便客人离开。客人出餐厅时要提醒其不要遗忘随身物品,并躬身施礼说"再见,欢迎您再来"等告别语。

五、餐厅服务员在工作中要严格遵守的礼仪规范

(1)必须按规定着装上岗,佩戴标志,服装平整,纽扣系整齐;不得卷裤脚,不准穿背心、短裤、拖鞋上岗;容貌整洁,仪表仪容大方端庄;坐、立、走等姿势端正;不得把脚放在桌椅上,举止要文雅。

(2)工作时不准饮酒,不吃葱、蒜等异味食品;在宾客面前不准吸烟、吃东西,不要手叉腰,不可修指甲、剔牙、挖鼻、挖耳、搓泥、搔痒、抓头、打嗝、伸懒腰、打喷嚏、打哈欠,当忍不住时,应用手帕掩住口鼻,面向一旁。

(3)说话轻、走路轻、操作轻,保持餐厅安静;不得串岗、喧哗,不要高声应答,如距离较远,可招手示意。

(4)为客人引位时,应掌心向上,四指并拢,大拇指张开,前臂自然上抬伸直;指示方向应

面带微笑,上体前倾,眼睛看着目标方向,同时兼顾客人以示诚恳、恭敬。

(5)迎客走在前,送客走在后,遇拐弯或台阶处应示意客人;对迎面而来的客人,应微笑点头致意,或主动让道,侍立一旁,让客人先行,并说"您好""您请"等礼貌用语,不得抢行或超越客人。

(6)在取送物品或菜点时应用使托盘;在取低矮或落地物品时,不要低头弯腰,应两脚稍分,屈膝下蹲拾起,以示文雅。

(7)宾客未离去时,餐厅服务员不得离岗,不得提前撤台或清理现场。对于老弱病残客人,应在用餐时提供必要的方便。

任务二　中餐用餐礼仪

中餐用餐礼仪微课

任务内容

一、餐具使用及礼仪

中餐的餐具主要有杯、盘、碗、碟、筷、匙六种。中餐上菜的顺序一般是先上冷盘,后上热菜,最后上甜食和水果。用餐前,服务员为每人送上的湿毛巾是擦手用的,最好不要用它去擦脸。在宴席上,上鸡、龙虾、水果时,有时会送上水盂供洗手用(曾有人将其误认为饮料,以致成为笑话)。洗手时两手轮流沾湿指头,轻轻涮洗,然后用餐巾或小毛巾擦干。下面重点讲述几种中餐餐具的使用礼仪。

(一)筷子

筷子应放在筷子架上,不能放在杯子或盘子上,否则容易碰掉。如果不小心把筷子碰掉在地上,可请服务员换一双。在用餐过程中,当已经举起筷子但不知道该吃哪道菜时,不能将筷子在各碟菜中来回移动或在空中游弋。不要用筷子叉取食物放进嘴里,也不要用舌头舔食筷子上的附着物,更不要用筷子去推动碗、盘和杯子。当有事要暂时离席时,不能把筷子插在碗里,应轻放在筷子架上。在席间说话的时候,不要把筷子当道具,随意乱舞,或是用筷子敲打碗碟桌面,用筷子指点他人。每次用完筷子要轻轻放下,尽量不要发出响声。

(二)勺子

勺子的主要作用是舀取菜肴。有时用筷子取食时,也可以用勺子来辅助。用勺子取食物时,不要过满,免得溢出来弄脏餐桌或自己的衣服。在舀取食物后,可以在原处"暂停"片刻,汤汁不再往下流时,再移回来享用。当暂时不用勺子时,应放在自己的碟子上,不要把它直接放在餐桌上。用勺子取食物后,要立即食用或放在自己的碟子里,不要把它倒回原处。如果取用的食物太烫,不可用勺子舀来舀去,也不要用嘴对着吹,可以先放到自己的碗里等凉了再吃。不要把勺子塞到嘴里,或者反复吮吸、舔食。

(三)盘子

盘子主要用来盛放食物,在使用方面和碗略同。在餐桌上盘子一般要保持原位,而且不要堆放在一起。需要着重介绍的是一种用途比较特殊的被称为食碟的盘子,食碟的主要作用是用来暂放从公用的菜盘里取来享用的菜肴的。用食碟时,一次不要取过多的菜肴,否则看起来会繁乱不堪,不吃的残渣、骨、刺不要吐在地上、桌上,而应轻轻放在食碟前端,放的时候不能直接从嘴里吐在食碟上,要用筷子夹放到碟子里。如果食碟里的残渣放满了,可以让服务员更换。

(四)水杯

水杯主要用来盛放清水、汽水、果汁等饮料,不要用它来盛酒,也不要倒扣水杯。另外,喝进嘴里的东西不能再吐回水杯。

二、席位文化及礼仪

中餐的席位排列关系到来宾的身份和主人给予对方的礼遇,所以是一项重要的内容。中餐席位的排列,在不同情况下有一定的差异,可以分为桌次排列和位次排列两方面。

(一)桌次排列

在中餐宴请活动中,往往采用圆桌布置菜肴、酒水。排列圆桌的次序有两种情况。

第一种情况是由两桌组成的小型宴请。这种情况又可以分为两桌横排和两桌竖排的形式。当两桌横排时,桌次是以左为主,以右为次,这里所说的右和左,是由面对正门的位置来确定的。当两桌竖排时,桌次讲究以远为主,以近为次,这里所讲的远近,是以距离正门的远近而言。

第二种情况是由三桌或三桌以上的桌数所组成的宴请。在安排多桌宴请的桌次时,除了要注意"面门定位""以左为主""以远为主"等规则外,还应兼顾其他各桌距离主桌的远近。通常情况下,距离主桌越近,桌次越高;距离主桌越远,桌次越低。

在安排桌次时,所用餐桌的大小、形状要基本一致。除主桌可以略大外,其他餐桌都不要过大或过小。

为了确保在宴请时赴宴者及时、准确地找到自己所在的桌次,可以在请柬上注明对方所在的桌次,在宴会厅入口悬挂宴会桌次排列示意图,安排引位员引导来宾按桌就坐,或者在每张餐桌上摆放桌次牌(用阿拉伯数字书写)。

（二）位次排列

在宴请时每张餐桌上的具体位次也有主次之分。排列位次的基本方法有四条，它们往往会同时发挥作用。

方法一，主人应面对正门而坐，并在主桌就坐。

方法二，举行多桌宴请时，每桌都要有一位主桌主人的代表就座。位置一般和主桌主人同向，有时也可以面向主桌主人。

方法三，各桌位次的主次，应根据距离该桌主人的远近而定，以近为主，以远为次。

方法四，各桌距离该桌主人相同的位次，讲究以右为主，即以该桌主人面向为准，右为主，左为次。

另外，每张餐桌上所安排的用餐人数应限制在 10 人以内，最好是双数，如六人、八人、十人。如果人数过多，可能不容易照顾。

根据上面四个位次的排列方法，圆桌位次的具体排列可以分为两种具体情况，它们都是和主位有关。

第一种情况：每桌一个主位的排列方法。其特点是每桌只有一名主人，主宾在右首就坐，每桌只有一个谈话中心。

第二种情况：每桌两个主位的排列方法。其特点是主人夫妇在同一桌就坐，以男主人为第一主人，女主人为第二主人，主宾和主宾夫人分别在男女主人右侧就坐。每桌客观上形成了两个谈话中心。

如果主宾身份高于主人，为表示尊重，也可以安排其在主人位子上就坐，安排主人坐在主宾的位子上。

为了便于来宾准确无误地在自己位次上就坐，除招待人员和主人要及时加以引导指示外，应在每位来宾所属座次正前方的桌面上，事先放置醒目的个人姓名座位卡。在举行涉外宴请时，座位卡应以中、英文两种文字书写。中国的惯例是中文在上，英文在下。必要时，座位卡的两面都要写上用餐者的姓名。

在排列便餐席位时，如果需要进行桌次的排列，可以参照宴请时桌次的排列进行。位次的排列，可以遵循四个原则。

原则一：右主左次原则。两人一同并排就坐，通常以右为上座，以左为下座。这是因为中餐上菜时多以顺时针方向为上菜方向，居右坐的要比居左坐的优先受到照顾。

原则二：中座为主原则。当三人一同就坐用餐时，坐在中间的人在位次上高于两侧的人。

原则三：面门为上原则。在用餐时，按照礼仪惯例，面对正门的座位是上座，背对正门的是下座。

原则四：特殊原则。在高档餐厅里，室内外往往有优美的景观或演出，供用餐者欣赏，观赏角度最好的座位是上座。在某些中低档餐馆用餐时，通常以靠墙的位置为上座，靠过道的位置为下座。

三、不同用餐方式的礼仪规范

（一）宴会

宴会通常指的是以用餐为形式的社交聚会，可以分为正式宴会和非正式宴会两种类型。正式宴会是一种隆重而正规的宴请，在比较高档的饭店或其他特定的地点举行，是大型聚餐活动，对于到场人数、穿着打扮、席位排列、菜肴数目、音乐演奏、宾主致词等，往往都有十分严谨的要求和讲究；非正式宴会也称为便宴，适用于正式的人际交往，但多见于日常交往。它的形式从简，偏重于人际交往，而不注重规模、档次，一般来说，只安排相关人员参加，不邀请配偶，对穿着打扮、席位排列、菜肴数目往往没有要求，而且也不安排音乐演奏和宾主致词。

（二）家宴

家宴就是在家里举行的宴会。相对于正式宴会而言，家宴最重要的是要制造亲切、友好、自然的气氛，使宾主双方轻松、自然、随意，彼此增进交流，加深了解，促进信任。通常情况下，家宴在礼仪上往往没有特殊要求。为了使来宾感受到主人的重视和友好，基本上都是由主人亲自下厨烹饪招待客人，使客人产生宾至如归的感觉。受邀参加家宴时需要注意：首先，必须把自己打扮得整齐大方，这是对别人也是对自己的尊重，还要按主人邀请的时间准时赴宴。其次，当走进主人家或宴会厅时，应先跟主人打招呼。最后，对其他客人，不管是否认识，都要微笑点头示意或握手问好，对长者要主动问安，对女宾要举止庄重，彬彬有礼。

入席时，自己的座位应听从主人的安排，因为有的宴会主人早就安排好了座位。如果座位没安排，应注意正对门口的座位是上座，背对门口的座位是下座。应让身份高者、年长者以及女士先入座，自己再找适当的座位坐下。

入座后坐姿端正，脚踏在本人座位下，不要任意伸直，两腿不要摇晃，手肘不得靠桌沿或将手放在邻座椅背上。不要旁若无人，也不要眼睛直盯盘中菜肴，可以和同席客人简单交谈。

用餐时一般是主人示意开始后再进行。用餐的动作要文雅，夹菜动作要轻。要把菜先放到自己的小盘里，然后再用筷子夹起放进嘴里。送食物进嘴时，要小口进食，两肘向外靠，不要向两边张开，以免碰到邻座。不要在吃饭、喝饮料、喝汤时发出声响。用餐时，如要用摆在同桌其他客人面前的调味品，先向别人打个招呼再拿；如果太远，要客气地请人代劳。如果在用餐时非得需要剔牙，要用左手或手帕遮掩，右手用牙签轻轻剔牙。喝酒的时候，一味地给别人劝酒、灌酒是失礼的表现。

如果宴会没有结束，但你已用好餐，不要随意离席，要等主人和主宾餐毕先起身离席后，其他客人才能依次离席。

（三）自助餐

自助餐不排席位，也不安排统一的菜单，是把能提供的全部主食、菜肴、酒水陈列在一起，用餐者根据个人的爱好，自己选择、加工、享用。采取这种方式可以节省费用，而且礼仪讲究不多，宾主都方便，用餐的时候每个人都可以比较随意。

任务三　西餐服务礼仪

西餐服务礼仪微课

任务内容

一、西餐服务方式

西餐是欧美各国菜肴的总称，泛指根据西方国家饮食习惯烹制出的菜点及根据西方习俗提供的服务。西餐的主要特点是主料突出、形色美观、口味鲜美、营养丰富、供应方便等。西餐服务具有悠久的历史，在国际上早已形成一定规范。西餐菜肴常见的服务方式有美式服务、法式服务、俄式服务、英式服务、综合式服务等。

（一）美式服务

(1)美式服务特点：在美式服务中，菜肴由厨师在厨房中烹制好，装好盘。餐厅服务员用托盘将菜肴从厨房运送到餐厅的服务桌上。热菜要盖上盖子，并且在顾客面前打开盘盖。

(2)美式服务要点：仪容仪表得体，服务态度热情友好，讲究礼仪；因西餐是分食制，所以应用座位示意图记录每位客人所点菜肴；在得到主人的首肯后，从女宾开始依次点菜，最后为主人点菜；点菜时注意询问客人的特殊需求，如牛羊排需几成熟，配何种色拉酱等；记录每位客人所点菜肴，并复述确认；服务规范，动作迅速，按西餐进餐程序进行服务；菜肴食品从客人的左边用左手送上桌，用过的餐具用右手从右边撤下；饮料从右边用右手送上，从客人右边斟添酒水和饮料。

（二）法式服务

(1)法式服务特点：法式服务注重服务程序和礼节礼貌，注重服务表演，注重吸引客人的注意力，服务周到，每位顾客都能得到充分的照顾。但是，法式服务节奏缓慢，需要较多的人力，用餐费用高，餐厅空间利用率和餐位周转率都比较低。传统的法式服务相当繁琐，如客人用完一道菜后需离开餐台，让服务员清扫完毕后再继续入席就餐，这样耗时很多。餐厅还需准备许多用具,每餐的食品很多,浪费也很大。现在已较少使用这种服务方式。当今流行的法式服务是将食品在厨房全部或部分烹制好,用银盘端到餐厅,服务人员在客人面前进行即兴加工表演,如戴安娜牛排、黑椒牛柳、甜品苏珊煎饼就是服务员在烹制车上进行最后的烹调加工后,切片装盘端给客人的。又如恺撒色拉是服务员当着客人面制作,装入色拉木碗,然后端给客人。

(2)法式服务要点:仪容仪表得体,服务热情大方,讲究礼仪;首席服务员烹制动作熟练,操作卫生;助理服务员与服务员配合默契,上菜动作规范;在法式服务的餐厅,除了面包、奶油碟、色拉碟及其他特殊盘碟需从客人左侧供应外,其余食品一律从客人右侧供应,餐后撤盘也是自客人右侧进行,但是若习惯用左手的服务员,也可以用左手自客人左侧供应;客人开始用主菜后询问客人对主菜的意见,如客人提出意见,则要妥善解决;收拾餐盘需等所有客人均吃完后才可进行,否则会使客人有一种被催促之感;收拾餐具的动作要熟练,尽量勿使餐具发出刺耳的响声;刀、叉、盘、碟要分开,避免堆叠盘碟;凡需客人以手取食的菜肴,如龙虾、水果等,应同时供应洗手盅,洗手盅内通常放置一小片花瓣或柠檬,除美观外,还有除腥味的功能。此外,每餐后还要再供应洗手盅,并附上一条餐巾供客人擦拭用。

(三)俄式服务

(1)俄式服务特点:俄式服务注重实效,讲究优美文雅的风度。俄式服务较法式服务节省人力,服务速度也较快,餐厅的空间利用率高,又能显示其优雅的特点,派菜的服务方式使客人感受到特别的关照。俄式服务主要服务于人数少的家庭式宴会。俄式服务由一名服务员完成整套服务程序。服务员从厨房取出由厨师烹制并加以装饰的菜肴和热的空盘,将其置于餐厅服务边桌之上。派菜时,根据客人的需求量派给,避免浪费和不足分派,每派一道菜都要换用一副清洁的服务叉勺。汤类菜肴可盛放在大碗中用勺舀入客人的汤盆里,也可以盛在杯中,再从杯中倒入汤盆。

(2)俄式服务要点:仪容仪表得体,服务热情大方,讲究礼仪;服务规范,动作迅速;从顾客的右手边收餐盘,依顺时针方向绕着桌子收拾;上菜时,盘子由厨房快速地送达餐桌;在大盘中用汤匙或叉子分送食物,冷菜用冷盘,热菜用热盘,需注意用容器来帮助其保温;服务需从主人右手边的女士先开始,或是餐桌上最年长的女士,然后才是男士;服务员按逆时针方向环绕餐桌进行服务;菜肴食品从客人的左边用左手送上桌,用过的餐具用右手从右边撤下;饮料从右边用右手送上,从客人右边添加酒和饮料。

(四)英式服务

(1)英式服务特点:英式服务也称家庭式服务,主要适用于私人宴席。英式服务的特点是家庭味很浓,气氛也很活跃,许多服务工作由客人自己动手,节省人力,但节奏较慢,很少在大众化的餐厅里使用。服务员从厨房里取出烹制好的菜肴,盛放在大盘里,连同热的空盘一起送到主人面前,由主人亲自动手切割主料并分盘,服务员充当主人的助手,将主人分好的菜盘逐一端给客人。各种调料、配菜都摆放在餐桌上,由客人根据需要互相传递或自取。客人则像参加家宴一样,取到菜后自行进餐。服务员有时需帮助主人切割食物。

(2)英式服务要点:仪容仪表得体,服务热情大方,讲究礼仪;服务员要掌握熟练的切割技术和令人满意的装盘造型技巧;服务规范,操作卫生,动作迅速。

二、西餐服务礼仪规范

(一)餐前准备工作

西餐厅服务员应按餐厅正餐的要求摆台,并将各种刀、叉、勺、餐盘、咖啡杯、酒杯、酒篮、冰桶等配备充足。开餐前半小时,餐厅经理或主管要召开餐前短会,宣布任务分工和当日客情,介绍当日特色菜肴,检查员工仪容仪表,强调 VIP(重要客人)接待注意事项,分析本餐厅典型事例并做处理。

(二)开餐服务礼仪

客人到达时要礼貌热情地表示欢迎,使用敬语,如"早安,××先生,欢迎您前来就餐。"同时引领客人入席。

客人到达餐桌前时,服务员微笑上前表示欢迎,然后按先女后男、先宾后主的顺序为客人拉椅让座,客人坐下后,从客人右侧为其铺口布。同时应在客人的杯中斟倒冰水,然后询问客人是否需要餐前酒。

按先女后男、先宾后主的顺序为每位客人递送一份干净的菜单,打开菜单的第一页从客人左边递上,同时介绍当天的特色菜肴,并耐心回答客人的问题。在客人点菜时,值台员应端正地站在客人一侧,腰部微弯,保持与客人适当的距离,认真记录,与客人核对完毕后下单。若客人点有牛扒、羊扒等菜肴,应问客人喜欢几成熟,并在订单上注明。按照西餐中酒水与菜肴的搭配规则斟倒酒水。为客人斟酒前,先为主人斟倒少许,请其品尝,主人认可后,再为其他客人斟酒。

(三)就餐服务礼仪

将新鲜的黄油、面包从客人的左边按先女后男的顺序分别放入黄油碟和面包盘内。

根据订单为客人送上开胃品,从客人右侧送上。上菜前先斟倒与之相配的酒水,按先女宾后男宾再主人的顺序进行斟酒和上菜。撤盘时从客人右侧将餐盘和餐具一起撤下,注意要徒手撤盘,不太明确时应征求客人意见,经允许后方可撤下。

汤盘直接放入装饰盘,待客人用完后把汤盘连同装饰盘一起撤下。上主菜时如果配有色拉,应摆放在客人的左边。

上甜点前,将桌上的面包盘、黄油刀、黄油碟等撤下,用餐巾清理面包屑,将桌面清理干净,更换烟灰缸,再将吃甜品用的叉和勺按左叉右勺摆放好,从客人右侧上甜品。

客人用完甜品后,撤去甜品餐具及桌面上除水杯之外的所有餐具,摆好水果盘和水果刀、叉,从客人左侧送上洗手盅,派送水果。

上咖啡或茶前,需在餐桌上摆放糖缸、奶罐,在客人面前摆放咖啡杯具或茶具,再为客人斟热咖啡或茶。

餐后酒服务时,应将餐后酒水车推至餐桌前,征询客人是否用餐后酒和雪茄烟,待客人选定后送上。有的宴会会将客人请至休息室再进行饮料和餐后酒服务。

(四)餐后服务礼仪

只有客人要求结账时,服务员才能去收银台通知收银员汇总账单。服务员要仔细检查账单,核实无误后,将其放入收银盘或收款夹递给客人,不需读出金额总数。客人付款后,应站在客人身边将收到的现金点清,而后道谢,随后将现金与账单一并送至收银台,找回的零钱按呈递账单的方式递给客人,拉开餐椅,递送衣帽,并提醒客人带上随身物品,礼貌地送别客人。

任务四　西餐用餐礼仪

西餐用餐礼仪微课

任务内容

在欧洲,与吃饭有关的事都被备受重视,因为它同时提供了两种美学享受——美食与交谈。除了口感精致之外,比如用餐时酒、菜的搭配,优雅的用餐礼仪,调整和放松心情,享受环境和美食,正确使用餐具、酒具等都是一种享受。

一、预约与着装

(1)预约:在前往西餐厅之前通常需要提前预约,并说明人数、时间,以及对座位的偏好(如是否需要吸烟区或视野良好的座位)。如果是特殊场合,如生日或纪念日,还可以告知宴会的目的和预算。在预定时间到达是基本的礼貌,有急事时要提前通知取消定位并致歉。

(2)着装:西餐礼仪对着装有一定要求,尤其是正式场合。男士通常应穿西装、打领带,女士则可选择礼服或套装,并配以合适的鞋。穿着得体不仅是对餐厅的尊重,也是对其他宾客的尊重。

二、入座与坐姿

(1)入座：当被领至座位处时，应从椅子左侧入座。侍者拉开椅子后，身体在几乎碰到桌子的距离站直，待椅子推进来，腿弯碰到后面的椅子时再落座。

(2)坐姿：用餐时身体应端正，与餐桌边缘保持一拳的距离，双手置于桌面上方，但不可将手肘放在餐桌上。坐姿既要优雅，又要便于使用餐具。

三、餐具使用

(1)刀叉使用：西餐餐具通常包括多套刀叉，使用时应从外向内依次取用。左手持叉，右手持刀，切食物时左手用叉按住食物，右手用刀锯切成小块，然后用叉子送入口中。暂时不用刀叉时，应将其摆成"八"字型放在餐盘边上，刀刃朝向自己表示还要继续吃。每吃完一道菜，将刀叉并拢放在盘中。如果是谈话，可以拿着刀叉，无需放下。不用刀时，也可以用右手持叉，但若需要作手势时，就应放下刀叉，千万不可手执刀叉在空中挥舞摇晃，也不要一手拿刀或叉，而另一只手拿餐巾擦嘴，也不可一手拿酒杯，另一只手拿叉取菜。要记住，任何时候都不可将刀叉的一端放在盘上，另一端放在桌上。以西餐中要吃一块牛排为例，右手拿刀，左手握叉，切牛排时应由外侧向内侧切，一次未切下，再切一次，不能向拉锯子方式切，亦不要拉扯，切肉时要大小适度，不要大块塞进嘴里。

(2)汤匙：喝汤时应用汤匙从里向外舀，不要发出声音。汤快喝完时，可用左手将汤盘的外侧稍稍翘起，用汤匙舀净。吃完汤菜后，将汤匙留在汤盘(碗)中，匙把指向自己。

(3)餐巾：西方人用餐时需有餐巾，一般家庭均用与桌布同套的餐巾，或抽沙，或刺绣，力求美观大方。餐巾务必洗净熨平，折后放置于餐盘中。

四、用餐礼仪

(1)咀嚼与交谈：每次送入口中的食物不宜过多，在咀嚼时不要说话，更不可主动与人交谈。如需交谈，可放下餐具或用手捂住嘴巴。

(2)食物处理：吃鱼、肉等带刺或骨的菜肴时，不要直接外吐，可用餐巾捂嘴轻轻吐在叉上放入盘内。吃面条时要用叉子先将面条卷起，然后送入口中。

(3)饮酒：饮酒时，即使不喝，也应该将杯口在唇上碰一碰，以示敬意。当别人为你斟酒时若不需要，可简单地说一声"不，谢谢！"或以手稍盖酒杯，表示谢绝。

五、其他注意事项

(1)不可在餐桌边化妆或用餐巾擦鼻涕，这是非常不礼貌的行为。

(2)用餐时打嗝是最大的禁忌，万一发生此种情况，应立即向周围的人致歉。

（3）取食时不要站立起来，坐着拿不到的食物应请别人传递。

（4）对自己不愿吃的食物也应要一点放在盘中，以示礼貌。

（5）喝汤时不能发出啜食声音，也不能端起汤盘喝，喝汤必须借助汤匙。

（6）撕面包时，碎屑应用碟子盛接，切勿弄脏餐桌。

任务五　酒水服务礼仪

酒水服务礼仪微课

任务内容

餐饮部除了为客人提供用餐服务外，也为客人提供休闲、娱乐、交际的场所，酒店里的酒吧作为餐饮部的下属单位，环境幽静，格调雅致，并伴有轻松的音乐。酒吧通常供应含有酒精的饮品，亦备有汽水、果汁等饮料。酒吧给客人提供了一个优美的休憩环境，为了烘托酒吧的高雅氛围，酒吧服务员必须提供高标准的酒水服务。因此，对工作场景下的酒水服务礼仪也有了更高的要求。

（1）客人到来后，服务人员应笑脸相迎，热情问候，并礼貌地引领客人到其满意的座位。

（2）恭敬地用双手将酒单递上，认真记录每位客人的需要。多人选择不同饮品时，应准确记录，正确无误。

（3）服务员应尊重客人的饮食习惯，根据酒水与菜品搭配的原则，向客人适度介绍酒水。

酒水与菜品搭配的基本常识

一、搭配的原则

1. 质感相近原则：浓配浓，淡配淡。酒体轻盈的酒适合搭配清淡美食，而酒体醇厚的酒则适合搭配口味浓郁的美食。

2. 风味相近原则：用风味类似的美食搭配美酒，这样可以更好地凸显和展现食物和酒的风味。

3. 风味互补原则：将有相互促进的风味搭配，以达到完美的口感。例如，咸甜搭配可以突出果味，高酸与高脂肪搭配可以降低油腻感。

二、不同酒水与菜品搭配的建议

1. 赤霞珠、西拉、梅洛适合搭配牛排，这些酒体醇厚的葡萄酒可以突出牛排的回味，同时让酒的果味更加突出。

2. 黑皮诺、巴罗洛、巴巴莱斯科、传统派布鲁奈罗适合搭配烤三文鱼，这些酒的酸度可以化解三文鱼的肥腻，增加口感的复杂度。

3.桑塞尔、长相思、白诗南白葡萄酒适合搭配山羊奶酪,这些酒的明快口感可以化解奶酪的肥腻,凸显各自的质地和口感。

4.里奥哈丹魄、歌海娜适合搭配海鲜饭,这些酒的果味浓郁,可以搭配风味复杂的食物,同时保持轻盈的口感。

5.密斯卡岱、勃艮第霞多丽干白适合搭配生蚝,这些酒体轻盈的葡萄酒可以与生蚝的矿物味相互协调。

三、不同菜品与酒水搭配的建议

1.头盘(开胃菜):通常搭配低度干白葡萄酒。

2.汤类:可以搭配较深色的雪利酒或可德拉酒。

3.主菜:海鲜类通常搭配12%～14%酒精度的白葡萄酒;小牛肉、鸡肉等白色肉类搭配11%～13%酒精度的干红葡萄酒;牛肉、羊肉和火鸡等红色肉类则搭配13%以上酒精度的红葡萄酒。

4.奶酪类:通常搭配甜味葡萄酒或继续使用正菜的酒。

5.甜食:通常搭配甜葡萄酒或葡萄汽酒。

遵循上述原则和建议,可以更好地实现酒水与菜品的完美搭配,提升用餐体验。

项目三　客房部服务礼仪

📖 知识目标

1. 学习并掌握客房迎送服务礼仪。

2. 学习并掌握客房楼层服务礼仪。

3. 学习并掌握清扫客房礼仪。

4. 学习并掌握客房送餐礼仪。

✏️ 技能目标

1. 能运用客房服务礼仪,做好客房接待服务工作。

2. 掌握客房服务技能及服务礼仪,初步具备客房服务技能与管理能力。

☕ 育人目标

1. 提升学生学习酒店服务礼仪的兴趣,培养学生职业认同感。

2. 提高学生自身修养及文化内涵。

3. 提升学生的服务意识。

4. 具备处理紧急问题的能力。

5. 学会待人接物,做有礼有节的大学生。

6. 培养学生的职业责任感和爱岗敬业精神。

案例导入

某酒店一位客人打电话要求多送两套浴巾和一瓶矿泉水,但当时服务员小王正在忙其他事,30分钟后才送达。客人因等待时间过长进行了投诉。从本案例中我们可以得知,服务员小王在客房服务中犯了两个方面的错误:一是未及时响应客人需求;二是未告知预计送达的时间。规范的客房服务礼仪应是先立即回应:"好的先生/女士,我们会在10分钟内为您送到。"若无法立即处理,应道歉并说明原因:"抱歉,让您久等,目前人手紧张,我们会在20分钟内优先为您安排。"送达时微笑致意:"这是您需要的物品,请问还有其他需要吗?"

📝 任务内容

客房管理是酒店有效经营的基础。没有客房管理服务,任何一家酒店都无法生存下去。

客房部和其他部门保持紧密的工作关系是至关重要的,不过有时也是非常复杂的。客房部作为酒店运营中的一个重要部门,在服务中应注重礼节,使用礼貌用语,动作要轻稳、敏捷,服务要周到、细致,有服务意识,有针对性地为宾客提供一个清洁、卫生、舒适、安静、安全可靠、温馨体贴的环境,确保服务质量。

一、客房迎送服务礼仪

客房应按照卫生服务及操作规定,保持房间内卧具、用具齐备,房间完好,整洁敞亮,空气清新,开水充足,安全舒适,符合本店应达到的等级水平。在客人到达前要调好室温,随时做好迎接宾客的准备。

接到总台接客通知后,服务员应做好迎接准备,等在楼梯口或电梯口,宾客一到要热情欢迎,面带微笑,主动问候客人并作自我介绍:"××小姐(先生),您好,我是这层的客房服务员,欢迎光临!"如没有引领人员提行李时,要主动帮助提行李,然后招呼宾客:"请跟我来。"

打开房门,如果是白天,应礼貌地用手示意,请客人先进;如果是晚上,则自己先进,打开房灯后再请客人进。进入客房后,要为客人送上茶水和毛巾,提供该服务时,要尊重宾客习惯,讲究卫生。待客人坐下休息时,应根据实际情况,礼貌地向客人介绍房间设备的使用方法,以及酒店服务设施,如餐厅、商场等情况,要帮助宾客熟悉附近环境。在问清客人没有其他需求后,应及时退出客房,轻轻将门关上。

接到总台送客通知后,去客房检查客房设备有无损坏,如果遇到宾客还没有走,应主动打招呼,服务员需主动征求客人意见,协助客人整理行李,检查物品有无遗失,之后礼貌送别客人,并对其表达入住感谢及希望再次光临。

二、客房楼层服务礼仪

(1)礼貌用语:平时见到宾客要主动打招呼,与宾客讲话要"请"当先,"谢"收尾,说话时要注意语气、语调和语速,不得夹带粗话、脏话,工作中发生差错要主动诚恳地道歉,求得谅解,不得强词夺理,推卸责任。

(2)访客接待:服务员需问清访客信息,与访客确认后再引其到房间,要注意保护访客隐私,避免私自引见。

(3)入住服务:对客人入住过程中的服务要坚持做到热情、主动、礼貌、耐心、周到、细致和零干扰。要每天晚餐时间适时提供开夜床服务。要了解VIP客人接待规格、生活特点、风俗习惯,根据需要加摆鲜花、水果、点心、饮料、小型礼物和欢迎卡。要建立客人生活记录卡,客人生日要免费提供生日蛋糕、生日贺卡或花篮。客房要提供茶叶、酒水、送餐、报刊、干洗、熨烫、加床、擦鞋、借物、叫醒、播放背景音乐等服务,还包括租借用品服务、送洗熨烫衣物服务等。服务员需仔细询问客人需求,记录相关信息,及时为客人提供所需物品或服务。在送还物品时,遵守操作规范,确保物品完好无损。

三、清扫客房礼仪

每天上午要打扫房间,服务员在客人外出时或应客人要求打扫房间,保持客房整洁干净,遵守操作规范,避免打扰客人。

打扫客房前要先按门铃或轻轻敲门,征得宾客同意后方可进入,当房门上挂有"请勿打扰"的牌子时,不得擅自闯入。清扫房间要按程序进行,先拉开窗帘,然后倒掉垃圾,换烟缸、布巾,擦家具和各种用品,补充茶叶,洗刷用品,清洗卫生间,工作时不能擅自翻动宾客的物品。要尽量满足宾客提出的一切正当需求,及时供应日常用品,如毛巾、肥皂等。

在打扫过程中,若客人在房间,应根据性别、年龄和身份有礼貌地称呼宾客。不得向宾客打听年龄、收入、婚姻等私人情况,不可议论宾客的仪表、仪态等,不应当着宾客来访朋友的面要求付账收款等。

四、客房送餐礼仪

(1)及时响应:在接到客人的送餐请求后,应尽快确认并记录客人的需求,包括送餐时间、菜品选择等。

(2)准时送餐:根据客人要求的送餐时间,准时将餐食送到客人房间。如果可能出现延误,应及时通知客人并说明原因。

(3)专业形象:送餐人员应穿着整洁、得体的制服,保持良好的个人卫生和形象。

(4)礼貌问候:送餐人员到达客人房间时,应轻轻敲门,使用礼貌用语向客人问候,并表明自己的身份和目的。

(5)精心摆盘:将餐食摆放整齐,注意餐品的美观和卫生。如有需要,可以为客人介绍菜品。

(6)尊重客人隐私:进入客房前,应先征求客人同意。在送餐过程中尽量减少在客房内的逗留时间,避免打扰客人。

(7)道别礼仪:送餐结束后,向客人表示感谢并道别,轻轻关门离开。

(8)跟进服务:关注客人对送餐服务的满意度,如客人有任何意见或建议,应及时处理并采取改进措施。

客房送餐礼仪的关键在于提供及时、专业、周到的服务,让客人在享受美食的同时,感受到酒店的贴心关怀。这些礼仪要点有助于提升客人的用餐体验,树立酒店的良好形象。

项目四　酒店会议服务礼仪

知识目标

1.学习并掌握会场布置规范。

2.学习并掌握会议台形布置。

3.学习并掌握会议座次礼仪。

4.学习并掌握会议接待礼仪。

5.学习并掌握茶水服务礼仪。

技能目标

1.掌握会议会场布置的规范。

2.掌握会议接待礼仪服务操作规范。

3.熟悉会议期间服务礼仪,初步具备酒店管理与服务技能。

育人目标

1.培养良好的服务意识与职业道德。

2.提高学生的自学能力和创新能力。

3.提高酒店员工的服务意识。

4.培养学生的职业责任感和爱岗敬业精神。

案例导入

　　酒店要承办一场商务会议,临开会前主办方临时增加了两位重要的嘉宾,但前排座位已满,服务员未与主办方协商,直接引导嘉宾到后排就座,嘉宾很不高兴。从本案例中我们可以得知,该酒店服务员犯了两个错误:一是在临开会前未与主办方确认参会人员变动情况;二是处理突发事件的方式太机械,缺乏灵活性。正确的做法是服务员应在会议前1天和临开会前与主办方确认最终参会人数及嘉宾座位数;如果临时有嘉宾到场,应主动迎接并说:"请您稍等,我们立即在前排加座。"若无法调整,需及时向主办方说明情况,由对方决定座次。

任务一　会议接待礼仪

任务内容

一、会议接待准备工作

根据会议单的要求,提前布置好会场,会议组负责验收。

(1)提前了解本次会议的人数、国籍、会议形式及特殊要求。

(2)根据会议订单,提前四小时将签到台布置到位。

(3)根据客人要求的会议形式及人数摆放会议桌,椅子摆放整齐。

(4)签到处指示牌干净、无手印。

(5)为客人提供精致的名片盘(如有必要)。

(6)根据会议通知单,将客人提供的名单按客人的要求打印好并放入塑料三角牌内,摆放前检查正反两面是否一致。

(7)将会议形式布置完毕后,摆放茶杯,茶杯放于席位正前方距上台沿 2 cm,柄一律向右。把纸、笔放于席位的正中间,与茶杯的距离为 1 cm,与铅笔的距离为 2 cm,笔斜置于信签的第一页上。

(8)如客人自带会议资料,则将笔置于信签的第一页上偏右,笔的末端与信签底部平齐。规格整齐,横竖一致。

(9)主席台上按需摆放好话筒。

(10)待台面上所有用具摆放完,应再次检查台面,调整椅子,每张椅子拉出距离为每个席位的正中为宜,拉至与台沿相齐。

(11)按照会议单逐一检查会议台面摆设,要求整齐、统一、干净。

(12)地板要做到无物纸,话筒、音响、投影仪、幕布、灯光、空调设备完好正常。

(13)把环境的布置效果图及费用情况告知客人并确认。

(14)要提前 1 小时开放空调,如发现问题及时处理。

一切准备工作就绪后,服务员提前 15 分钟按标准姿势站立于会议室门口,来宾进入会议室时,服务员主动迎接。

二、会议期间服务

(1)备好热水瓶、托盘,摆放整齐。提前十分钟泡好茶水,一切准备就绪后站在会议室门口。

（2）当宾客全部进入会议室后，将前后门关上，只留侧门进出。

（3）在会议过程中至少有一位服务员在场，站于客人视线不容易看到的地方，如有客人进出，服务员应礼貌地为客人开门，以示尊重。

（4）在开会过程中，要注意客人有何需要。会议开始后一小时内，客人饮水较多，需15分钟添加一次茶水，过后视客人饮水情况，一般每隔30分钟为客人添一次茶水。

（5）添加茶水时，应左手拿热水瓶，右手拿茶杯。用右手的无名指和小指的后部夹住茶杯盖的头部，用食指和拇指夹杯柄（图4-1），然后后撤一步，倒茶杯拿出，将水入茶杯，不易太快，以免无法收住溢出杯外，烫伤客人或弄脏台面，茶水倒入杯子七分满，然后把杯子放回桌子，把茶杯盖好。

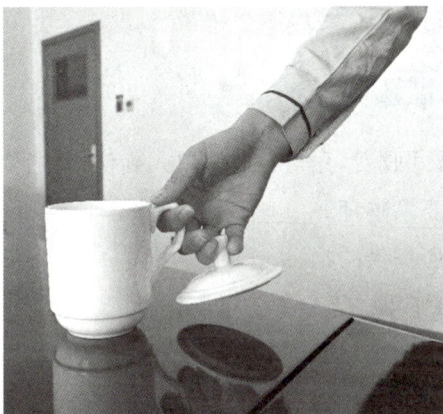

图4-1　拿茶杯示意图

（6）会议进行时服务员切忌对客人的示意视而不见，也不能交头接耳谈话。

（7）会议结束，应迅速打开大门站在会议室外门口，敬语道别，提醒客人别忘了携带自己的物品。

（8）根据会议单的要求，为客人准备所需要的容器或茶等，提前半小时将容器和餐具放置于指定的茶歇台上。要求摆放美观、整齐，方便客人取用。

（9）茶歇结束后，及时收掉，保持会议室整洁、干净。

（10）根据客人的要求，准备好新鲜的水果及容器，提前半小时送至会议室。

（11）在会议开始前10分钟将水果的保鲜膜除去，准时为客人送上水果，并备上水果叉。

（12）贵宾引领：会议开始前首先应了解客情（团队名称、人数、国籍、安排桌号、VIP客人及各种类型的宴会），提前站到指定地点，应做到精神饱满，面带微笑，主动迎宾，语言亲切，热情大方，用语规范。引领时，接待员应走在客人的前方2～3步，按客人步履快慢引领，引领时如路线太长或客人较多时，应适时回头向客人致意，以免走失。

（13）签约文本的交换：提前与举办单位负责人确认签约人数、文本数量。会议开始时，按标准姿势,面带微笑站在签约台的两侧。签约正式开始时,将签约嘉宾引领入座,为其打开文本,协助客人签约,签约时如果客人要摄影留念,服务员应适时回避。交换文本时,服务员协助将文本交换,动作要轻盈、干脆利落,面带微笑,亲切服务。

(14)如话筒无声或产生杂音时,应及时通知并协助工程部人员排除故障,保证会议正常进行。

(15)如客人不小心将茶水碰翻,应及时清理现场,将干净的毛巾敷在台面上,将茶水吸干,垫上干净的口布,及时送上热茶。如客人衣服弄脏应主动询问客人是否要清洗。

(16)茶歇期间,服务员应及时为客人添加茶水。

(17)若休会时间较长时,服务员应为客人撤换茶杯,整理会场,待客人再次进入场时,及时为客人倒茶。

三、会议结束的后期服务

根据会议单上的结算方式收费,先与有效签单人确认,再通知相关部门收费,以免漏帐。

(1)会议结束后按收台要求整理。

(2)通知相关部门收回所提供的物品。

(3)若会议结束较晚,可于第二天检查各项工作。

任务二　会议座次礼仪

会议座次礼仪微课

任务内容

会议座次礼仪作为社交活动中的一项重要规范,广泛应用于各种会议和场合。它不仅体现了对参与者的尊重,更是文化传统和国际惯例的融合。在会议、会谈、会见、签约仪式、合影、颁奖、纪念仪式、乘车,以及宴会等多种场合中,座次、席位和站位的合理安排都至关重要。每一项细节都可能影响会议的进程和参与者的感受,因此,掌握并遵循座次礼仪,是每个职场人士的必备素养。

在实际操作中,还需要根据会议的具体性质、规模、场地等因素,以及参会人员的身份、职务等因素,进行综合考虑和灵活安排。会议座次礼仪在各类场合的应用具体如下。

一、设主席台会议的座次安排

(一)主席台单排

当会议主席台仅设单排席位时,需根据参会人数来合理安排。如果参会人数为单数,那么中间位置应留给会议主持人,其他席位则按照职务或身份依次排列。

1.政务会议座次图(单数)

领导为单数时,主要领导居中,2号领导在1号领导左手位置,3号领导在1号领导右手位置,其余的领导按这个排序方法依次排列,见图4-2。

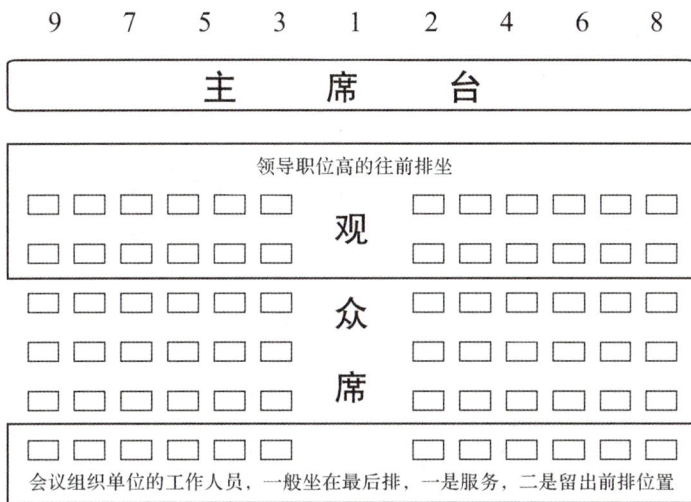

```
9   7   5   3   1   2   4   6   8
┌─────────────────────────────────┐
│         主    席    台           │
└─────────────────────────────────┘

┌─────────────────────────────────┐
│      领导职位高的往前排坐          │
│ □□□□□□   观  □□□□□□  │
│ □□□□□□       □□□□□□  │
├─────────────────────────────────┤
│ □□□□□□   众  □□□□□□  │
│ □□□□□□       □□□□□□  │
├─────────────────────────────────┤
│ □□□□□□   席  □□□□□□  │
├─────────────────────────────────┤
│ □□□□□□     □□□□□□  │
│会议组织单位的工作人员,一般坐在最后排,一是服务,二是留出前排位置│
└─────────────────────────────────┘
```

图4-2　政务会议座次图(单数)

2.大会座次图(双数)

1号和2号领导同时居中,2号领导依然在1号领导左手位置,3号领导依然在1号领导右手位置,其余的领导按这个排序方法依次排列,见图4-3。

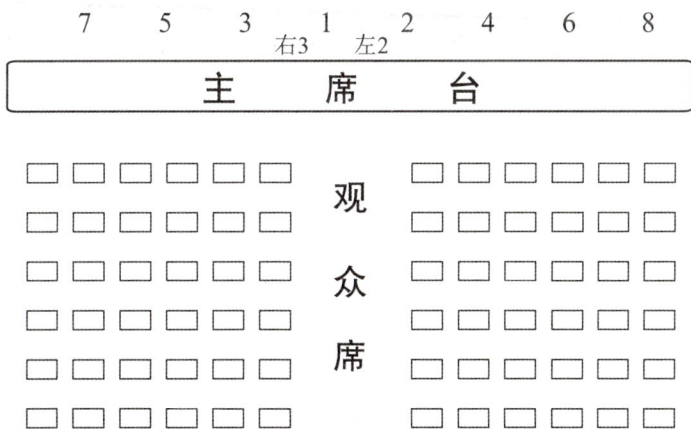

```
7     5     3    1    2    4    6    8
              右3  左2
┌─────────────────────────────────┐
│         主    席    台           │
└─────────────────────────────────┘

 □□□□□         □□□□□
 □□□□□   观    □□□□□
 □□□□□         □□□□□
 □□□□□   众    □□□□□
 □□□□□         □□□□□
 □□□□□   席    □□□□□
 □□□□□         □□□□□

   台上座次同上,职位高的往前排,从中间向两边依次排列,
      最后一排一般为会议主办单位的工作人员
```

图4-3　大会座次图(双数)

（二）主席台多排

对于主席台多排的会议布局，通常需要结合会议规模和参会人员职务进行综合考量。在多排席位中，1号位应坐在第一排中间位置，而其他席位则根据职务或身份从一侧向另一侧，从前向后依次排列。

二、谈判形式的座次安排

（一）长条桌横向面对门时

在双边谈判中，如果谈判桌横向摆放，面对正门的一方为上，应让客方坐在面对正门的一方，见图4-4。例如，在与合作公司进行谈判时，应让合作公司的代表坐在面对正门的一方。

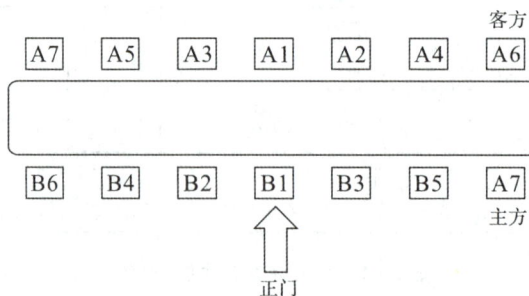

图4-4 长条桌横向面对门摆放

（二）长条桌竖向面对门时

在双边谈判中，如果谈判桌竖向摆放，应以进门的方向为准，右侧为上，应让客方坐在右侧，见图4-5。例如，在与合作公司进行谈判时，应让合作公司的代表坐在右侧。

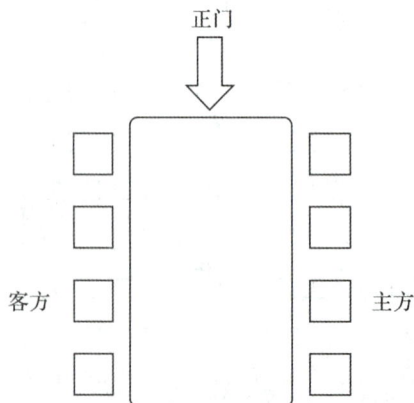

图4-5 长条桌竖向面对门摆放

三、签约仪式的座次安排

签字双方的主方主签人在左边,客方主签人在右边。双方其他人数一般对等,按主客左右排列,见图4-6。

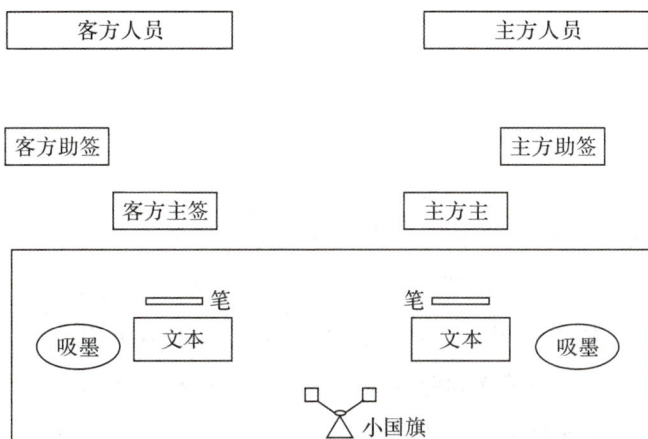

图4-6　签约仪式座次

四、洽谈形式的座次安排

这种小的洽谈室座次,只需遵循上述基本的原则安排即可,见图4-7。

洽谈座次

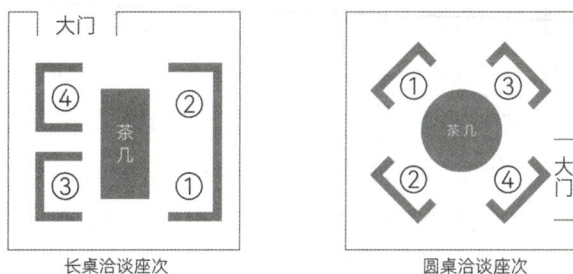

图4-7　洽谈形式座次

总之,座席安排这门看似简单的技艺,实则蕴含着深刻的智慧。它不仅仅是一种礼仪,更是一门艺术。通过不断实践和积累经验,我们每个人都能在这个领域不断进步,最终成为行家里手。让我们共同努力,在座席安排这个小舞台上,演绎出职场交往的大智慧,为构建更加和谐、高效的商业环境贡献自己的一份力量。

模块 五 旅游从业者景区服务职场礼仪

思政引领

1. 服务意识：服务意识是旅游从业者，尤其是景区服务人员的核心素养之一。通过系统的培训和实践，学生能深刻理解"服务至上"的理念，并将其内化为职业习惯，学会换位思考，站在游客的角度考虑问题，掌握景区服务的基本礼仪，如微笑服务、礼貌用语、主动关怀等，确保游客在每一个细节中感受到温暖和尊重。学生应不断增强服务意识，培养责任感和使命感，为未来的职业发展打下坚实基础。

2. 职业认同：职业认同感是旅游从业者保持工作热情和职业操守的关键。学生应树立对旅游行业，尤其是景区服务工作的自豪感和归属感。学生通过对景区服务礼仪的学习和实践，能感受到职业的成就感和荣誉感，更加清晰地认识到自身的职业定位，增强对景区服务行业的热爱和信心。同时，注重培养学生的职业道德，帮助他们树立正确的职业价值观，确保他们在未来的职业生涯中能够坚守职业操守，服务社会。

3. 文化自信：景区服务人员不仅是服务的提供者，更是中国文化的传播者。了解景区的历史文化、风土人情，掌握丰富的文化知识，能够在服务过程中融入传统文化元素，向游客生动地讲述中国故事。学生可以学习如何在讲解景区历史时结合传统礼仪，如拱手礼、茶道礼仪等，增强游客的文化体验。通过这些方式，学生不仅能够提升文化自信，还能培养深厚的家国情怀，成为中华优秀传统文化的传播者和守护者。

4. 沟通能力：沟通能力是景区服务人员必备的核心技能。学生应掌握有效的沟通技巧，学会倾听、表达和反馈，确保与游客的沟通顺畅、高效。学生通过模拟景区突发情况，学习如何快速分析问题、制定解决方案，并在实践中不断优化应对策略。例如，在面对游客的投诉或突发安全事件时，学生应学会冷静处理，运用礼仪知识和沟通技巧妥善解决问题。通过这些训练，学生不仅能够提升沟通能力，还能培养冷静、果断的职业素养，确保在工作中能够从容应对各种挑战。

项目一　景区讲解服务礼仪

景区讲解服务
礼仪微课

知识目标

1.知悉景区讲解服务人员仪容仪表的要求。

2.知悉景区讲解服务的规范用语。

3.知悉景区讲解服务的仪态要求。

4.知悉景区讲解服务的礼仪规范。

技能目标

1.掌握景区讲解的礼仪操作要领。

2.正确使用规范用语和仪态。

3.打造良好的职业形象。

育人目标

1.提升旅游景区从业者职业意识和整体素养。

2.增强个人家国情怀。

3.强化工作岗位意识。

讲解员是景区旅游服务中的重要角色,他们的服务礼仪直接影响到游客的旅游体验和感受。因此,讲解员需要具备良好的服务礼仪,以展现出专业、热情、友好的形象,为游客提供更加优质的服务。

案例导入

岳××——秦始皇帝陵博物院讲解员

在带领游客参观秦兵马俑一号坑遗址时,岳××会一边护着怀抱婴儿的客人,提醒其注意脚下安全,一边用手机拍清晰图片拿给他们放大讲解。在暴雨天,为帮游客取回落在车里的相机,他挽起裤腿赤脚蹚过积水路。游客计划去骊山参观,他担心游客找不到乘车地方,与游客同行至乘车点。这些行为体现了他注重服务细节,展现出良好的服务礼仪。

岳××有着丰富的知识储备,能讲清兵马俑的过去、现在和未来。他通过眼神能准确感知游客的想法,他用趣味问答快速拉近与游客的距离,让游客在欢笑声中获得专业服务,这也是讲解服务礼仪中专业素养的重要体现。

任务内容

一、仪容仪表良好

讲解员留给观众的第一印象非常重要,观众虽然会全方位的评价讲解员,但是短暂的接触留给观众的印象,仪容仪表往往起主导作用,而且一个好的仪容仪表会让讲解员在讲解过程中更有信心。因此,讲解员的衣着要得体、整洁,体现庄重、知性、大方,佩戴工作牌,发型适合个人特征并与所处环境相协调。

(一)整洁得体

讲解员应穿整洁、得体的职业装,保持干净,工作前应检查衣着是否整洁,着装是否符合博物馆景点的规定,鞋子应舒适,适合长时间站立和走动,发型应简洁大方,面容应保持自然清爽,避免浓妆艳抹或过于夸张的装扮。手部保持干净,无夸张装饰,特别是指甲应尽量剪短,不要做过度美甲,如果涂指甲油最好是裸色或者透明色,不能有明显的装饰。

(二)精神饱满

讲解员应保持自信、精神饱满的状态,展现出专业、热情的形象。

(三)姿态端正

讲解员应保持端正的姿态,如挺胸、收腹、直背等,展现出自信、专业的形象。

二、讲解语言规范亲切

讲解员在讲解时态度要诚恳、亲切,做到来有"迎声"(致欢迎词)走有"送声"(谢谢您的参观、再见等)。讲解员在讲解时语气亲切自然,发音准确,语速均匀,音量适宜,吐字清晰,张弛有度。讲解内容规范,措辞准确、得体,经得起推敲,在讲解中避免使用"好像""可能"等字眼。讲解员应深刻理解并熟练掌握、灵活运用讲解内容,在讲解过程中可以通过加重语气,放慢语速等来烘托讲解内容。

三、讲解姿势优雅庄重

(一)表情

讲解员在讲解时表情要自然、大方、庄重,同时根据讲解内容面部表情要有准确而适度的变化,真实而恰当地表现讲解的内容,切忌做出过于夸张的表情而显得矫揉造作。

(二)站姿

站立是讲解时最基本的姿势。"站有站相"是对一个人礼仪修养的基本要求。良好的站姿能衬托出美好的气质和风度。讲解员在站立时要挺胸收腹,一般采用交流式站姿,男士双脚分开,与肩同宽,女士为丁字步站位,身体与地面垂直,重心放在前脚掌,双肩放松,双臂自然下垂或在体前交叉。不宜将手插在口袋里,更不能下意识地做些小动作(掏耳朵、捋头发,挖鼻孔等)而有失礼仪。

（三）走姿

行走是讲解过程中的主要动作,是一种动态的美。在引导观众参观的过程中,怎样行走非常重要。讲解员在行走时要注意步伐轻而稳,抬头挺胸,双肩放松,两眼平视,面带微笑,自然摆臂,同时注意保持与游客的距离。在陈列厅讲解时,讲解员要面对观众退步走或侧身面对观众行走。在室外讲解时,讲解员一般走在观众右侧中间靠前位置,把主道留给观众,身体微侧,避免背对观众。

（四）目光

讲解员在讲解时目光多用虚视法、环视法,眼光不能松散,切忌神游物外。可与观众进行一些视觉交流,眼神应自然、稳重、柔和、坦荡、友善。讲解时目光平视,焦点尽量落在后面的观众身上,同时兼顾他人,这是最基本的礼仪,也能使自己精神更集中。

（五）手势的运用

讲解时的指示手势要规范、适时、准确、干净、利落、优美,做到眼到、口到、手到,简洁、协调,忌来回摆动、兰花指等。总之,讲解员在讲解过程中,应根据讲解内容在适当的时候适度地使用指示动作,切忌使用夸张的肢体语言。

（六）讲解的技巧

讲解员应熟知讲解内容,包括历史、艺术、科学等领域的知识,将信息以故事的形式表达,使内容更加生动和容易记忆。根据听众的反应和兴趣调整讲解内容和风格,避免使用过于专业或复杂的术语,避免使用可能引起误解或冒犯的语言和行为,耐心回答听众的问题。

四、讲解时应注意的细节

（一）有的放矢：为观众提供个性化服务

对于讲解员来说,观众的年龄、地域、素质、文化层次、兴趣爱好等千差万别,他们来景区参观的目的也不同,这就要求讲解员在了解观众的信息后,采用不同的讲解方式、讲解语言,对讲解词内容的主次进行取舍。当然,要注意在取舍过程中不能舍去讲解的主要内容。

（二）适度沟通：为观众提供细致化服务

讲解是讲解员与观众交流情感、传递知识的过程。随着社会的发展,观众需要的不只是简单的说教式讲解,而是要求讲解员在讲解过程中要多交流。因此,讲解员在讲解时,要善于引起观众的参观兴趣,有意识地创造一些情境,与游客适度交流,使讲解过程生动,从而拉近讲解员与游客的关系。比如,在纪念馆主馆正门讲解时,经常会请观众跟随讲解员一起数一下正门的台阶,然后请他们猜一猜正门台阶级数的寓意。这样就让参观的游客参与到讲解中,从而在观众的脑海中留下更为深刻的印象。

(三)及时帮助:为观众提供人性化服务

讲解员应树立"观众至上""服务至上"的理念,为观众提供真诚、热情的服务,随时关心观众。在讲解过程中,讲解员要主动关心、帮助有特殊需要的游客,主动提醒在参观过程中遇到的台阶、楼梯及通道狭窄的地段。答复客人提问或咨询,做到耐心细致,不急不躁,尽量有问必答,但要本着"知之为知之,不知为不知"的原则,切忌胡编乱造。

(四)善意提醒:为观众提供理性化服务

在讲解接待中,有时难免会遇到不太礼貌,不遵守文明规范的观众,讲解员不要当众指责,更不能恶语伤人,可以旁敲侧击地进行善意提醒。

五、特殊情况的处理

(一)突发情况,冷静应对

当遇到突发情况时,如听众骚动、物品损坏等,讲解员应保持冷静,果断处理,确保在紧急情况下启动应急响应。

(二)听众反映,积极反馈

对听众的积极反映应给予鼓励和肯定,对听众的消极反馈应给予专业、理性的回应。

小贴士

讲解员的工作不仅仅是传递知识,更是展示专业和热情的重要窗口。通过学习上述的礼仪与技巧,讲解员能够更好地完成任务,为观众提供高质量的讲解服务。当然,具体的讲解原理和技巧可能会根据不同机构、文化和场景有所调整。讲解员在实际工作当中,应参考所在机构的具体规章制度,并结合实际情况灵活运用。

项目二　景区票务服务礼仪

景区票务服务
礼仪微课

知识目标

1.知悉景区票务服务人员仪容仪表的要求。

2.知悉景区票务服务的规范用语。

3.知悉景区票务服务礼仪规范。

技能目标

1.掌握景区票务服务的相关流程。

2.掌握景区票务服务的礼仪操作。

3.能够妥善处理在售票、验票等过程中的突发情况。

育人目标

1.提升职业认同感和岗位意识。

2.提升职业素养和责任感。

3.塑造良好的职业形象。

4.提升沟通能力和应变能力。

案例导入

喀纳斯景区票务员的耐心与微笑

喀纳斯景区的票务员小张在工作中严格遵循《喀纳斯景区各门票站礼仪规范及特殊情况处理办法》。有一次,一位游客因对门票优惠政策不理解而情绪激动,大声指责。小张始终面带微笑,语气平和地为游客详细解读政策,不骄不躁。他先安抚游客情绪:"您先别着急,听我给您慢慢解释。"随后拿出文件,指出相关条款耐心说明,最终消除游客误解,化解矛盾,使游客满意购票入园。在日常工作中,小张也时刻保持良好着装规范,以专业形象服务游客。

任务内容

随着旅游业的蓬勃发展,旅游景区作为旅游产业链的重要环节,其服务质量直接影响游客的旅游体验和景区的整体形象。景区门票即景区入场券,是游客进入景区的入门凭证。

购票渠道多样,有电话订票、网络订票、现场购票等。售票处购票就是现场购票,是指游客到了景区之后,可以在景区售票处直接购买纸质门票。纸质门票作为景区的传统门票形式,目前仍然被我国部分景区所使用。因此,售票工作仍然是景区日常工作的组成部分。

票务服务作为游客进入景区的第一道关口,其礼仪规范显得尤为重要。良好的票务服务礼仪不仅能提升游客的满意度,还能有效提升景区的品牌形象和经济效益。

一、景区票务服务礼仪的基本原则

景区票务服务礼仪的基本原则包括尊重与礼貌、专业与效率、耐心与细致,以及诚信与公平等原则。尊重与礼貌原则是服务礼仪的核心,要求服务人员始终保持微笑,使用礼貌用语,尊重每一位游客的个性和需求。专业与效率原则要求服务人员具备扎实的业务知识和熟练的操作技能,能够迅速准确地处理票务问题,减少游客等待时间。耐心与细致原则要求服务人员在面对游客的各种问题和需求时,保持耐心,细致入微地提供服务,确保游客的每一个疑问都能得到满意的解答。诚信与公平原则要求服务人员在票务服务中做到诚实守信,公平公正,杜绝任何形式的欺诈和不公行为,维护景区的良好声誉。

二、景区票务服务礼仪的具体规范

景区票务服务礼仪的具体规范涵盖了仪容仪表、语言表达、行为举止和服务流程四个方面。

仪容仪表方面,服务人员应保持整洁的着装和良好的个人卫生,穿着统一的工作服,佩戴工牌,给游客留下专业和可信赖的印象。

语言表达方面,服务人员应使用清晰、准确、礼貌的语言与游客沟通,避免使用专业术语或行话,确保游客能够理解。

行为举止方面,服务人员应保持端正的站姿和坐姿,避免不雅动作,如挖耳朵、挠头等,同时要注意与游客保持适当的距离,避免过于亲密或疏远。

服务流程方面,服务人员应熟悉票务服务的各个环节,从迎接游客、询问需求、出票到送别游客,每个步骤都应做到规范、流畅,确保游客在整个过程中感受到高效和贴心的服务。

三、特殊情况的处理

面对突发状况,如系统故障或天气突变,服务人员应迅速启动应急预案,及时通知相关部门,并安抚游客情绪,确保秩序井然有序。对于特殊人群,如老人、儿童、残疾人等,服务人员应提供个性化的服务,如优先购票、专人引导等,确保他们也能享受到便捷和舒适的旅游体验。

四、结论

景区票务服务礼仪是提升游客体验和景区形象的重要环节。通过遵循相关基本原则，落实相关具体规范，妥善处理特殊情况，加强培训与监督，景区可以显著提升票务服务质量。未来，随着科技的进步和游客需求的变化，景区票务服务礼仪也将不断发展和创新，为游客提供更加便捷、舒适和个性化的服务。景区应持续关注行业动态，积极引入新技术和新理念，不断完善票务服务礼仪体系，为游客创造更加美好的旅游体验。

项目三　　景区指示引领服务礼仪

景区指示引领
服务礼仪微课

知识目标

1.知悉景区指示引领服务礼仪的基本原则。

2.熟知景区指示引领手势的八个手位动作及其含义。

3.知悉景区指示引领服务的礼仪规范。

技能目标

1.根据不同的服务场景,具有恰当地运用手势的能力,如指引方向、递送物品等,展现出得体的手势礼仪。

2.掌握景区指示引领服务的相关流程。

3.掌握景区指示引领服务的礼仪操作。

育人目标

1.提升职业认同感和岗位意识。

2.提升职业素养和责任感。

3.塑造良好的职业形象。

4.提升沟通能力和应变能力。

5.提升安全意识和防范意识。

案例导入

某历史文化景区的指示引领服务

该景区注重文化传承与服务相结合。服务人员不仅具备良好的礼仪素养,还对景区的历史文化有深入了解,能够为游客提供详尽的讲解。景区内设有多个导览点,服务人员身着传统服饰,使用文言文与游客互动,增强了游客的文化体验。此外,景区还推出了智能导览系统,游客可通过手机 App 获取实时导览信息,提升了游览的便捷性。

任务内容

培育和践行社会主义核心价值观,旅游景区及从业人员需落实文明旅游工作,使用正确的指示引领手势,展示景区服务的规范性,提升游客的文明意识,引导和促进文明旅游行为,共同营造文明和谐、安全有序的旅游环境。

一、景区指示引领服务礼仪的基本原则

运用景区指示引领服务礼仪的目的是确保游客在景区内获得顺畅、愉快的体验，需坚持以下原则。

(1)礼貌和尊重原则。服务人员应始终保持微笑,使用礼貌用语,尊重每一位游客的需求和感受。无论游客来自何种文化背景,服务人员都应展现出真诚的关怀和尊重,避免任何形式的歧视或偏见。

(2)清晰和准确原则。指示引领服务的主要目的是为游客提供准确的信息和方向指引。因此,服务人员必须熟悉景区的布局、设施和活动安排,能够迅速、准确地回答游客的提问。指示牌和地图设计应简洁明了,避免使用复杂或晦涩的语言,确保所有游客都能轻松理解。

(3)主动性和灵活性原则。服务人员应主动观察游客的需求,及时为其提供帮助,而不是被动等待游客询问。在高峰期或突发事件中,服务人员需要灵活应对,迅速调整服务策略,确保游客的安全和满意度。

(4)一致性和专业性原则。所有服务人员应遵循统一的服务标准,保持专业的态度和行为。通过定期培训和考核,确保每位服务人员都能熟练掌握服务礼仪,提供高质量的服务。

二、景区指示引领服务礼仪的具体内容

景区指示引领服务礼仪的具体内容涵盖了多个方面,旨在为游客提供全面、细致的服务体验。

(一)仪容仪表

服务人员应保持整洁、得体的着装,穿着统一的制服,佩戴工作证,以展现专业形象。服务人员还应保持面部清洁,发型整齐,避免过于夸张的妆容或饰品,应给游客留下良好的印象。

(二)语言表达

服务人员应使用标准、清晰的语言与游客交流,语速适中,音量适宜,确保游客能够听清并理解。在回答游客提问时,应耐心、细致,避免使用专业术语或复杂的表达方式。对于外国游客,应尽量使用简单易懂的英语或其他常用语言进行沟通,必要时可提供多语言服务。

(三)行为举止

行为举止也是指示引领服务礼仪的重要组成部分,服务人员应保持端正的站姿和坐姿,行走时步伐稳健,避免奔跑或大声喧哗。

在为游客指引方向时,应使用规范的引领手势,具体如下。

(1)景区讲解员指示引领手势规范操作。

手势是肢体语言中最具表现力的一种肢体语言。手势的美是一种动态美,若做得适度,会给人以优雅含蓄、彬彬有礼之感。

　　景区讲解员指示引领的正确手势为:右手或左手五指并拢,手掌与地面成135°夹角,手肘与身体有三拳的距离,不要完全伸直手臂或者夹臂,手臂要有弧度,有延伸感。具体指示引领手位分8个:右上方手位、正右方手位、右下方手位、左上方手位、正左方手位、左下方手位、正下方手位、正前方手位,见图5-1至图5-8。

图 5-1　右上方手位

图 5-2　正右方手位

图 5-3　右下方手位

图 5-4　左上方手位

图 5-5　正左方手位

图 5-6　左下方手位

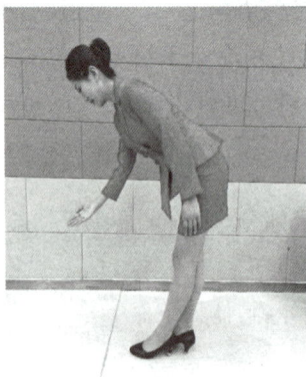

图 5-7　正下方手位

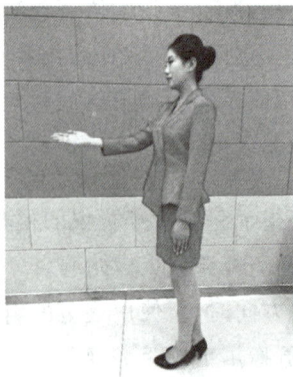

图 5-8　正前方手位

手位必须要伴随语言,如请注意脚下,这边请,请看,这是我们的光荣榜等。我国是右行制国家,所以在引领过程中,讲解员要站在游客的左前方约 1.5 米处,为了更好地与游客交流,讲解员需侧身面对游客。如果在行走过程中发现右边不方便行走或者左边的景色更好,讲解员可以从游客的左前方变为右前方。在引领过程中,遇到需要指示的地方,就需要使用指示手位,而不是一直抬着手臂。

(2)避免不恰当的手势。

在与游客交流时,讲解员应避免使用不恰当的手势,如竖中指、比"剪刀手"等,以免造成误解或冒犯。

> **手势的国际礼仪**
>
> (一)国际通用礼仪
>
> 在国际场合中,手势应保持友好和自然,展现出平等和尊重。例如,在接待国际游客时,应使用简洁明了的手势,避免过于复杂或不自然的动作。
>
> (二)文化差异
>
> 在不同国家和地区,手势可能有不同的礼仪要求。例如,在亚洲,手势通常较为含蓄和内敛;在中东地区,手势则较为丰富和夸张。了解这些文化差异,可以更好地与不同文化背景的游客沟通。

三、景区引导具体操作流程

(一)文明入园引导

(1)在景区入口、游客服务中心、交通换乘中心等游客集散地的显著位置,采用多种方式提醒游客文明旅游。如在景区的宣传册、宣传单、宣传广告上印有文明游览提示信息。

(2)设置 1 米间隔线、隔离栏杆、遮阳棚等设施,通过广播提示、分设团队和散客通道等方式,引导游客保持安全间距,文明有序入园。

(3)使用电子门禁系统的景区安排工作人员指导游客有序入园,防止被门禁设施夹伤。还应设立绿色通道或服务程序,帮助特殊群体顺利入园。

(4)景区入口显著位置公布最大承载量,制定和实施客流量控制方案。

(二)文明游览引导

(1)在讲解服务过程中要有文明旅游提示和安全风险告知。

(2)游客服务中心、重要参观点设立志愿服务站,提供文明引导服务。

(3)根据客流量情况,实时发出客流预警并实施疏散调控方案,引导游客错峰错区游览,避免扎堆聚集。

（4）广泛征集游客对景区管理服务的意见建议，从源头上减少不文明行为发生。

（三）文明引导主要内容

1.遵守法规、尊重风俗

提示并引导游客：遵守生态环境保护规定，不践踏绿地花草，不攀折花木果实，不破坏山石景观，不追捉、乱喂动物，不非法购买野生动植物及制品；遵守文物古迹保护规定，不涂刻、攀爬，不随意触摸文物，遵守拍照摄像规定；尊重当地的风俗习惯及宗教信仰等。

2.低碳节约、绿色旅游

提示并引导游客：爱护自然，珍视旅游资源；维护公共卫生，不乱扔垃圾，落实垃圾分类要求，及时处理废弃物，避免使用不可降解塑料袋、一次性塑料制品；注意节约，践行"光盘行动"，减少餐饮浪费，拒绝食用野味；采取绿色出行方式，优先选择公共交通工具。

3.防范风险、安全旅游

提示并引导游客：增强安全意识，不盲目追求刺激，不前往没有正式开放、缺乏安全保障或生态环境脆弱的区域；学习安全知识，提升应对地质、气象等灾害的应急避险能力，注意用火用电、特种设备使用等安全；遵守交通法规，自驾旅游时不超速行驶、不疲劳驾驶、不占用应急车道、不车窗抛物、不乱停乱放。

4.包容礼让、文明旅游

提示并引导游客：注意礼仪规范，仪容整洁，言行得体；维护公共秩序，依序排队，不拥挤和争抢，不在公共场合大声喧哗，不违规吸烟；尊重他人权益，尊重服务人员劳动成果，礼让老、弱、病、残、孕等特殊群体。

景区应充分发挥标识符号、讲解服务、网络平台、服务站点，以及志愿服务等作用，统筹利用各类资源，全方位开展文明宣传、文明提示和文明引导，实现景区文明引导人群全覆盖、内容全覆盖、行程全覆盖。

四、结论

景区指示引领服务礼仪在提升游客体验和景区形象中起着至关重要的作用。通过遵循上述基本原则，景区可以为游客提供高质量的服务。景区管理者应高度重视指示引领服务礼仪，不断提升服务水平，为游客提供优质的游览体验。

项目四　景区咨询与投诉服务礼仪

景区咨询与投诉
服务礼仪微课

知识目标

1. 了解咨询与投诉服务的基本礼仪规范,如礼貌用语、仪态等。
2. 熟悉咨询与投诉的服务流程,包括接待、记录、反馈等环节。
3. 熟悉与景区服务相关的法律法规。

技能目标

1. 能够清晰、礼貌地与游客沟通。
2. 能够迅速分析投诉,提出合理解决方案。
3. 在突发情况下保持冷静,妥善处理问题。

育人目标

1. 树立"游客至上"的理念,增强服务意识。
2. 培养诚实守信、敬业奉献的职业精神。
3. 认识景区服务对社会的影响,增强责任感。
4. 培养团队协作精神,提升集体荣誉感。
5. 提升沟通能力与协调能力。

案例导入

泰山景区咨询服务,温暖游客心

在泰山景区游客服务中心,咨询员小李每天都要面对大量游客的询问。某节假日,一位老年游客神色焦急地来到咨询台,担心自己体力不够,想知道去玉皇顶的最佳路线。小李立刻起身,微笑着请老人坐下,先递上一杯温水让老人舒缓情绪。接着,他拿出景区游览图,用彩笔清晰标注出适合老人的路线,详细介绍途中的休息点和缆车乘坐处,耐心说明每个路段的大概耗时。讲解时,小李始终保持温和的语调,放慢语速,还不时询问老人是否听清楚。交流中得知老人对泰山历史文化感兴趣,小李又分享了一些玉皇顶相关的典故传说。老人离开时,脸上满是笑容,对小李的服务赞不绝口。

黄山景区投诉处理,化解游客不满

国庆假期,黄山景区游客众多。游客张女士投诉排队乘坐索道时间过长,且现场工作人员引导混乱，没有及时告知排队时长和预计等待时间，导致她和家人在烈日下暴晒许久，体验感很差。投诉受理员小赵接到投诉后，首先诚恳道歉："非常抱歉给您带来糟糕的体验，我们一定会妥善处理。"小赵一边安抚张女士的情绪，一边详细记录问题。随后，他迅速联系索道管理部门核实情况，了解到当天因设备短暂故障及游客激增导致排队拥堵。小赵向张女士反馈调查结果，再次致歉，并告知景区采取的改进措施，如增派引导人员、增设电子显示屏实时公布排队信息等。为弥补张女士的损失，景区为她和家人提供了次日免费乘坐索道的服务。张女士对处理结果表示满意，还称赞小赵的处理既专业又高效。

任务内容

旅游景区是游客体验自然风光、文化历史的重要场所，而咨询与投诉服务是景区服务质量的核心体现。优质的咨询服务能为游客提供便利，提升游览体验；而高效的投诉处理则能化解矛盾，维护景区声誉。因此，掌握咨询与投诉服务礼仪对景区工作人员至关重要。

一、景区咨询服务礼仪

景区都会设立游客服务中心，该中心的一个重要功能就是向游客提供咨询服务，解决游客在游玩过程中遇到的麻烦与困难。

（一）咨询服务的基本原则

(1)热情主动：工作人员应主动问候游客，展现友好态度。

(2)耐心细致：认真倾听游客需求，提供准确信息。

(3)专业规范：熟悉景区信息，回答问题时条理清晰。

(4)尊重隐私：保护游客个人信息，避免泄露。

（二）咨询服务流程

(1)迎接游客：接受游客咨询时，应面带微笑，且双目平视对方，全神贯注，集中精力，以示尊重与诚意，专心倾听，不可三心二意。微笑问候，如"您好，请问有什么可以帮您？"

(2)倾听需求：耐心听取游客问题，不随意打断。

(3)提供信息：咨询服务人员应有较高的旅游综合知识，对游客关于本地及周边区域景区情况的询问，要提供准确、耐心、详细的答复和游览指导。在答复游客的问询时，应做到有问必答，用词得当，简洁明了。在接待游客时应谈吐得体，不得敷衍了事，言谈不可偏激，避免有夸张论调。若暂无法解答的问题，应向游客说明，并表示歉意，不能简单地说"我不知道"之类的用语。

(4)确认理解：询问游客是否理解，如"请问我解释清楚了吗？"

(5)结束服务：礼貌道别，如"祝您游玩愉快！"

（三）咨询服务中的沟通技巧

(1)语言表达:使用礼貌用语,避免生硬或模糊的表达。

(2)非语言沟通:通过微笑、眼神接触、肢体语言传递友好态度。

(3)情绪管理:保持平和心态,即使面对情绪激动的游客也要冷静应对。

（四）常见问题及应对策略

(1)问题:游客询问景区路线。

应对策略:提供地图或路线图,并详细说明。

(2)问题:游客询问票价信息。

应对策略:清晰告知票价及优惠政策。

(3)问题:游客询问景区开放时间。

应对策略:准确告知开放时间及注意事项。

当然,随着计算机技术的迅速发展和互联网的广泛使用,人们获取信息的方式、数量及信息交流形式也发生了根本性的转变。互联网已成为旅游者获取旅游信息的重要手段。为了在网络环境下有效地为游客提供方便快捷的服务,景区的网络咨询工作可以从以下几个方面展开:一是建立景区的官方网站,把景区内的景点、服务及食、住、行、游、购、娱等信息,全面系统地在官网上进行介绍;二是利用官方微博、公众号等方式与潜在游客进行网上互动;三是可以在官方网站设立游客提问和解答的专栏,以便游客问询。

二、景区投诉服务礼仪

处理游客投诉是景区与游客关系管理的重要内容,处理好游客投诉是增加游客信任、实现良好人际传播效应的有效途径,也是提升景区美誉度的最佳时机。在处理游客投诉时,应该遵循游客至上、态度真诚、效率第一、兼顾景区利益的原则,按照规范的程序对游客投诉进行受理。

（一）投诉处理的基本原则

(1)及时响应:迅速受理投诉,避免拖延。

(2)真诚道歉:无论责任归属,先向游客表达歉意。

(3)公平公正:客观分析问题,不偏袒任何一方。

(4)解决问题:以解决问题为导向,避免推诿。

（二）投诉处理流程

(1)受理投诉:鼓励游客发泄,保持冷静,认真听取游客投诉,记录关键信息。

(2)表达歉意:向游客道歉,如"非常抱歉给您带来不便",道歉要真诚,并表示关心,让投诉者降温。

（3）分析问题：了解游客投诉原因，听完游客陈述后用自己的话重复游客所遇到的问题，然后适当提问，通过提问的方式收集游客忽略的一些重要信息，有利于事后的存档总结。划分问题责任，根据责任归属处理问题。

（4）提出方案：在明确游客的问题之后，尽快提出解决方案。例如，游客在景区购买的商品出现问题时可以采取保修、调换、退款等方式来解决。

（5）反馈结果：及时告知游客处理结果，并确认满意度。

（6）总结改进：记录投诉案例，优化服务流程。

（7）跟踪服务：可以是对游客的问候、感谢，也可以是对景区新活动的介绍，主要是为了强调景区对游客的诚意和工作态度，从而加强游客对景区的印象。

（三）投诉处理中的情绪管理

当游客情绪激动时景区人员务必保持冷静，避免与游客争执。当自身情绪波动时应深呼吸，提醒自己以专业态度应对，必要时请同事或上级协助处理。

（四）常见投诉类型及应对方法

（1）设施故障。应对方法是立即联系维修人员，并向游客提供替代方案。

（2）服务质量差。应对方法是诚恳道歉，并承诺改进服务。

（3）票价争议。应对方法是耐心解释票价政策，必要时提供优惠补偿。

总之，景区咨询与投诉服务礼仪的核心在于尊重游客、耐心倾听、及时处理。要以"换位思考"的方式去理解咨询和投诉的游客的心情和处境，满怀诚意地帮助他们解决问题。景区应坚持游客至上、服务第一的理念，以细致、贴心的服务打动游客，争取使每一位游客都能够高兴而来，满意而归。

模块六 旅游从业者旅行社服务职场礼仪

1. **职业道德**：注重培养学生的社会责任感和职业道德，帮助他们树立正确的价值观和职业操守。帮助学生理解旅游从业者的社会责任，如保护环境、尊重文化、倡导文明旅游等。老师可以通过案例分析、情景模拟等方式，让学生在实践中体验职业道德的重要性。鼓励学生积极参与社会公益活动，如环保志愿活动、文化保护项目等。

2. **职业素养**：服务礼仪是旅游从业者职业素养的重要组成部分。旅游从业者通过系统的理论学习和实践训练，掌握专业的服务礼仪，确保在服务过程中展现出专业和得体的形象。旅游从业者通过模拟导游场景、实地考察等方式，将所学知识应用于实际工作。例如，学生可以通过模拟带团讲解，学习如何在不同情境下运用服务礼仪，提升服务质量。

3. **文化自信**：旅游从业者不仅是旅游服务的提供者，更是文化的传播者，应掌握如何通过讲解、互动等方式向游客传递积极的文化信息，增强游客对中国文化的认同感，从而增强文化自信。

项目一　导游人员迎接服务礼仪

导游人员迎接
服务礼仪微课

知识目标

1.了解导游迎接服务的基本原则。

2.了解导游迎接服务的具体流程。

技能目标

能够独立完成导游迎接服务。

育人目标

1.学生通过学习导游人员迎接服务礼仪,培养在服务中践行诚信、友善等价值观,传递正能量。

2.融入中华优秀传统礼仪文化,增强学生的文化认同感和自豪感,推动中华优秀传统文化的传承和发展。

融入中华优秀传统礼仪文化

导游人员迎接礼仪中蕴含的中华优秀传统文化丰富多样,这些传统礼仪不仅体现了中华民族的待客之道,还展现了中华优秀传统文化的深厚底蕴。以下是一些具体的体现。

一、尊重与谦逊

中华优秀传统文化强调尊重他人,这在导游迎接礼仪中得到了充分体现。导游在迎接游客时,会主动问候、热情接待,并尊重游客的文化背景和个性需求。同时,导游还会展现出谦逊的态度,虚心听取游客的意见和建议,不断改进服务质量。

二、热情与周到

中国人自古就以热情好客著称,导游迎接礼仪中的热情与周到正是这一传统的体现。导游会用温暖的笑容、亲切的语言和细致的服务,让游客感受到家的温暖。他们会提前了解游客的需求和喜好,为游客提供个性化的服务,确保游客在旅途中感到舒适和满意。

三、礼仪之邦的展示

旅游业为游客者提供的旅游服务从本质上讲就是礼仪服务,它也是旅游礼仪的核心和关键。旅游从业者在旅游全过程中的礼仪服务,既代表一个企业和行业的接待水平和服务质量,也代表一个国家的文明礼貌程度,每位旅游从业者都应予以充分的重视。旅游从业者在旅游接待服务中应该做到知礼、讲礼、用礼。

中国素有"礼仪之邦"之称,导游作为旅游业的"名片",其迎接礼仪更是展现了中华优秀传统文化的精髓。导游在迎接游客时,会注重仪表仪容的整洁得体,穿符合职业形象的制服,佩戴规范、整洁的导游证。同时,他们还会使用标准的礼貌用语和规范的接待流程,让游客在第一时间感受到中国文化的魅力。

四、注重细节与仪式感

中华优秀传统文化注重细节和仪式感,这在导游迎接礼仪中也得到了体现。在当今市场竞争激烈的条件下,旅游企业的设施设备等硬件已大为改善,日趋完美。而服务人员的礼仪礼节在一定程度上反映了服务人员的素质。一个管理良好的旅游企业,必然在其员工的礼仪服务和精神风貌上有所体现。著名的希尔顿饭店董事长唐纳·希尔顿所提倡的"微笑服务"就是一条管理酒店的法宝。泰国东方大酒店,曾两次被评为"世界十大饭店"之首,其成功的秘诀就在于把"笑容可掬"作为一项迎宾规范,从而给光临该店的游客留下美好的印象和回忆。由此可见,旅游从业者的礼仪礼节是一个不可忽视的重要因素,是反映旅游企业管理水平和服务水平的重要组成部分。导游在迎接游客时,应提前准备好欢迎物品,营造温馨的迎接氛围。在引导游客参观景点时,导游还要注意讲解的仪式感和节奏感,让游客在欣赏美景的同时,也能感受到中国文化的韵味。

五、融入地方特色文化

导游在迎接游客时,还会融入地方特色文化,让游客在旅途中更加深入地了解中国的地域文化和民俗风情。他们会向游客介绍当地的历史背景、文化特色、风土人情等,让游客在游览的过程中感受到中国文化的多样性和丰富性。

案例导入

北京某旅游团一行21人于某日由北京乘坐飞机于10:15抵达广州市××饭店,广州××旅行社安排导游小李进行接待。请同学们分析:该旅游团抵达饭店后,小李应该做哪些服务工作?

任务内容

导游作为旅游行业的一线工作人员,其服务水平直接影响着游客的旅游体验和对旅游目的地的整体印象。因此,掌握并熟练运用迎接服务礼仪,对于导游而言至关重要。

一、导游迎接服务的重要性

迎接服务是导游工作的起始环节,也是建立良好客户关系的关键。一个热情、专业、周到的迎接服务,能够给游客留下深刻的印象,为后续的行程奠定良好的基础。同时,通过礼貌、得体的接待,导游还能展现出个人和团队的良好形象,提升游客的信任度。

二、导游迎接服务的基本原则

(一)热情友好

初次见面时展现出的专业性和友好态度有助于建立游客对导游的信任感。导游应保持热情的态度,用微笑和友好的语言迎接每一位游客,传递出对游客欢迎和尊重的态度。

(二)专业规范

导游应遵守行业规范,展示专业素养,确保在接待过程中的每一个细节都符合职业标准。导游还应根据游客的具体需求提供个性化的建议和服务,如推荐适合家庭出行的活动或针对特殊饮食需求提出解决方案。

(三)注重细节

从穿着打扮到言行举止,导游都应注重细节,以展现个人的良好形象和团队的专业素养。

总之,优质的迎接服务不仅能提升游客的满意度,还能有效增强旅客对目的地的喜爱度,进而促进旅游业的发展。

三、导游迎接服务的具体流程

(一)接团准备

在接到接待旅游团的任务后,认真阅览接待计划及在组团过程中的有关信息,并做好如下准备。

(1)组团社和接待社的业务关系状况、计划编号,联系人单位、姓名及电话,外国组团社的名称、代号及领队的情况。

(2)旅游团人数,旅游者姓名、性别、年龄、职业、国籍、宗教信仰、语言、旅游目的、出入境地点、接待服务等级、费用结算方法、特殊要求等。

(3)团队抵达和离开时所乘的交通工具的种类、时间和地点。

(4)若是出境团,要确认旅游者所持国际机票是"OPEN 票"还是"OK 票"。具体而言,"OPEN 票"为不定期票,需事先持机票和护照至民航办理签证手续,预订日期及航班自购票之日起一年为其有效期限；"OK票"则表明已订妥日期及航班，但仍需持机票和护照到民航办理确认手续，如因故不能按期乘坐飞机，在办理确认手续时可将机座号注销，原票仍有效，自旅行之日起一年内有效。

（5）熟悉参观点。对本地新建的旅游景点和其他不熟悉的参观点应事先了解情况，如开放时间、便捷的行车路线、休息场所、卫生间位置等。

（二）制定日程

根据组团社接待计划合理安排日程，打印日程表，并注意按标准进行经济核算。在安排活动日程时应注意以下事项。

（1）主要活动既要适合该团的特点，又要体现当地特色。大多数游客一般是以游览名胜古迹和领略当地风土人情为主要目的，在安排日程时就应考虑到这一点。如在北京接团，北京是座历史文化名城，是一座巨大的博物馆，值得参观的景点很多，但旅游团在北京停留的时间是有限的。所以，一定要以最有代表性的游览项目为主要安排对象。

（2）劳逸结合，兼顾参观、游览、购物等各项活动。当旅游团有需要特别照顾的老、弱、病、残团员时，应注意劳逸结合，给游客安排充足的休息时间。

（3）避免雷同。除专项旅游外，雷同的活动安排往往令大多数追新猎奇的游客失望，重复的安排也往往使本来充满吸引力的项目变得平淡乏味。

（三）落实接待事宜

在旅游团抵达的前一天，工作人员应与有关部门落实行、住、食等有关事宜。

1.落实酒店

提前与入住的酒店取得联系，进一步落实房间的安排情况，并通知酒店该团抵店的时间。对于不熟悉的酒店，应了解酒店的地理位置、历史、服务设施、服务项目及该团的客房位置等。

2.落实接待的车辆

了解司机姓名，车辆车型、车号、车内设备（如空调、麦克风）等，与司机确定接头地点和时间。

3.落实团队抵达时间

了解旅游团所乘的交通工具类型及到达时间，与该团全陪预约接团的地点和时间。

4.落实物质准备

根据旅游团的特点和要求准备好必要的物品，如各种票证资料、接站牌、导游旗、导游图、结算账单、现金、导游证、胸卡、记事本、扩音器等，应怀着饱满的热情，身着得体的服装。

5.接站服务

在这一环节,具体服务规范如下。

(1)落实与合作者沟通的有关事项。若是接首站,途中要向全陪和司机介绍当地接待该团的各项安排或日程;若非首站,则应先向司机介绍日程安排,以便合作。

(2)提前两个小时与机场、码头或车站问询处联系。询问准确抵站时间,然后通知各有关方面并至少提前30分钟到接站地点迎接游客。

(3)约定上车地点。在抵达接站地点后,与司机约好游客上车的地点,并与行李员取得联系,核对该团所住酒店的名称及旅游团名称等。

(4)与团队接头。当旅游团步入迎客厅或下车后,地陪应佩戴胸卡,举导游旗或接站牌主动上前迎接,并向全陪、领队作自我介绍,同时协助游客将行李放在指定位置,再与领队、全陪及行李员一起核对行李件数并移交给行李员。随后,地陪应及时引导游客前往乘车处上车,同时提醒游客带好手提包等随身物品,以防遗失。

6.转移地点

在这一环节,具体服务规范如下。

(1)照顾游客上车。当游客上车时,地陪应恭候在车门旁,并提醒游客注意台阶,帮助物品较多的游客顺利上车,尤其要对年老体弱者、孕妇、儿童和残疾人给予特别的照顾。

(2)清点人数。地陪协助游客者上车就座后,应礼貌地清点人数,注意不要用手指点数,待一切无误后请司机开车。

(3)致欢迎词。旅游车一启动,导游讲解即正式开始。地陪首先应向旅游团致欢迎词,并介绍本地概况。欢迎词内容应包括代表所在接待社、本人及司机欢迎游客光临;介绍自己及司机,表示为大家提供诚挚服务的愿望,并希望大家给予合作与批评;表达美好的祝愿。

7.入店服务

在抵达酒店的途中,地陪应及时介绍即将入住酒店的情况,包括酒店的历史、建筑面积、客房数量、等级、各项设施、服务项目、地理位置及其他有关注意事项,如集合地点及停车地点。抵达酒店后,应尽快办理以下事情。

(1)帮助旅游团办理入住手续,协助领队分配住房并记住领队、全陪的房号及电话。

(2)核对游客的行李件数,同时督促行李员把游客的行李送至客人房间。

(3)在游客进房间之前,应向大家介绍酒店内就餐形式、地点、时间及有关规定(如酒水是否需付费),并告知有关活动的时间安排。

(4)游客用第一餐时,地陪应亲自带领他们进入餐厅,帮助他们找到自己用餐的桌次,向他们介绍用餐的有关事项,如用餐时间要求、更改中西餐的具体办法及包餐只提供啤酒、汽水,不提供白酒及其他饮品等规定。随后,地陪应向餐厅的有关人员予以交代,如旅游团名称、人数,以及游客国籍、语言、饮食习惯和餐费标准等,最好把领队或全陪直接介绍给餐厅负责人或主管服务员,以便他们直接联系。

(5)及时处理店内问题。游客进入客房后,地陪应在楼层停留一段时间,一切就绪后再离开,这是因为有许多具体的问题只有游客进入房间后才能发现。例如:行李未送到或拿错;房内还有其他房客;房间未经打扫,或缺少卫生用品;房间不合适,要求调换;门锁有故障;设施有问题,如无热水供应、空调失灵等。对于这些问题,地陪应协助有关人员妥善解决,并向游客致歉。

(6)安排好叫早服务。

项目二　导游人员讲解服务礼仪

导游人员讲解服务礼仪微课

知识目标

1. 了解导游讲解时的仪容仪表要求。
2. 了解导游服务语言艺术。
3. 了解出发前的准备工作内容。
4. 了解导游沿途服务内容。

技能目标

能够独立完成导游讲任务。

育人目标

1. 引导学生在服务中自觉弘扬爱国主义精神、传递爱国主义情感。
2. 强调旅客至上原则,培养学生的服务意识和工作责任心。

案例导入

彰显文化自信,讲好中国故事

1998年,张×接待了导游职业生涯中的第一个外国旅游团,那是他第一次意识到外语导游所承担的责任。这个旅游团是一个中国历史文化研究学者访问团,一路上,张×出色的讲解和周到的服务赢得了游客的赞赏。送别游客的那天,旅游团里一对年过花甲的老夫妇特意把他请到房间表示感谢。老先生还盛情邀请他一定要到他的国家看一看。那位老先生说:"从你的讲解中我们感受到了你对于祖国的热爱,看到了一个历史厚重、快速发展的美丽中国。我想请你去我们的国家看一看,因为我们也为祖国感到自豪和骄傲。"那一刻张×明白了,原来导游讲解能够激发外国游客对民族自豪感的共情。作为外语导游,不单要讲解好、服务好,还要与游客进行更多文化层面的交流,产生互动、形成共鸣。

那么,如何与游客进行文化层面的交流呢?对此,张×的回答是重新创作导游词。全国特级导游考评期间,张×提交了原创导游词《×××皇家园林特色》。他说:"我在讲解时,注重通过对不同园林布局艺术、造景方法及整体风格的解析,提升游客对于中国南北方园林的鉴赏能力,学会甄别东西方园林的异同,并最终达到现场游览体验的最佳效果。实践证明,类似这种文化内涵较丰富的个性化导游词的创作,游客反响非常好。"

任务内容

对旅游景点进行参观、讲解是旅游产品消费的主要内容,是游客期望的旅游活动的核心部分,也是地陪服务工作的中心环节,要认真准备、精心策划、生动讲解,使游客详细了解景点的历史背景、内容和特色,获得美的享受。

导游讲解能够提供丰富多样的旅游体验。旅游景区通常都有众多的景点和特色活动,游客在导游讲解下能够更好地利用时间,选择合适的路线和参观方式,获得更丰富的旅游体验。导游可以根据游客的需求和兴趣,为他们提供相应的建议和介绍,使游客能够在短时间内收获更多的知识、体验更多的风景和文化活动。同时,导游的传授和讲解还可以帮助游客更好地理解景点的意义和价值,激发游客对文化、科学、历史等方面的兴趣,提供一个学习和探索的机会。例如,在参观一个古老的寺庙时,导游可以向游客介绍寺庙的建筑风格、宗教意义,还可以和游客分享一些信仰故事和神秘传说,从而让游客更全面地体验到寺庙的独特之处。

一、重视仪容仪表着装

俗话说:"人靠衣装马靠鞍",一般来说,导游的着装应该简洁大方、色彩搭配得当,既要符合旅游景点的风格,又要考虑到游客的审美需求。同时,还要注意保持仪表的整洁,包括头发的梳理、面部的清洁及指甲的修剪等。只有这样,导游才能给游客留下一个良好的印象。

二、重视语言艺术

作为旅游行业中不可或缺的角色,导游不仅仅是一个介绍者,还是游客体验的主要引导者。导游对语言艺术的运用,可以为游客带来更多的乐趣,为他们的旅游体验注入更多情感和文化。通过优秀的导游语言艺术,导游可以更好地传递历史、文化、风俗、习惯等方面的知识,同时为游客带来愉悦。

因此,导游讲解能够提升景区的服务质量和旅游品牌形象。一个地区的旅游品牌形象不仅仅受景区本身的影响,还受旅游服务的影响。导游作为旅游服务的重要一员,可以通过自己的专业素养和服务态度,为游客提供优质的旅游体验。一位热情、细心、专业的导游能够深得游客的喜爱和好评,使游客对景区所在地的形象和印象都更加深刻。相反,如果导游态度恶劣、服务不到位,游客很容易对景区本身产生负面评价,甚至会抱怨和投诉,这种负面影响是景区难以承受的,因为口碑的传播对景区的形象和持续发展非常重要。

三、出发前的准备

在出发前导游应准备好电子导游证、导游身份标识、导游旗和门票结算单,提前 10 分钟到达集合地点,督促司机准时将旅行车开至集合地点。如果当天安排游客在其所住酒店以外的餐饮单位用餐,应当核实餐饮单位预定的落实情况,清点人数和引导游客登车。当游客集中后,地陪负责清点人数,如果发现某些游客尚未到达,地陪应设法寻找。如果个别游客愿意留在酒店或不随团活动,地陪应问清情况,并协助安排,必要时向酒店有关部门通报,请其予以关照。上车前地陪应向游客介绍当日天气预报、游览地点的地形和行走时间的长短,让游客做好相关准备。

四、沿途导游服务

开车后地陪应再次向游客详细介绍当天的活动安排,包括用餐的时间和地点,上午和下午的游览项目及所需时间。抵达旅游景点前,地陪应向游客介绍该景点的简要情况。如果沿途时间较长,地陪应向游客介绍沿途的景物、风光,回答问询,介绍本地的风土人情和当日国内外重要新闻。还应适当组织娱乐活动,以活跃车上的气氛。

沿途导游服务包括游览前的导游讲解、游览中的导游讲和返程的导游讲解。

(一)游览前的导游讲解

游览前地陪应讲清参观游览所需的时间、结束后集合的时间和地点,提醒游客记住旅行车的型号、颜色、标志、车号,参观游览中的注意事项,如有些景物不能拍照,景区内禁止吸烟等。在景点示意图前,地陪应讲明游览路线,并对景点做概括介绍,如景点的历史背景或自然成因,景点的规模和主要特色,各景观的名称和含义。

(二)游览中的导游讲解

进入景区后,地陪应该按预先设计的游览路线进行讲解,以提高讲解的整体效果。导游讲解应主次分明、快慢相宜,导游在讲解观赏价值高、趣味性强的重点景观或景物时,应进行详细讲解,讲解的速度可以适当放缓,给游客留下思考和欣赏的空间;在介绍一般性景观和景物时,则可简略说明,讲解的速度可适当加快。

在景点讲解过程中,地陪应注意游客的安全,要始终与游客在一起活动,随时清点人数,防止游客走失和发生意外事件。在集中讲解后,给游客留下自由活动的时间,同时应关注游客动向。

(四)返程的导游讲解

返程时导游应帮助游客回顾旅游当天游览的内容,必要时做补充讲解,并解答游客的问题。回到酒店后,应在游客下车前预报晚上和次日活动的日程、出发的时间和集合的地点。下车时,应照顾游客下车,然后向他们道别。

在这个快速发展的时代,导游要时刻保持学习的态度,不断提升自己的专业素养和服务技能,可以通过参加培训课程、阅读相关书籍、参观学习其他优秀导游的工作经验等方式来不断提升自己。同时,导游还要注重实践锻炼,通过不断实践来提升自己的服务水平和应对能力。只有这样,导游才能在激烈的旅游市场竞争中立于不败之地。

项目三　导游人员送别服务礼仪

导游人员送别
服务礼仪微课

📘 知识目标

1. 了解导游送别服务的准备工作内容。

2. 了解导游送别过程中的服务礼仪。

3. 了解导游送别后的工作内容。

✏️ 技能目标

能够独立完成导游送别任务。

☕ 育人目标

1. 引导学生在送别服务中积极传播中华优秀传统礼仪文化和现代文明成果,使旅客深入了解中国历史、文化和社会现状,从而增强对中国的认同感。

2. 培养学生的爱国主义情感,使其在工作中能够自觉传递对国家的热爱。

3. 培养学生的责任感和使命感,使其在工作中能够严格遵守职业纪律和行为规范,做到诚实守信、恪尽职守。

案例导入

导游欢送词

暑假期间导游小钟接待了一个旅游团,行程即将结束,小钟为旅客送上了一段欢送词:各位朋友的行程还有 10 分钟就要结束了,到和大家说再见的时候了,说真的这次旅程的成功离不开大家对我工作的支持,我们大家从相识到相知,最后成为了朋友。我知道我有的地方还做得不够好,希望大家在最后的几分钟里给我提出宝贵的意见和建议。最后祝愿大家事事顺利、万事如意。中国有句古话,"两山不能相隔,两人总能相逢",我期盼着在不久的将来和大家再次相会,再见!

✍️ 任务内容

送别服务作为旅游服务的重要一环,直接影响着游客对旅游体验的满意度和对导游服务的评价。导游在送客时的服务是确保旅客旅途愉快且留下美好回忆的重要环节。因此,掌握良好的送别服务礼仪对于导游来说至关重要。

一、送别服务的准备

在送别服务开始之前，导游需要做好充分的准备工作。首先，要详细阅读送站计划，明确游客的姓名、人数、下榻酒店、返程时间和交通方式，以便为游客提供准确的送行服务。其次，要提前与酒店等相关单位进行沟通协调，确保送行过程中的各项事宜能够顺利进行。同时，导游还要提前整理好游客的行李物品，确保行李能够准时、安全地运送到游客的手中。最后，要安排叫早和早餐时间，若旅游团次日离店时间较早，地陪应与领队商定叫早和早餐时间，并通知酒店有关部门。

此外，在送别服务前，导游还要注意自己的仪表着装。要穿着整洁、得体的导游服，展现出专业的形象。同时，要保持面带微笑、态度热情，让游客感受到导游的真诚。

二、送别过程中的服务礼仪

在送别过程中，导游要遵循一定的礼仪规范，为游客提供周到的服务。首先，在送行前要与游客进行简短的告别致词。致词中要表达对游客的感谢和祝福，同时回顾一下本次旅游的亮点和收获。致词时语言表达要清晰、简洁明了，让游客感受到导游的真诚和热情。其次，在送行过程中要引导游客有序前往交通工具停放处。在这个过程中要保持与游客的互动和沟通，及时解答游客的疑问。最后，要注意保持适当的距离和姿态，避免给游客带来不必要的困扰和不适。

此外，在游客上车或登机前，导游还要协助游客核对和安放行李物品。要确保每个游客的行李都能够准时、安全地运送到目的地。在这个过程中要保持细致、耐心的工作态度，让游客感受到导游的专业和担当。当游客即将离开时，导游可以适当地与游客进行道别，道别时要表达对游客的祝福和期待再次相见的愿望，同时可以与游客进行握手、拥抱等身体接触动作。在游客离开前，导游应挥手致意，祝旅途愉快。对于搭乘飞机的游客，导游应等到其过了安检后再离开；对于乘火车、高铁或汽车的旅客，导游应目送其离开，让游客充分感受到导游的真诚和友好。

三、送别后的工作

导游还需要在送别后做好相关的工作。首先，要及时与游客保持联系，了解他们的返程情况和平安到达的消息，可以通过电话、短信或社交媒体等方式进行。与游客保持联系不仅可以让导游放心，还可以增进彼此之间的友谊和信任。

其次，送别后导游还要对本次旅游服务进行总结和评估。要回顾自己在送别服务中的表现和不足之处，并思考如何改进和提升服务质量。同时可以向其他导游或旅游机构请教，以不断提高自己的专业能力和服务水平。

再此,在送别后导游还要及时整理好游客的资料和反馈意见。这些资料可以用于对以后旅游服务工作的改进和参考。同时也可以通过这些反馈意见了解游客的需求和期望,为以后的旅游服务工作提供更有针对性的建议和方案。

最后,送别后导游还可以向游客发送感谢信来表达自己的感激之情。这不仅可以让游客感受到导游的真诚和关心,还可以增强游客对旅游体验的满意度和忠诚度。

送别服务不仅是导游工作的一个环节,更是一种对游客的尊重和关怀。导游应该把游客当作朋友和家人来对待,让他们在旅游的过程中感受到温暖和关爱。只有这样导游才能真正赢得游客的信任。

模块七　旅游从业者会展服务职场礼仪

1. **服务意识，职业素养**：服务社会的意识是会展服务从业者职业素养的核心组成部分，而职场礼仪则是展现职业素养的重要途径。课程应通过多种方式引导学生树立服务社会的意识，帮助他们理解会展服务行业的社会责任和价值。课程应涵盖服务理念的教育，帮助学生理解"服务至上"的职业精神，培养他们为参展商和观众提供优质服务的责任感。

2. **领悟传统文化**：传统文化是中华民族的宝贵财富，也是会展服务从业者在职场礼仪中展示文化自信的重要载体。通过系统的文化教育，学生能领悟中华优秀传统文化的精髓，并在现代礼仪实践中展现中华优秀传统文化的独特魅力，提升服务质量和文化自信。

3. **适应社会需求**：会展服务行业的快速发展对从业者的综合素质提出了更高的要求。课程通过多元化的教学内容和方法，结合职场礼仪的学习，促进学生的全面发展，帮助他们适应社会需求。课程注重学生的综合素质提升，如沟通能力、团队协作能力、解决问题的能力等。学生通过参与展会服务，感受职场礼仪中的细致与耐心，增强心理韧性。通过学习这些内容，学生能够实现全面发展，具备适应社会需求的综合素质，为未来的职业生涯打下坚实基础。

项目一　开业开幕礼仪

开业开幕礼仪微课

知识目标

了解开业仪式、开幕仪式的流程。

技能目标

能够独立完成开业仪式、开幕仪式，熟练应用礼仪规范。

育人目标

1.通过学习开业、开幕礼仪，传承和弘扬中华优秀传统文化。

2.引导学生理解并实践在礼仪活动中如何展示良好的国家形象，展现中国人的自信与风采。

小贴士

在中华优秀传统文化中，开业是一个重要的时刻，标志着新事业的开始和繁荣发展。《出师表》中"诚宜开张圣听，以光先帝遗德"的"开张"，古义是两个词，意思均为"扩大"，今义是一个词，多指商业部门开业。开业仪式是指在单位创建、开工，项目完工、交接，某一建筑物正式启用或某项工程正式开始之际，为了表示庆贺或纪念，按照一定的程序隆重举行的专门仪式。有时，开业仪式亦称开业典礼。

案例导入

"艺汇丝路"艺术展在中国美术馆开幕

2022 年 8 月 15 日，由中华人民共和国文化和旅游部指导，中国对外文化交流协会、联合国教科文组织驻华代表处、中国美术馆、丝绸之路国际美术馆联盟共同主办的"艺汇丝路"艺术展在中国美术馆隆重开幕。

中国银行作为持续深耕"一带一路"的金融机构，将秉承"融通世界，造福社会"的使命担当，以金融之力，助文化交流之花跨越山海，绽放世界。丝绸之路跨文化交流充分诠释了对于未来后代保护文化遗产及其"突出的普遍价值"的重要意义。文化和创作，无论其表现形式如何，都有助于创新和可持续发展，这完全符合共同繁荣、人文交流和文明互鉴促进世界和平的理念。中国美术馆与诸多国际著名艺术博物馆保持良好联系,通过策划丝绸之路国际美术馆联盟系列活动,通过艺术交流,拓展国际文化交流维度,促进民心相通。

开业仪式的作用

开业仪式在商界一直颇受人们的青睐,究其原因,是因为通过它可以因势利导,对商家自身事业的发展禅益良多。一般认为,举行开业仪式至少可以发挥五个方面的作用。

1.有助于塑造本单位的良好形象,提高自己的知名度与美誉度。

2.有助于扩大本单位的社会影响力,吸引社会各界的关注。

3.有助于将本单位的建成或成就"广而告之",借此为自己招徕顾客。

4.有助于让支持过自己的社会各界与自己一同分享成功的喜悦,进而为日后的进一步合作奠定良好的基础。

5.有助于增强本单位全体员工的自豪感与责任心,从而为自己创造出一个良好的开端或开创一个新的起点。

任务内容

开业仪式的礼仪一般是指在开业仪式筹备与运作的具体过程中应当遵从的礼仪惯例,它包括以下两项基本内容。

一、开业仪式筹备礼仪

开业仪式尽管进行时间很短,但要营造出热烈气氛并取得成功,绝非一桩易事。由于它涉及面广,影响巨大,所以需进行认真筹备。筹备工作做得充分与否,往往决定着开业仪式能否真正取得成功。

(一)指导性方针

在筹备开业仪式时,在指导方针上要遵循以下几个原则。

1.热烈

热烈是要求想法设法在开业仪式进行过程中营造出一种欢快、喜庆、隆重而令人激动的氛围,而不应令其沉闷、冷清、乏味。

2.节俭

节俭是要求主办单位勤俭持家,在举办开业仪式及进行筹备工作的整个过程中,在经费的支出方面要节俭,反对铺张浪费。

3.缜密

缜密是要求主办单位在筹备开业仪式时,既要遵循礼仪惯例,又要具体情况具体分析,做到认真策划、注重细节、分工明确、一丝不苟、力求周密、细致。

（二）具体的工作

1.做好宣传工作

为了吸引社会各界的关注,争取社会公众对自己的认可和接受,要对开业仪式进行必要的宣传。为此,要做的常规工作,一是针对性地选择大众传播媒介,进行集中性的广告宣传。二是邀请有关大众传媒界人士在开业仪式举行之时到场进行采访,以便进行宣传报道。

2.做好来宾约请工作

开业影响的大小,往往取决于来宾的身份及数量。在力所能及的情况下,力争邀请一些重要来宾参加开业仪式。为慎重起见,还应认真书写请柬,写完后将请柬装入精美的信封,由专人提前送达对方手中,以便对方早做安排。

3.做好场地安排布置工作

开业仪式大多在办公现场举行,其场地可以是正门外的广场,也可以是正门内的大厅。按照惯例,开业仪式举行时宾主一律站立,所以一般不布置主席台或座椅。为显示隆重,可在来宾尤其是贵宾站立之处铺设红毯,并在场地四周悬挂条幅、标语、气球、彩带、宫灯等。

此外,还应在醒目之处摆放来宾赠送的花篮(图7-1)、牌匾。来宾的签到簿、本单位的宣材料、待客的饮料等,也应提前准备好。音响、照明、摄像等设备,以及开业仪式举行之时所用的其他用具、设备,必须事先进行认真调试、检查,防止在使用时出现问题。

扫码看彩图

图7-1 迎宾花篮

4.做好现场接待服务准备工作

在开业仪式的现场,一定要有专人负责来宾的接待服务工作。除了要求本单位的全体员工热情待客、主动相助之外,更重要的是分工负责、各尽其职。在接待贵宾时,须由本单位主要负责人亲自出面,在接待其他来宾时,则可以由专门的礼仪小姐负责。若来宾较多时,需为来宾准备好停车位、休息室。

5.做好程序拟定工作

一般来说,开业仪式大都由开场、过程、结局三个基本程序组成。开场即奏乐,邀请来宾就位,宣布仪式正式开始,介绍主要来宾。过程是开业仪式的核心内容,通常包括本单位负责人讲话,来宾代表致辞,项目启动等。结局则包括开业仪式结束后,宾主一道进行现场参观、座谈等,它是开业仪式必不可少的尾声。为使开业仪式顺利进行,在筹备之时,必须认真拟定具体的程序,并选定仪式主持人。

二、开幕仪式的运作

各种重大活动,如科学技术展览会、文化艺术展览会、商业展览会、工业博览会等,以及各种文艺体育活动赛事,因其规模较大,影响较广,在正式开始之前,往往要举行开幕式,结束时举行闭幕式。

(一)开幕仪式的准备

在准备开幕式时,要选择一处宽敞的场所作为开幕式的场地,室内、室外均可。在选择场地时要考虑场地的大小同参加仪式的人数是否相当。场地选定后,要在正面悬挂红色或浅蓝色横幅,写明开幕式的名称,字应该清晰、醒目、美观,并在两旁布置一些彩旗。较隆重的开幕式还往往在场地四周悬挂巨大的五色彩旗,上面印有宣传图画或宣传口号。国际性的大型开幕式,则通常应悬挂所有参加国的国旗。

有些开幕式设有主席台,比如运动会的开幕式。这种情况下就把横幅悬挂在主席台的正面帷幕上,并按一定图案在两旁插置彩旗。前台按上台人数安置好桌椅。

一般应该准备三支或更多话筒,供主持人、致辞人、翻译员用。主持人的话筒安排在左边,致辞人及翻译员的话筒安排在右边。此外,还应该准备好剪彩用的彩球和剪刀等物品。

(二)开幕仪式的举行

参加开幕式的人员进入场地后按照主左客右分列两边。主客双方人数应该大体相同。主持人、致辞人和翻译员分别站在各自的位置上,面向外,其他人则面朝里。开幕式基本程序如下。

(1)主持人宣布开幕式正式开始。

(2)奏唱国歌(涉及两国的应奏两国国歌)。

(3)由主办方的负责人致开幕辞,其内容主要是简要说明活动概况和主要目的、意义。

（4）合作方的负责人致辞，主要是祝贺活动成功举办和预祝活动成功。

（5）邀请主办方和来宾中的相关人员剪彩。剪彩由宾主双方各一位或多位共同进行。

（三）闭幕仪式的准备

闭幕仪式的准备工作和开幕仪式大体相同，只是会场上的标语、横幅等应做相应改动。

（四）闭幕仪式的举行

（1）主持人宣布闭幕式开始。

（2）主办方的负责人做简要总结，并对有关方面尤其是合作者表示感谢。

（3）由合作方的负责人致辞，祝贺活动的圆满成功。

（4）宣布整个活动结束，奏轻松欢快的音乐。

演一演

分小组练习

根据所学内容，你作为开业仪式的工作人员，请演示开业仪式筹备的具体情境，在班内进行展示。

项目二　庆典剪彩礼仪

庆典剪彩礼仪微课

知识目标

1.掌握庆典仪式的流程。

2.掌握剪彩仪式的具体程序。

技能目标

1.能够独立完成庆典仪式。

2.能够独立完成剪彩仪式。

育人目标

1.通过了解庆典剪彩礼仪的历史背景,感受中华优秀传统文化的魅力。

2.引导学生深刻理解团队协作的重要性,从而在日常的生活和工作中更加注重团队协作。

3.通过弘扬礼仪规范,激发学生的爱国热情和社会责任感。

案例导入

剪彩仪式圆满成功

×月×日,在这碧海蓝天、烁玉流金的日子里,国内某家知名企业终于迎来了车间的开业剪彩仪式。上级相关领导出席仪式;集团公司董事长、总经理、车间主任等公司领导参加仪式,共同见证这一里程碑式的重要时刻。

在节奏欢快的音乐和热烈的掌声中,主持人宣布开业剪彩仪式正式开始。致辞环节中,首先邀请领导发言,主要内容是对车间的开业表示热烈的祝贺,希望企业能够继续发挥自身优势,不断创新和突破,为地方经济发展作出更大的贡献。紧接着,企业总经理发言,他表示,将始终秉承"质量第一、客户至上"的理念,致力于为客户提供更优质、更高效的产品和一体化服务,为推动新能源产业的快速发展作出更大的贡献。

金剪一开,旗开得胜,礼炮一响,黄金万两! 随着彩带飘落、礼炮齐鸣、设备按钮启动,该企业正式迈入了新的发展阶段。相信政企合作,勠力同心,企业明天将更加辉煌。

任务内容

庆典剪彩作为一种礼仪形式,它的起源可以追溯到古代。人们在庆祝丰收、战胜敌人等重大事件时,会用彩绸、彩带等物品来装饰现场,以表达喜悦和庆祝之情。随着时间的推移,这种习俗逐渐演变成了一种固定的礼仪形式,成为庆典活动中不可或缺的一部分。

一、庆典仪式礼仪

庆典是各种庆祝仪式的统称。商界所举行的庆祝仪式,就内容而论大致可以分为四种类型:一是庆祝单位成立的周年庆典;二是庆祝单位荣获某项荣誉的荣誉庆典;三是庆祝单位取得重大业绩的业绩庆典;四是庆祝某单位取得显著发展的发展庆典。此外,当某单位成立集团、确定新的合作伙伴、兼并其他企业时,也可以举行庆典仪式。

有关庆典的礼仪规范,是由组织庆典的礼仪与参加庆典的礼仪两个基本方面的内容所组成的。

(一)庆典的组织礼仪

会展人员如果负责组织庆典,需要记住三大要点:第一,要体现出庆典的主题;第二,要体现出庆典的特色;第三,要安排好庆典的具体内容。

庆典既然是庆祝活动的一种形式,那么它就应当以庆祝为中心,把每一项具体活动都尽可能组织得热烈、欢快、隆重。

庆典一经决定举行,应成立筹备组。筹备组成员通常由各方面的有关人员组成,筹备组内应根据具体的需要,下设若干专项小组,在公关、礼宾、财务、会务等各方面各负其责,互相配合。

庆典的筹备和组织安排,至少要处理好以下事项。

1.精心确定好出席庆典的人员名单

一般来说,庆典的出席者包括如下人员:相关领导、社会知名人士、大众传媒、合作伙伴、社区关系、单位员工。

以上人员的具体名单一旦确定,就应尽早发出邀请或通知。鉴于庆典的出席人员较多,涉及面较广,故不到万不得已,均不可将庆典取消、改期或延期。

2.精心安排好来宾的接待工作

与一般的商务交往相比,接待出席庆典仪式的来宾,更应突出礼仪性的特点,使来宾感受到主人真挚的情义。庆典筹备组接待小组成员的具体工作有来宾的迎送、来宾的引导、来宾的陪同、来宾的招待。

3.精心布置好庆典仪式的现场

(1)地点的选择。本单位的礼堂、多功能厅、会议室,本单位内部或门前的广场,以及外借的大厅等,均可作为选择对象。不过在室外举行庆典时,要考虑到不制造噪声、不妨碍交通和治安、不扰民、不破坏环境。

（2）场地的大小。选择举行庆典仪式的现场，并非越大越好。场地的大小，应同出席者人数的多少相适应。

（3）环境的美化。为了烘托出热烈、隆重、喜庆的气氛，可在现场悬挂彩灯、彩带，张贴一些宣传标语，张挂标明庆典内容的大型横幅。

（4）多媒体的准备。在举行庆典之前，务必要把音响、摄像等多媒体准备好。尤其是供来宾们讲话时使用的麦克风和传声设备，在关键时刻，绝不允许出现问题。在庆典举行前后，可播放一些喜庆、欢快的乐曲。对于播放的乐曲，前期应先进行审查，切勿随意播放背离庆典主题的乐曲。

4.精心拟定庆典的具体程序

在拟定庆典的程序时，有两条原则必须坚持：第一，时间宜短不宜长。大体上讲，应控制在一小时以内。第二，程序宜少不宜多。

一般来说，一次庆典大体上应包括下述几项常规程序。

（1）请来宾就座，请出席者保持安静，介绍嘉宾。

（2）宣布庆典正式开始，全体起立，奏唱国歌。

（3）本单位负责人致辞。其内容是对来宾表示感谢，重点讲庆典的可"庆"之处。

（4）嘉宾讲话。出席庆典的相关领导及单位最好都有代表讲话或致贺词。对外来的贺电、贺信等，不必一一宣读，但对单位名称或个人姓名应当公布。在公布时，可依照"先来后到"的顺序，也可以用其他顺序。

（5）文艺演出。这项程序可酌情取舍，如果安排，应当慎选内容，应与庆典的主旨相符。

（6）来宾参观。如有可能，可安排来宾参观本单位的有关展览品、样品间、生产车间等，有时此项程序亦可略去。

（二）庆典的参加礼仪

不论是主办单位的人员还是外单位的人员，在参加庆典时，均应注意自己的言谈举止。在举行庆典仪式之前，主办单位应当对本单位的全体员工进行必要的礼仪教育。单位的负责人，尤其是出面迎送来宾的人员和主席团的成员，更应注意自己的举止、形象。

在出席庆典时，应当严格注意以下几点。

1.仪容要整洁，着装要规范

凡是出席庆典的本单位人员，男士应穿深色的中山装套装，或穿深色西装套装，配白衬衫、素色领带、黑皮鞋。女士应穿深色西装套裙，配长统肉色丝袜、黑色中跟鞋或者高跟鞋；或者穿深色的套装；或穿花色素雅的连衣裙。

2.表情要庄重,态度要友好

在举行庆典的整个过程中,都要聚精会神。假若庆典安排了升国旗、奏唱国歌的程序,必须起立、脱帽、立正,面向国旗或主席台行注目礼,并且庄严肃穆地唱。

3.时间要遵守,行为要自律

遵守时间是基本的商务礼仪之一。无论是本单位的负责人,还是普通员工,都不得姗姗来迟,无故缺席或中途退场。如果庆典的起止时间已有规定,活动负责人应注意要准时开始,准时结束。

遇到来宾要主动热情地问好。对来宾提出的问题,要及时予以友善的答复。当来宾在庆典上发表贺词时,要主动鼓掌表示欢迎或感谢。

4.发言要简短有礼

如果要在庆典上发言,切记以下问题:一是上下场时要沉着、冷静。在开口讲话前应平心静气,不要气喘吁吁、面红耳赤。二是要讲究礼貌。在发言开始时勿忘说一句"大家好"或"各位好"。在提及感谢对象时,应目视对方。在表示感谢时,应郑重地欠身施礼。对于大家的鼓掌,则应以自己的鼓掌来回礼。在讲话结束时,应当道一声"谢谢大家"。三是发言一定要在规定的时间内结束。四是应当少做手势,尤其是含义不明的手势。

二、剪彩仪式礼仪

剪彩仪式指的是有关单位为了庆贺公司的成立、企业的开工、宾馆的落成、商店的开张、银行的开业、大型建筑物的启用、道路或航线的开通、展销会或博览会的开幕等,而隆重举行的一项礼仪性程序。因其主要活动内容是邀请相关人员使用剪刀剪断被称之为"彩"的红色缎带,故被人们称为剪彩。剪彩仪式上有许多惯例、规则必须遵守,其具体的程序亦有一定的要求。

(一)剪彩仪式的准备

剪彩的准备工作主要涉及场地的布置,环境的卫生,灯光、音响、摄像等多媒体的准备,新闻媒体的邀请,人员的培训等。此外,对剪彩仪式上需要使用的物品,如红色缎带、新剪刀、白色薄纱手套、托盘,以及红色地毯,进行仔细选择与准备。

1.红色缎带

剪彩仪式之中的"彩",一般都选用红色缎带。它应当由一整匹未曾使用过的红色绸缎,在中间结成数朵花团而成。红色缎带上所结的花团(图7-2),不仅要硕大、生动,而且其具体数目同现场剪彩者的人数直接相关。

图 7－2　剪彩花团

2.新剪刀

新剪刀（图7－3）是专供剪彩者在剪彩仪式上剪彩时用的,现场剪彩者应人手一把,事先一定要逐把检查剪刀是否已经开刃,务必确保剪彩者可以顺利完成剪彩。在剪彩仪式结束后,主办方可将每位剪彩者使用的剪刀经过包装之后,送给剪彩者作为纪念。

扫码看彩图

图 7－3　剪彩新剪刀

3.托盘

托盘是在剪彩仪式上托在礼仪小姐手中,用于盛放红色缎带、剪刀、白色薄纱手套的。托盘最好是崭新的,通常首选银色的不锈钢制品。为了显示正规,可在使用时铺上红色绒布或绸布。在剪彩时,通常为每一位剪彩者配备一个专供其使用的托盘,而放红色缎带的托盘需单独配备。

4.白色薄纱手套

在剪彩时,视情况可给每位剪彩者配备一副白色薄纱手套。白色薄纱手套除了要确保数量充足外,还须大小适度、崭新平整。

5.红色地毯

红色地毯铺设在剪彩者正式剪彩时的站立处。其长度可视剪彩人数的多少而定,其宽度则应在一米以上。在剪彩现场铺设红色地毯,可提升档次,营造一种喜庆的气氛。

(二)剪彩仪式的人员

1.剪彩者

剪彩者是在剪彩仪式上持剪刀剪彩的人。剪彩者可以是一个人,也可以是几个人,但一般不多于五个人。剪彩者多由上级领导、合作伙伴、社会名流、员工代表或客户代表担任。

剪彩者名单必须在剪彩仪式举行之前确定。名单一经确定,应尽早告知对方,并尊重对方的意见。需要由数人同时剪彩时,应告知每位剪彩者届时他将与何人同担此任,这样做以显示对剪彩者的尊重,千万不要在剪彩开始前才临时找人凑数。

在剪彩仪式举行前,可将剪彩者集中在一起,告之有关注意事项,并稍作排练。按照常规,剪彩者应着正装,将头发梳理整齐。不允许戴帽子、戴墨镜,也不允许穿便装。

如剪彩者仅有一人,剪彩时居中而立即可。若剪彩者不止一人,就必须对同时上场剪彩者的排列予以重视。按照国际惯例,中间高于两侧,右侧高于左侧,距离中间站立愈远者位次便愈低。如剪彩仪式无外宾参加,执行我国"左侧高于右侧"的传统做法,亦无不可。

2.助剪者

助剪者指的是在剪彩过程中在旁边提供帮助的人员,一般多由东道主一方的女职员担任,对她们的常规称呼是礼仪小姐。礼仪小姐的最佳妆容应为化淡妆、盘起头发,穿着打扮必须尽可能地整齐划一。剪彩仪式上的礼仪小姐,又可细分为迎宾者、引导者、服务者、拉彩者、捧花者、托盘者,有时也可一人身兼数职。

在举行剪彩仪式时,迎宾者与服务者应不止一人。引导者既可以是一个人,也可以为每位剪彩者各配一人。拉彩者通常为两人。捧花者的人数则需视花团的具体数目而定,一般应为一花一人。托盘者可以为一个人,也可以为每位剪彩者各配一人。

(三)剪彩仪式的程序

剪彩仪式通常在即将启用的建筑、工程,或者展销会、博览会的现场举行。正门外的广场,正门内的大厅,都可优先予以考虑。对活动现场,可略作装饰。在剪彩处应悬挂写有剪彩仪式具体名称的横幅。

剪彩仪式宜紧凑,忌拖沓,在时间安排上愈短愈好。短则一刻钟,最长不超过一小时。一般来说,剪彩既可以是开业仪式中的一项具体程序,也可以独立出来,由其自身的一系列程序所组成。独立的剪彩仪式,通常应包含如下六项基本的程序。

1.请来宾就位

在剪彩仪式上,通常只为剪彩者、来宾和本单位的负责人安排坐席。在剪彩仪式开始时,应请大家在已排好顺序的座位上就座。在一般情况下,剪彩者应就座于前排。如果剪彩者不止一人时,则应按照剪彩时的具体顺序就座。

2.主持人宣布剪彩仪式正式开始

乐队演奏音乐,现场可燃放鞭炮,全体到场者应热烈鼓掌。此后,主持人应介绍重要来宾。

3.奏唱国歌

此刻须全场起立,奏唱国歌。

4.各方代表发言、致辞

发言者依次为东道主单位的代表、上级主管部门的代表、地方政府的代表、合作单位的代表等,其内容应言简意赅,每人不超过三分钟,重点应为祝贺与道谢。

5.剪彩

此刻,全体人员应热烈鼓掌,必要时还可奏乐或燃放鞭炮。

6.参观

剪彩之后,主人应陪同来宾参观。仪式至此宣告结束。

(四)剪彩的操作礼仪

在正式剪彩时,剪彩者与助剪者的具体操作必须合乎规范。当主持人宣布剪彩正式开始时,礼仪小姐应立即登场。在上场时,礼仪小姐应排成一行行进。从两侧同时登台,或从右侧登台。登台之后,拉彩者与捧花者应当站成一行,拉彩者处于两端拉直红色缎带,捧花者各自双手捧一朵花团。托盘者须站立在拉彩者与捧花者身后一米左右,且自成一行。

在剪彩者登台时,引导者应在其左前方进行引导,使之各就各位。剪彩者登台时,宜从右侧上场。当剪彩者都到达既定位置之后,托盘者应前行一步,到达剪彩者的右后侧,以便为其递上剪刀、手套。

剪彩者若不止一人,则其登台时亦应列成一行,并让主剪者行进在前。在主持人向全体到场者介绍剪彩者时,剪彩者应面含微笑向大家欠身或点头致意。剪彩者行至既定位置后,应向拉彩者、捧花者含笑致意。当托盘者递上剪刀、手套时,剪彩者亦应微笑向对方道谢。

在正式剪彩前,剪彩者应首先向拉彩者、捧花者示意,待其有所准备后,集中精力,右手持剪刀,将红色缎带一刀剪断。如果多名剪彩者同时剪彩时,其他剪彩者应注意主剪者的动作,主动与其协调一致,力争大家同时将红缎带剪断。

剪彩以后,应力求使红色花团准确无误地落入托盘中,不要使之坠地。为此,需要捧花者与托盘者的合作。剪彩者在剪彩成功后,可以右手举起剪刀(注意安全),面向全体到场者致意。然后将剪刀、手套放于托盘之内,举手鼓掌。

剪彩者可依次与主人握手道贺,并在引导者的引导下列队退场。退场时,一般宜从右侧下台。

待剪彩者退场后,其他礼仪小姐亦可列队由右侧退场。

不管是剪彩者还是助剪者在上下场时,都要注意步履稳健、井然有序。在剪彩过程中,更要表现得神态自然、落落大方。

项目三　颁奖授勋礼仪

知识目标

1.通过学习能够掌握颁奖仪式的程序。

2.通过学习能够掌握授勋仪式的程序。

技能目标

1.能够独立完成颁奖仪式的准备。

2.能够独立完成授勋仪式的准备。

育人目标

1.通过了解颁奖授勋仪式,激发学生向榜样学习,有助于培养学生的创新精神和实践能力,推动社会的整体进步。

2.引导学生传承礼仪文化,增强文化自觉和文化自信。

3.培养学生的爱国主义、集体主义和社会主义道德观念。

案例导入

颁授仪式　隆重举行

中华人民共和国国家勋章和国家荣誉称号颁授仪式于 2019 年 9 月 29 日上午 10 时在人民大会堂隆重举行。中共中央总书记、国家主席、中央军委主席习近平向"共和国勋章"获得者袁隆平颁授勋章。袁隆平,杂交水稻研究的开创者,50 多年来致力于杂交水稻技术的研究、应用与推广,为我国粮食安全、农业科学发展和世界粮食供给作出巨大贡献。

任务内容

从古代的封赏仪式到现代的荣誉授予,颁奖授勋始终承载着对杰出贡献者的肯定与尊重。这种仪式不仅是荣誉的象征,更是对社会文化的传承与展现。

一、颁奖礼仪

(一)颁奖仪式的准备

颁奖仪式通常选择在较大的礼堂、星级酒店的会场(多功能厅)、档次较高的剧院或宽敞的室外场地举行。会场布置要体现隆重、热烈的气氛。主席台正上方悬挂横标，上面写清"某某颁奖大会"。主席台两旁可悬挂一些相应的标语。为了烘托气氛，还可在礼堂的外围、走廊或场地四周布置一些彩旗，也可在休息大厅或场地旁的橱窗里安放图片和文字说明，对获奖个人或集体的主要事迹作简要介绍。主席台上按上台人数放几排长桌，桌上覆盖墨绿色、白色或红色台布，并按一定次序摆放好上台就座者的名签。奖状、奖品等可摆放在桌上，但应注意要摆放得有序、美观，不影响主持人及发言者讲话。

颁奖人一般是单位或部门的领导，也可邀请该领域的专家、学者或社会名流担任。对颁奖人事先应该作好周密的安排，尤其在受奖人较多的情况下，一定要做好颁奖人向受奖对象发奖的分工，安排好礼仪人员递送奖状、奖品的分工，并应把受奖时的注意事项事先通知受奖人员，以免颁奖时手忙脚乱。

颁奖时，受奖者应安排在现场的前排位置就座。如果受奖人数较多，也可在座位上标上入座对象的名签，以便对号入座。座位的安排应与受奖时的先后次序相一致。

根据需要，一般要事先邀请一些媒体记者来参加，以便对颁奖典礼进行宣传报道。

（二）颁奖仪式的程序

参加颁奖仪式的人员应提前入场。仪式开始前，奏乐或者敲锣打鼓，迎接受颁奖人员入场。主持人宣布颁奖仪式开始。由有关领导讲话，简要说明颁奖的原因并简单介绍受奖者的事迹。

开始颁奖时要奏乐，在主席台下的工作人员，引导受奖人员按一定的顺序上台，并把他们分别引到负责为之发奖的领导或颁奖嘉宾面前，然后迅速退去，负责递送奖品、奖状等物的工作人员或礼仪人员应迅速把这些物品递交给领导或颁奖嘉宾。颁奖人在给受奖人颁发奖品、奖状等物时应主动与受奖人握手，并表示祝贺。

受奖人在台上应该端庄、大方、优雅、稳健，接受奖品时站在与颁奖人相距两步左右的位置，面带微笑，双手接受，同时要腾出右手与颁奖人握手。与会者应报以热烈的掌声。之后受奖人在工作人员的引导下走下主席台。

颁奖完毕后，通常要请来宾当中职务较高的领导或影响较大的社会名流致贺词，一般可安排1～3位，从不同角度简要地表示祝贺与鼓励。

由受奖者或受奖者的代表致答词。答词应该简明扼要、开门见山，直接表达感谢之情和继续努力的决心，切忌啰嗦冗长。主持人宣布颁奖仪式结束，再次奏乐欢送受奖人员和来宾退场，其他人员最后离场。

如果是有等级的颁奖，应按次序宣布，由获一等奖的先上台，待其下台后再由获二等奖者上台，依次类推。有时为了渲染气氛，形成高潮，也可让获一等奖者最后上台。此外，在颁奖过程中，应为摄影工作者提供方便。

二、授勋仪式礼仪

所谓授勋既包括授予勋章也包括授予各种荣誉称号,授勋可以是对本国具有突出贡献或在某一领域具有较大成就的人士,也可以是对外国的领导人、驻本国使节、其他知名人士或在某一领域具有较大成就的人士。这两种情况的授勋仪式大体相同,只是在某些细节方面略有区别。

(一)授勋仪式的准备

授勋仪式一般是在批准授勋的机关举行,也可由批准机关派员到受勋人所在地进行。涉外的授勋一般在本国举行,也可以由本国驻外使节代表本国有关机关在受勋者所在国举行。授勋人可以是批准授勋机关的最高领导人,或国家主席、政府首脑等,也可以是上述机构或人员的代表。授勋大厅的布置与颁奖场所大致一样,一般也要设主席台和来宾席,授勋人和受勋人相对站立在台上,有关领导和来宾则在来宾席就座。涉外授勋仪式的来宾中,一般要包括授勋者所在国的高级官员、该国使节及受勋者随行人员。在仪式开始之前可酌情邀请一些记者参加。

(二)授勋仪式的程序

授勋仪式开始时,全场起立,奏国歌。隆重的涉外授勋仪式则要先奏军乐,由仪仗队护送两国国旗和勋章在军乐声中进入大厅,将两国国旗按主左客右竖立在主席台两侧,乐队再奏两国国歌。

由授勋人宣读授勋决定。授勋人和受勋人相隔两步左右,相对站在台上。如果是授予勋章,由授勋人把勋章挂在受勋人胸前,再将证书交给受勋人;如是授予荣誉称号,则是把证书交给受勋者。这时来宾应该鼓掌表示祝贺。

授勋人在宣读授勋决定之后,往往要致辞,简单介绍受勋人的事迹及授勋原因。受勋人在受勋之后,一般要致答词,对授勋者表示感谢并表达继续努力的决心等。

之后再次奏国歌,授勋仪式结束。

授予名誉学士、名誉校长等类的授勋仪式,其过程略为简单,但大体与上述相同。

项目四　谈判签约礼仪

谈判签约礼仪微课

知识目标

1.通过学习能够掌握谈判礼仪的具体内容。

2.通过学习能够掌握签约礼仪的具体内容。

技能目标

1.能够独立完成谈判仪式的准备。

2.能够独立完成签约仪式的准备。

育人目标

1.通过学习谈判签约礼仪,明确礼仪的重要性,有助于提升参与者的行为规范。

2.通过对尊重、共赢、诚信等观念的传递,引导学生树立正确的价值观。

3.提升学生的专业能力和职业素养。

案例导入

签约仪式成功举行

××××年××月××日下午,××与××签约仪式在南京举行。江苏省××××××网络传播部、深圳市××××信息技术有限公司负责人出席会议。会上,××新闻与深圳市××××信息技术有限公司签署战略合作协议,××广告业务将联手江苏××××,在××现有流量库基础上新增了12306媒体资源,丰富××广告媒体资源,为××广告业务丰富了更多媒体类型,将品牌推广信息推送给目标用户,传递品牌价值,高效促成转化,提升了客户品牌传播力,双方将本着合作共赢的原则,进一步发挥各自在大数据领域的优势。

××负责人表示,与××新闻的合作,将带来显著的优势和价值,这种合作不仅拓宽了双方的内容传播渠道,增强了品牌影响力,还促进了技术与内容的深度融合,提升了用户体验。通过共享资源和优势互补,双方能够在快速变化的信息时代中保持竞争力,共同推动信息传播行业的创新发展。

任务内容

在商业活动中,谈判签约是至关重要的一环,它不仅是双方达成合作的标志,更是企业形象和文化的重要展示。因此,掌握正确的谈判签约礼仪对于商务人员来说至关重要。

《孙子兵法·谋攻》篇中说道:"知彼知己,百战不殆;不知彼而知己,一胜一负;不知彼,不知己,每战必殆。"因此在谈判签约之前,充分的准备工作是必不可少的。我们要了解对方企业的背景、文化和谈判风格,以便更好地适应和应对。同时,我们也要明确自己的谈判目标和底线,确保在谈判过程中能够坚持原则又不失灵活。

一、谈判礼仪

(一)谈判前的准备

在正式的商业谈判中,穿着得体、整洁的商务装是非常重要的。这不仅能够展现出我们的专业精神和自信,还能够给对方留下良好的印象。此外,我们还要提前准备好谈判所需的文件和资料,确保在谈判过程中能够迅速、准确地提供相关信息。同时,也要提前确定好谈判地点和时间,确保谈判环境舒适、安静,有利于双方深入交流。

(二)谈判过程中的礼仪

在谈判过程中,我们要遵循一定的礼仪规范,以确保谈判的顺利进行。首先,我们要准时到达谈判地点,以表示对对方的尊重。如果有特殊情况不能按时到达,一定要提前通知对方并表达歉意。其次,在谈判过程中要保持礼貌、尊重的态度。无论对方的观点是否与我们一致,我们都要耐心倾听、积极回应。同时,我们也要避免使用过于生硬或攻击性的语言,以免破坏谈判氛围。最后,我们还要注重谈判技巧。例如,在表达观点时要清晰、明确;在提问时要适度、有针对性;在回答对方问题时要诚实、客观。通过运用这些技巧,我们可以更好地与对方沟通、交流,达成共识。

二、签约礼仪

国家、地区之间或者机构、企事业单位之间就某一重大事项达成协议,签订合同,往往都要举行签约仪式。

(一)签约仪式的注意事项

当谈判达成一致后,接下来就是签约仪式了。签约仪式是双方合作关系的正式确立,因此也有很多礼仪规范需要我们注意。

1.选择和布置好签约场地

签约厅有常设专用的,也有临时以会议厅、会客室来代替的。布置的原则是要庄重、洁静。

一间标准的签约厅,应当在室内铺上地毯,除了必要的签约用桌椅外,不需要其他的陈设。正规的签约桌应为长桌,上面最好铺设深绿色的台布。签约桌应当横放于室内,其后可摆放适量的座椅。签署双边合同时,可放置两把座椅,供签字人就座。签署多边合同时,可以仅放一把座椅,供各方签约人签字时轮流就座;也可以为每位签约人各自提供一把座椅。签约人在就座时,一般应当面对正门。

在签约桌上,应事先放好待签的合同文本及签字笔等签字时所用的东西。

与外方签署涉外商务合同时还需在签约桌上摆放有关各方的国旗。摆放国旗的位置与顺序,必须按照礼宾序列。

2. 安排好签约时的座次

签约时各方代表的座次,是由主方先期排定的。合乎礼仪的做法是在签署双边合同时,客方签约人在签约桌右侧就座,主方签约人就座于签约桌左侧。双方各自的助签人,分别站立于各自一方签约人的外侧,以便随时为签约人提供帮助。双方其他的随从人员,可以按照一定的顺序在己方签约人的正对面就座(图7-4),也可以按照职位的高低,依次自左至右(客方)或自右至左(主方)列成一行,站立于己方签约人的身后。当一行站不下时,可以按照以上的顺序并遵照"前高后低"的惯例,排成两行、三行或四行。原则上,双方随员人数,应大体上接近。

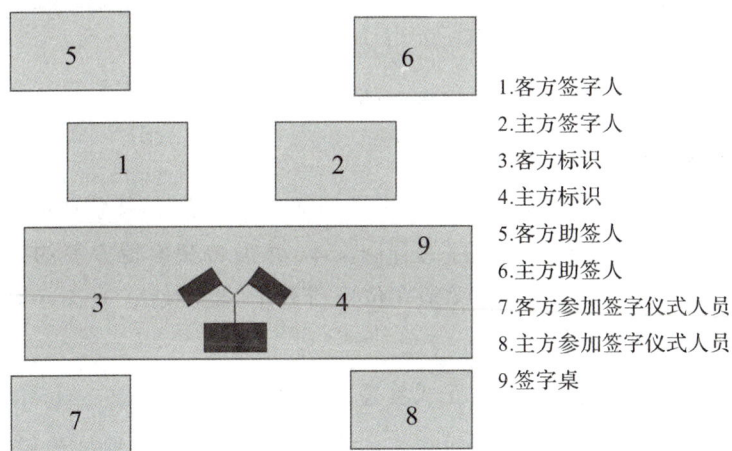

1. 客方签字人
2. 主方签字人
3. 客方标识
4. 主方标识
5. 客方助签人
6. 主方助签人
7. 客方参加签字仪式人员
8. 主方参加签字仪式人员
9. 签字桌

图7-4 签约时的座次

在签署多边合同时,一般仅设一个签约椅。各方签约人签字时,须依有关各方事先同意的先后顺序,依次上前签字。助签人应随之一同行动,在助签时,依"右高左低"的规矩,助签人应站立于签字人的左侧。与此同时,有关各方的随从人员,应按照一定的序列,面对签字桌就座或站立。

3. 准备好待签文本

依照商界的习惯,在正式签署合同之前,应由举行签约仪式的主方负责准备待签合同的正式文本。

负责为签约仪式提供待签的合同文本的主方,应会同有关各方一起指定专人,共同负责合同的定稿、校对、印刷与装订。应为在合同上正式签字的有关各方,各提供一份待签的合同文本。必要时,还可再向各方提供一份副本。

签署涉外商务合同时,待签的合同文本应同时使用有关各方法定的官方语言,或使用国际上通行的英文、法文。此外,亦可同时并用有关各方法定的官方语言及英文或法文。

待签的合同文本,应以精美的白纸印刷,按 8 开的规格装订成册,并用高档质料,如真皮、金属、软木等,制作封面。

4.规范签约人员的着装

按照规定,签约人、助签人及随从人员,在出席签约仪式时,应当穿具有礼服性质的深色西装套装、中山装套装或者西装套裙,配以白色衬衫与深色皮鞋。男士还须系上单色领带,以示正规。签约仪式上的礼仪人员、接待人员,可以穿着自己的工作制服,或是旗袍一类的礼仪性服饰。

(二)签约程序礼仪

签约仪式尽管时间不长,但程序规范、庄重而热烈。签约仪式的正式程序共分为四项。

1.签约仪式正式开始

这时,有关各方人员进入签约厅,在既定的位次上各就各位。

2.签约人正式签署合同文本

按商务礼仪,每个签约人在由己方保留的合同文本上签字时,按惯例应当名列首位。因此,每个签约人均应首先签署己方保存的合同文本,然后再交由他方签约人签字。这一做法,在礼仪上称为"轮换制"。它的含义是在位次排列上,轮流使有关各方均有机会居于首位,以显示机会均等,各方平等。

3.签约人正式交换已经有关各方正式签署的合同文本

此时,各方签约人应热烈握手,互致祝贺,并相互交换各自一方刚才使用过的签字笔,以作纪念。全场人员应鼓掌,表示祝贺。

4.共饮香槟酒互相道贺

交换已签的合同文本后,有关人员,尤其是签约人当场干上一杯香槟酒,是国际上通行的用以增添喜庆色彩的做法。

在正式签署商务合同后,一般应提交给有关方面进行公证,此后才正式生效。

(三)多边签约礼仪

两个以上的国家、机构或单位,即多边参加的签约仪式,其基本过程与上述大体相同,只是相应增添签约人员座位、签字用具或国旗等。

模块 八 旅游从业者国际交往礼仪

思政引领

1. 正确树立三观： 树立正确的世界观、人生观和价值观是旅游从业者职业发展的基石。通过学习，学生能树立正确的三观，能理解爱国、敬业、诚信、友善等核心价值观的内涵，并将其内化为职业行为准则。

2. 提升职业道德： 通过案例分析、情景模拟等方式，学生能在实践中体验职业道德的重要性。例如，通过分析旅游行业中的道德困境，学生可以学习如何在复杂情境中做出正确的职业选择。同时，课程还应注重培养学生的社会责任感和职业操守，鼓励他们在未来的职业生涯中坚守职业道德，服务社会。

3. 热爱祖国文化： 热爱祖国文化是旅游从业者文化自信的重要体现。通过多种方式激发学生对祖国文化的热爱，并培养他们传播正能量，让学生亲身感受祖国文化的魅力，展现中华文化的独特魅力。

4. 促进学生全面发展： 旅游行业的快速发展对从业者的综合素质提出了更高的要求。通过多元化的教学内容和方法，促进学生的全面发展，帮助他们适应社会需求。注重学生的综合素质提升，如沟通能力、团队协作能力、解决问题的能力等。应注重学生的心理健康教育，帮助他们保持良好的心理状态，提升抗压能力和自我调节能力。通过学习这些内容，学生能够实现全面发展，具备适应社会需求的综合素质，为未来的职业生涯打下坚实基础。

项目一　主要客源国礼仪习俗

📇 知识目标

1.了解我国主要客源国和地区的主要礼节、习俗、节庆,能较为全面地熟知各国的习俗礼仪。

2.了解我国主要客源国的习俗禁忌。

✏️ 技能目标

1.掌握我国主要客源国的习俗禁忌,能够对客源国的旅游交往做出简要分析。

2.能够运用所学知识,分析我国主要客源国和地区习俗的基本情况,为进行旅游活动打下基础。

☕ 育人目标

1.通过对比不同国家的文化礼仪,培养学生的全球意识和跨文化交流能力。

2.鼓励学生为国家旅游事业的发展作贡献。

3.培养具有国际视野的高素质旅游从业者。

小贴士

1.称呼与问候

在中国,人们常以职务或职称来称呼他人,以示尊重。在国际交往中,这种称呼方式同样适用,尤其是在正式场合。问候时,中国人常使用"您好"等礼貌用语,这与国际交往中常用的问候方式如"Hello"等相呼应。

2.餐桌礼仪

中国餐桌礼仪讲究座次、餐具使用及饮食禁忌等。在国际交往中,了解并尊重对方的餐桌礼仪尤为重要。同时,中国餐桌上的敬酒、夹菜等礼仪也体现了对客人的尊重和热情。

在国际交往中,各国传统礼仪文化的差异是客观存在的。因此,尊重与包容是国际交往礼仪中的重要原则。只有尊重对方的传统礼仪文化,才能建立起良好的国际关系;只有包容对方的差异,才能实现文化的交流与融合。

入境问禁　入国问俗

国内某家专门接待外国游客的旅行社，准备给来华的意大利游客每人送一件小礼品。该旅行社特意订购了一批纯丝手帕，每件手帕上绣着花草图案，美观大方。手帕装在特制的纸盒内，盒上有旅行社社徽，显得非常精致。中国丝织品闻名于世，被国际友人誉为"东方艺术之花"，料想会受到客人的喜欢。

旅游接待人员带着盒装的纯丝手帕到机场迎接来自意大利的游客。欢迎词致得热情、得体。在车上他代表旅行社赠送给每位游客两盒包装甚好的手帕作为礼品。

没想到车上一片哗然，议论纷纷，游客显出很不高兴的样子。特别是一位夫人，大声叫喊，表现得极为气愤，还有些伤感。旅游接待人员心慌了，不知道为什么？

其实在意大利有这样的习俗：亲朋好友相聚一段时间告别时才送手帕，取意为"擦掉惜别的眼泪"。在本案例中，意大利游客兴冲冲地踏上盼望已久的中国大地，准备开始愉快的旅行，你就让人家"擦掉离别的眼泪"，人家当然不高兴了！那位大声叫喊而又气愤的夫人，是因为她所得到的手帕上面还绣着菊花图案（图8-1）。菊花在中国是高雅的花卉，但在意大利则是用来祭奠亡灵的，客人怎能不愤怒呢？

以上事例充分说明，在旅游接待与交际场合，工作人员必须学习、了解、遵从异国的文化和习俗，这样做既是对他们表示尊重，也不失礼节，所谓"入境而问禁，入国而问俗"。德国著名学者冯特说："禁忌是人类最古老的无形法律。"一个民族的禁忌也是一种民族心理的反映和古老宗教信仰的一种转化，只有先了解各国禁忌，才可能避免旅游接待工作中出现不必要的麻烦。

图8-1　菊花刺绣手帕

任务内容

在全球化日益加剧的今天，了解不同国家的礼仪习俗，不仅是拓宽视野的需要，更是提升跨文化交际能力的重要一环。作为旅游从业者，必须对我国主要客源国的礼仪习俗有一定的了解。

一、亚洲主要国家和地区习俗礼仪

亚洲是亚细亚洲的简称，位于东半球的东北部，面积约4400万平方千米，占全球陆地总面积的29.4%，是世界上最大的洲。亚洲是世界文明古国中国、古印度、古巴比伦的所在地，又是世界三大宗教的发祥地。以下介绍亚洲地区几个有代表性国家的习俗礼仪。

（一）日本

日本是位于亚洲东部太平洋西岸的一个由东北向西南延伸的弧形岛国,领土面积约37.78万平方千米。樱花是日本的国花,有300多个品种,日本也因此被称为"樱花之国"。日本人口约1.2435亿(2023年统计数据),人口密度每平方千米约332人。日本民族语言为日本语,简称日语。

1.礼节

在日常交往中,日本人通常都以鞠躬作为见面礼节。鞠躬礼分立礼和跪坐礼两种,立礼即站立鞠躬礼,跪坐礼即跪坐时的鞠躬礼。在行鞠躬礼时,鞠躬角度的大小、鞠躬时间的长短往往与向对方所表示尊敬的程度成正相关。妇女与他人见面时,鞠躬而不握手。日本人见面常用的礼节语是"您好""拜托您了""打搅您了""对不起""请多关照"等。称呼日本人时,可称为"先生""小姐"或"夫人",也可以在其姓氏之后加上一个"君"字,将其尊称为"某某君"。到日本人家里做客时,进门前要脱下大衣和鞋子。脱下的鞋要整齐放好,鞋尖向着房门的方向,这在日本是尤其重要的。在参加庆典或仪式时,不论天气多热,都要穿套装或套裙。

2.习俗

日本人注重穿着,在正式场合,通常穿西式服装;在隆重的社交场合,如结婚、过成人节或节庆日,才穿着和服。日本饮食也被称为和食或日本料理,日本料理的主食是米饭,副食有蔬菜和海产品,传统食物做工精细、清淡可口、味鲜带甜。日本人吃饭时采取分食制,爱吃酱汤(图8-2)、酱菜和酸梅,很少吃动物内脏。典型的和食有寿司、拉面、刺身、天妇罗、铁板烧、煮物、蒸物、酢物和酱汤等。此外,还有饭团与便当,其中尤以刺身(即生食鱼片)最为著名。逢年过节或过生日时会增添红豆饭,以示吉利。日本人爱喝酒,西洋酒、中国酒和日本清酒都为他们所喜爱。在日本,斟酒讲究满杯。日本人普遍爱好饮茶,特别喜欢喝绿茶。

扫码看彩图

图8-2　日本酱汤

3.节庆

日本的法定节日就有 13 个。新年为公历 1 月 1 日,庆祝方式与我国春节类似,前一天晚上吃合家团圆面,"守岁"听午夜钟声,新年第一天早上喝年糕汤,下午举家走亲访友。1 月 15 日是成人节,庆祝男女青年满 20 周岁,从此开始解禁烟酒,女子过成人节时都要穿和服。女孩节是 3 月 3 日,又称"雏祭",凡有女孩的家庭要陈设民族服装和玩具女娃娃。3 月 15 日至 4 月 15 日是樱花节,此期间人们多倾城出动赏花游园,饮酒跳舞,喜迎春天。5 月 5 日是男孩节,旧称"端午节",习俗似我国的端午节,此时家家户户都要挂菖叶、吃粽子。9 月 15 日是敬老节,社会各界和晚辈会向高龄者赠送纪念品。此外,日本还有秋分、体育节、文化节、勤劳感谢节、天皇诞生日等。

4.禁忌

日本人忌讳荷花图案,探望病人时忌讳送荷花、菊花、山茶花及白色和淡黄色的花;忌讳绿色,认为是不祥的颜色;禁食肥猪肉和猪的内脏,也有一些人不喜欢吃羊肉和鸭肉;对金色的猫、狐狸和獾极为反感,认为它们晦气;忌讳"4"和"9",因为"4"在日文里发音与"死"相似,而"9"的发音则与"苦"相近;在三人并排合影时,日本人谁都不愿意在中间站立,他们认为被人夹着是不祥的征兆;日本人在宴客时,忌讳将饭盛得过满,并且不允许一勺盛一碗饭;日本人在用筷子时,有"忌八筷"之说,即忌舔筷、迷筷、移筷、扭筷、插筷、掏筷、跨筷和剔筷。

（二）韩国

大韩民国简称韩国,位于亚洲大陆东北朝鲜半岛的南部,国土面积约 9.93 万平方千米。韩国人口约 5169.2 万(2022 年统计数据)。韩国为单一民族国家,即朝鲜族(韩国称为韩族),通用韩国语。

1.礼节

韩国民族注重礼节,长幼之间、上下级之间、同辈之间的用语有严格区别;讲究父慈子孝,尊敬长者、孝顺父母、尊重老师是全社会风俗。韩国人一般都采用握手作为见面礼节,当晚辈、下属与长辈、上级握手时,后者伸出手之后,前者须先以右手握手,随后再将自己的左手轻置于后者的右手之上,韩国人的这种做法是为了表示自己对对方的特殊尊重。与他人相见时,韩国人在不少场合有时也同时采用先鞠躬、后握手的方式。韩国妇女在一般情况下不与男子握手,代之以鞠躬或者点头致意。韩国人称呼他人时爱用尊称和敬语,很少直接叫对方的名字,喜欢称呼对方能够反映其社会地位的头衔。与他人初次打交道时,韩国人讲究预先约定、遵守时间,并且重视对名片的使用。朝鲜民族还有尊重长兄的传统,特别是父亲去世后,一般都由长兄主持家业,重大事宜要由长兄做主,节假日还要到长兄家团聚。

2.习俗

韩国的服装样式,无论男女皆具有上衣短、裤子或裙子肥大的特点。韩国传统服装受阴阳五行思想影响,以白色或浅色为主,只有在节日和有特殊意义的日子里才穿民族服装。女性的传统服装是短上衣和宽长的裙子,长裙的腰线高至胸部,用作礼服和外出服的裙子较长。女服色彩鲜艳,鞋如船形。男装有裤子、袄、坎肩和长袍,衣服上下同一色系。韩服有"风的衣裳"之美称,是韩国色彩和韩国文化最为浓郁的代表。

韩国人的主食主要是米饭、冷面(图 8-3),肉类和蔬菜为副食,饮食的主要特点是辣和酸。韩国的特色风味有泡菜、烤肉、冷面、火锅、生鱼片、生牛肉等。韩国人普遍喜欢饮酒,烧酒、啤酒、洋酒消费量较大。传统的酒有镯酒(用大米或糯米酿成)、药酒和烧酒,还有清酒、啤酒和威士忌等。韩国人用筷子用餐,与长辈同桌就餐时不许先动筷子,不可用筷子对别人指指点点,在用餐完毕后要将筷子整齐地放在餐桌的桌面上。

扫码看彩图

图 8-3　韩国冷面

3.节庆

韩国节庆较多。农历正月初一至正月十五的节日活动类似我国春节。正月十五为元宵节,传统饮食是种果(栗子、核桃、松子等)、药膳、五谷饭、陈茶饭等。农历四月八日为佛诞节及颂扬女性的春香节。农历五月五日为端午节,家家户户都以食青蒿糕、挂菖蒲来过节。农历八月十五为中秋节,农历九月九日为重阳节,清明扫墓,冬至吃冬至粥。除上述传统节日外,韩国人还很重视圣诞节、儿童节(5 月 5 日)、恩山别神节(3 月 28 日至 4 月 1日)等。

4.禁忌

韩国人忌讳"4",由于其与"死"同音,在与韩国人交谈时,发音与"死"相似的"私""师"

"事"等几个字最好不要使用；受西方礼仪习俗的影响，也有不少韩国人不喜欢"13"这个数；韩国人喜欢单数，不喜欢双数；农历正月前三天不能倒垃圾、扫地，更不能杀鸡宰猪；叫人过来时手心要向下；向韩国人馈赠礼品时，宜选择鲜花、酒类或工艺品；在民间，仍讲究"男尊女卑"，在进入房间时，女性不可走在男性前面，进入房间后，女性须帮助男性脱下外套；男女一同就座时，女性应自动坐在下座，并且不得坐得高于男性。

（三）泰国

泰国位于中南半岛中南部，国土面积约 51.4 万平方千米。泰国是一个由 30 多个民族组成的多民族国家，总人口约 7169.7 万（2022 年统计数据）。泰语为国语，英语为通用语。因盛产许多热带经济作物和热带水果，如橡胶、椰子和芒果等，泰国有"水果王国"之称。

1.礼节

泰国自古就有"微笑之邦"的美誉。泰国最常用的见面礼节是合十礼。由于辈分不同，合十双手的位置也不同，双手举得越高，表示尊重程度越高。目前，泰国人所行的合十礼大致可以分为四种规格：一是双手举于胸前，它多用于长辈向晚辈还礼；二是双手举到鼻下，它一般在平辈相见时使用；三是双手举到前额之下，它仅用于晚辈向长辈行礼；四是双手举过头顶，它只用于平民拜见泰王之时。行合十礼时，晚辈要先向长辈行礼；职位低的人要先向职位高的人行礼。对方随后亦应还之以合十礼，否则即为失礼，只有佛门弟子可以不受此限制。在一般情况下，行合十礼之后，不必握手。

在社交场合，习惯以"小姐""先生"等国际上流行的称呼彼此相称。在称呼交往对象的姓名时，为了表示友善和亲近，不习惯称呼其姓，而是惯于称呼其名。去泰国人家里做客或进入佛寺之前，务必要记住先在门口脱鞋。

2.习俗

泰国人的服装总的来说比较朴素，在乡村多以民族服装为主。泰国男子的传统民族服装叫"绊尾幔"纱笼和"帕农"纱笼。由于纱笼下摆较宽，穿着舒适凉爽，因而是泰国平民中流传最长久的传统服装之一。

泰国主食为大米饭，副食以鱼和蔬菜为主，喜食辛辣、鲜嫩之物，不爱吃过咸或过甜的食物，也不吃红烧的菜肴；最爱吃的食物是具有其民族特色的"咖喱饭"；一般不喝热茶，通常喜欢在茶里加上冰块，使其成为凉茶；在一般情况下，绝不喝开水，而习惯直接饮用冷水；在喝果汁的时候，还有在其中加入少许盐末的偏好。泰国人在就餐时，习惯屈膝围桌而跪坐，不用筷子，而是用手抓着吃，但现在也有用叉子和勺子的。在泰国餐桌上，无论饭菜是否丰富，汤是不能缺少的，分为清淡的肉和菜汤、稀米汤、冬荫功汤三大类。泰国人饭后喜欢吃鸭梨、苹果等水果。

3.节庆

泰国的节日很多,通常有年节、宗教性节日、生产性节日、国家纪念日和其他节日。泰历一月一日是泰国人的元旦,这一天举国欢庆。万佛节的清晨,国王也在玉佛寺斋僧。泰历四月十三日至十五日为宋干节,也叫泼水节,大致有五项活动,即浴佛、堆沙、放生、庆祝游行及泼水,节日期间人们可以毫无顾忌地互相泼水。泰历五月九日是春耕节,这一天由国王主持典礼,农业大臣开犁试耕,求风调雨顺、五谷丰登。公历5月23日是佛诞节,又称浴佛节,为佛祖释迦牟尼诞生纪念日,佛寺在这一天都要举行斋戒、颂经法会,以各种香水、鲜花水浴洗佛像。每年公历7月的守夏节是重要的节日,玉佛寺会举行隆重的玉佛更衣仪式,一般由国王或御代表主持,膳食只能吃早晚两餐,晚餐只能吃流食。泰历十二月十五日是水灯节,也叫佛光节,人们用香蕉叶或香蕉树皮与蜡烛做成船形灯,放进河里,让其随波逐流,以感谢水神,祈求保佑。

4.禁忌

泰国人视头部为身体至高无上的部分,是神圣不可侵犯的,因此不能随便触摸泰国人的头部,否则是对人的不恭;若触摸小孩子的头,他们认为这个小孩一定会生病。长辈在场时,晚辈必须坐在地下或跪坐,以免高于长辈头部;睡觉时不能头朝西,因日落西方象征死亡;忌用脚指东西、踢门,不能盘腿而坐,不能脚心对人;不能以左手取用食物或递物品,因泰国人用右手吃饭,左手是用来拿不洁之物的;比较忌讳褐色,忌讳用红色的笔签字或是用红色刻字。

在泰国人眼里,佛是至高无上的,不要非议佛教或对佛门弟子有失敬意;与泰国人交谈不能讲对佛祖和国王不敬的话;购买佛饰时,严禁说"购买",必须说"求租""尊请"之类的词语,以防亵渎神灵;泰国寺院是泰国人公认的神圣地方,进入佛教寺庙时必须衣着得体端庄,身着任何短裙、短裤或袒胸露背装都将不得入内;在进入佛堂、清真寺或私人住宅时,必须脱鞋,摘下帽子和墨镜,并注意不可脚踏门槛;在佛寺之内,切勿高声喧哗,随意摄影、摄像等。

（四）新加坡

新加坡属热带海洋性气候,植物繁茂,终年常绿,热带植物种类繁多,花园遍布,绿树成荫,素以整洁和美丽著称,因此被称为"花园城市"。新加坡总人口约563.7万(2022年统计数据),国语为马来语,英语为行政用语。多民族的新加坡,其宗教信仰也十分复杂,各民族有不同的宗教信仰,世界上的主要宗教在这里都有信徒。

1.礼节

新加坡人待人接物十分注重礼节,举止文明,彬彬有礼,处处体现着对他人的尊重。

在社交场合,新加坡人与客人相见时一般都施握手礼。马来人则大多采用其本民族传统的"摸手礼",先用双手互相接触,再把手收回放到自己胸前。新加坡人接待客人一般是请吃午饭或晚饭,和新加坡的印度人或马来人吃饭时,注意不要用左手。到新加坡人家中吃饭,可以带一束鲜花或一盒巧克力作为礼物,进屋要脱鞋,特别注意不要将鞋底朝向对方。

2.习俗

在社交正式场合,男性一般要穿白色长袖衬衫和深色西裤,并且打上领带,女性则须穿套装或深色长裙。在日常生活中,不同民族的新加坡人的穿着打扮往往各具其民族特色,马来族男性头戴一顶叫"宋谷"的无边帽,上身穿一种无领、袖子宽大的衣服,下身穿长及足踝的纱笼;女性上衣宽大如袍,下穿纱笼。华人妇女多爱穿旗袍。印度血统的妇女额头上点着檀香红点,男性扎白色腰带。

新加坡在饮食习惯方面融合了马来族和华人的烹调特色,中西结合,丰富多彩。新加坡人的主食是米饭,其中最具代表性的是"娘惹食物"。新加坡华人在口味方面喜欢清淡,偏爱甜味,讲究营养,平日爱吃米饭和各种生猛海鲜,对面食不太喜欢,粤菜、闽菜和上海菜都很受他们的欢迎。新加坡人,特别是新加坡华人,大都喜欢饮茶,对客人通常喜欢以茶相待。

3.节庆

新加坡是一个移民国家,荟萃了东西方民族的文化,具有多元化的文化背景,因此新加坡的节日庆典也渗透了不同民族、不同宗教的风俗习惯,异彩纷呈。由于新加坡华人较多,因此,华人节日在新加坡有重要的地位。新加坡华人过春节相当隆重,也过元宵节、端午节、中秋节等。信奉印度教的人过"屠龙节"。食品节为国定节日,于每年 4 月 17 日举行。大宝森节是教徒答谢神恩的日子,每年的游行都有多名男女信徒自愿以苦行僧的方式抬杠针座、头顶奶壶,赤脚完成 4000 米的艰苦路程。新加坡人在假日安排上十分灵活,如果假日恰逢双休日,那么随后的星期一就延休一天;如果赶上星期二或星期四,部分新加坡人会换休一天,使假日与周末相连,享受 4 天长假。

4.禁忌

新加坡人对"恭喜发财"这句祝颂词极其反感,他们将"发财"理解为"不义之财",说"恭喜发财"将被认为是对别人的侮辱和嘲骂;新加坡人忌讳数字"4"与"7",因为在华语中,"4"的发音与"死"相仿,而"7"则被视为一个消极的数字;在色彩方面视紫色、黑色为不吉利,黑、白、黄为禁忌色,红、绿、蓝色很受欢迎;忌讳猪的图案,不喜欢乌龟;在标志上,禁止使用宗教词句和象征性标志;与新加坡人谈话,一般忌谈宗教与政治方面的话题;印度族人以牛为圣物,因此忌吃牛肉;马来人忌食猪肉、狗肉、自死之物和动物的血,不吃贝壳类动物,不饮酒;

在用餐时,不论是马来人还是印度人都不用刀叉、筷子,而惯于用右手直接抓取食物,绝对忌用左手取用食物。

二、欧洲主要国家和地区习俗礼仪

欧洲在地域上包括英国、法国、德国等四十多个国家和地区。欧洲是产业革命的发祥地和人类文明发展较早的地区之一,很多国家语言相近,文化习俗既有很多相似之处,又各具特色。

(一)英国

英国是一个多元化民族国家,总人口约 6697.14 万(2022 年统计数据),主要由英格兰人、苏格兰人、威尔士人和北爱尔兰人组成,还有少数犹太人、印度人、巴基斯坦人及美国人等。英国官方语言和通用语言为英语。

1.礼节

英国人很重视个人的修养,强调"绅士风度",主要表现在对女性的尊重与照顾上,仪表整洁、服饰得体、举止大方。英国人在正式场合的穿着庄重而保守,男士要穿三件套的深色西装,女士则要穿深色的套裙或者素雅的连衣裙。若参加宴会或音乐会,穿着更讲究,可穿晚礼服。握手礼是英国人使用最多的见面礼节,"请""谢谢""对不起""你好""再见"之类的礼貌用语,他们天天不离口。在进行交谈时,对英国人要避免说"English"(英格兰人),而要说"British"(不列颠人),因为对方可能是苏格兰人或爱尔兰人。英国人,特别是上了年纪的英国人,喜欢别人称呼其世袭的爵位或荣誉头衔,要郑重其事地称之为"阁下"或"先生""小姐""夫人"等。

2.习俗

英国人有几种特殊的服饰:一是帽子,英语叫作"波乐帽",是一种英国绅士的圆顶硬礼帽,通常是黑色,也有深灰或蓝黑色的。二是苏格兰传统服装,名叫"基尔特",这是一种用花格子呢料制作的从腰部到膝盖的短裙,在短裙前面有一小块椭圆形的垂巾和很宽的腰带,它形成于中世纪,是男子专用的裙子。三是英国人各种传统的工作服装和服饰,包括法院开庭时法官穿的黑袍、戴的假发;教堂礼拜时牧师所穿的长袍;国会开会时女王所穿的白色长裙礼服、戴的王冠;王宫卫士所穿的鲜艳的短外衣、黄束腰、高筒黑皮帽;伦敦塔楼卫士的黑帽、黑衣;近卫骑士的黑衣、白马裤、黑长靴等。四是雨伞。英国天气多变,随时可能下雨,因此,英国人外出常常手持雨伞。持伞者的形象在外国人眼中成为英格兰人的另一象征。

英国饭菜讲究简朴实惠,花色品种不多,一般是一日三餐加茶点。传统的英式早餐有煎培根、香肠和煎土司,现在最流行的早餐有玉米片粥加牛奶、火腿蛋和土司涂果酱;上午茶点有咖啡、茶加饼干或点心;午餐多为快餐,通常食冷肉、凉菜、炸鱼及三明治等;下午茶点以茶为主,同时吃点糕点;晚餐为一天中的正餐,食物丰盛,通常在正餐之后有甜点。

英国人喜欢喝啤酒,尤其是苦啤酒或黑啤酒。英国名气最大的饮品是红茶(图8-4)与威士忌。在饮茶时,他们首先要在茶杯里倒入一些牛奶,然后才依次冲茶、加糖。喝茶是英国人"以茶会友"的一种社交方式。

扫码看彩图

图8-4 英国红茶

3.节庆

英国除了宗教节日外,还有不少全国性和地方性的节日。在全国性的节日中,国庆和除夕之夜是最热闹的。英国国庆按历史惯例定在英王生日那一天。除夕之夜全家团聚、举杯畅饮,欢快地唱"辞岁歌"。除夕之夜必须瓶中有酒,盘中有肉,象征来年富裕有余。丈夫在除夕还赠给妻子一笔钱,作为新的一年缝制衣物的针线钱,以表示在新的一年里能得到家庭温暖。在苏格兰,人们常提一块煤炭去拜年,把煤块放在亲友家的炉子里,并说一些吉利话。在复活节前的星期四,女王每年会访问一座不同的大教堂,送当地居民一些金钱作为象征性的礼物。五朔节这一天,人们要抬着花环游行。英国的圣诞节是最重要的家庭节日,人们举行家庭聚会,吃传统的圣诞大餐并交换礼物。

4.禁忌

英国人认为"13"和"星期五"是不吉利的,尤其是13日与星期五相遇更忌讳,这个时候,许多人宁愿待在家里不出门。与英国人聊天忌问私事,如收入、婚姻、职业、年龄及政治倾向等,并至少保持50厘米的距离。在英国,动手拍打别人,跷起"二郎腿",右手拇指与食指构成"V"形时手背向外,都是失礼的动作。在众人面前,忌讳交头接耳;如果多个人相会或道别,不应越过另两个人握着的手而去和其他人握手,因为交叉握手正好形成一个十字,据说这样做会招致灾难;烟友聚在一起,切忌一火点三支烟;英国人遵守纪律,在公共场合都有排队的习惯,加塞是一种令人不齿的行为;英国人遵守约定,有时间观念,安排的日程尽量避免变动;购物时英国人不喜欢讨价还价,认为这是很丢面子的事情;吃饭时禁刀叉碰响水杯,认为这会带来不幸;英国人不喜欢大象、孔雀与猫头鹰,厌恶黑色的猫;忌送百合花、菊花,因为这些花被视为死亡的象征;鲜花不用纸包扎,送花枝数和花朵数不能是 13 或双数;最反感的颜色是墨绿色。

(二)法国

法国全称法兰西共和国,位于欧洲西部,总人口约 6793.57 万(2022 年统计数据),官方语言和通用语均为法语,既是联合国的正式语言,又是国际会议的工作语言,使用人数超过9000 万。法国主要的宗教是天主教,其次是基督新教、东正教、伊斯兰教和犹太教。

1.礼节

法国是一个讲文明礼貌的国家,现在欧美流行的许多礼仪源于法国。在社交场合,见面打招呼最常见的方式是握手,并处处体现女士优先的原则,如为女性让道,为女性开门,上下车女性先行及为女性让座等,故有"殷勤的法国人"的美誉。法国人乐观热情,谈问题开门见山,说话时喜欢用手势加强语气。法国人在见到久别重逢的亲友时行贴脸礼;长辈对小辈则是亲额头;爱人和情侣行接吻礼。

2.习俗

法国服装引领世界潮流,既是一种产业,也是一种文化。法国人对于服饰的讲究,在世界上是最为有名的,所谓"巴黎式样",在世人眼中是时尚、流行的代名词。在正式场合,法国人通常要穿西装、套裙或连衣裙,颜色多为蓝色、灰色或黑色,质地多为纯毛。在出席庆典仪式时,一般要穿礼服。男士多为配以蝴蝶结的燕尾服或是黑色西装套装;女士多为连衣裙式的单色大礼服或小礼服。

法国人爱美食,也会享受美食,在西餐之中,法国菜可以说是最讲究的,法国大餐在世界上享有很高声誉。法国烹饪用料考究,花色品种繁多,其特点是香浓味厚、鲜嫩味美,讲究色、香、味,但更注重营养的搭配。法式早餐是常见的西式早餐(图 8-5),通常往面包上涂一些果酱或奶油,再配上一杯咖啡或牛奶,有些人会吃麦片或吐司、水果、酸奶等。午餐一般分为冷盘或称开胃菜及茶式咖啡,色味俱佳。晚餐除了以汤代替冷盘外,大部分的主菜和午餐差不多,汤是晚餐必不可少的。牛肉、鸭肉、鱼子酱和鹅肝也是法国人心仪的美食。法国人爱吃奶酪,干鲜奶酪世界闻名,品种多达 300 种以上,有"奶酪王国"的誉称。

扫码看彩图

图 8-5　法国早餐

3.节庆

法国节日以宗教节日为主。1月1日是元旦,这一天也是亲友聚会的日子,除夕夜要将家中酒喝光,否则来年定遭厄运。在复活节期间,人们通常会外出旅游、团聚、吃复活蛋及互赠礼品等。复活节后第 40 天为耶稣升天节,复活节后第 50 天为圣灵降临节。4月1日为愚人节,节日期间可尽情地放松,不分男女老幼,可以互开玩笑、互相愚弄欺骗以换得开心快乐。7月14日为国庆节,城乡均有盛大的庆祝活动,在巴黎香榭丽舍大街上还会举行大规模的阅兵式。11月1日为万灵节,法国人会到墓地凭吊已故亲人。12月25日为圣诞节,是法国最重大的节日,人们大唱颂赞耶稣的圣诞歌之后,互赠贺卡和礼品,共庆圣诞节晚宴,香槟和白兰地是法国传统的圣诞美酒。

4.禁忌

法国人大多喜欢蓝色、白色与红色,忌讳黄色、墨绿色;忌讳仙鹤、孔雀和大象,仙鹤被视为淫妇的化身,孔雀被视作祸鸟,大象象征着笨汉;给法国人送礼忌送菊花、牡丹、玫瑰、杜鹃、水仙、金盏花和纸花,因为他们视菊花为丧花,认为核桃、杜鹃花、纸花也是不吉利的;他们很忌讳"13"这个数字,认为"13""星期五"都是不吉利的;给法国妇女送花时,宜送单数,但应避开"1"与"13"这两个数字;他们把对老年妇女称呼"老太太"视为一种污辱的语言;忌讳男人向女人赠送香水,否则,就有过分亲热或有"不轨企图"之嫌;忌讳别人打听他们的政治倾向、工资待遇及个人的私事;到法国人家做客,千万不要用餐巾擦拭餐具,这样做是对主妇的莫大侮辱;送礼物是友好的表示,宜选具有艺术品位和纪念意义的物品,不宜送刀、剑、剪、餐具或带有明显广告标志的物品。

（三）德国

德国全称德意志联邦共和国,总人口约 8407.98 万(2022 年统计数据),是欧洲第二人口大国,通用语为德语。德国的主要宗教是基督教,另外还有基督教新教和天主教。随着社会的发展,德国信教的人正在减少,尤其是年轻人,有相当一部分青年人只是在出生后去教堂洗礼,长大成人后很少去教堂做礼拜。

1.礼节

在德国,朋友见面以握手礼(图8-6)为主,与德国人握手时,要特别注意下述两点:一是握手时要坦然地注视对方;二是握手的时间宜稍长一些,晃动的次数宜稍多一些,握手时所用的力量宜稍大一些。此外,与亲朋好友见面时,往往会施拥抱礼。在交往过程中,大多数人往往用"您"及姓氏之前冠以"先生"或"女士""夫人"作为尊称,只有亲朋好友和年轻人之间互相用"你"及名字称呼。对于女性,不管其婚否或长幼,都可以称"某女士",但对已婚妇女应以其夫姓称之。与人交谈时应避免涉及年龄、收入等私人问题。应邀去别人家做客时,应备鲜花、画册或书等礼物,所送礼物要事先用礼品纸包好。德国人不习惯送重礼,所送礼物多为价钱不贵,但有纪念意义的物品,以此来表示慰问、致贺或感谢之情。在收到礼后应打开观看,并向送礼人表示感谢。

扫码看彩图

图8-6 握手礼

2.习俗

德国人在穿着打扮上的总体风格是庄重、朴素、整洁。在一般情况下,男士大多爱穿西装、夹克,并且喜欢戴呢帽;妇女则大都爱穿翻领长衫和色彩、图案淡雅的长裙。在日常生活中,德国妇女的化妆以淡妆为主,在正式场合必须要穿戴得整整齐齐,衣着一般多为深色。在正式交往中,他们讲究男士穿三件套西装,女士穿裙式服装。在北方的港口城市汉堡,人们爱戴小便帽,这种小便帽已成为汉堡人服饰上的一个显著特征。德国人对发型较为重视,男士不宜剃光头。

德国人的主食是肉食,他们最爱吃猪肉及用猪肉制成的各种香肠,其次是牛肉。德国人一般胃口较大,喜食油腻之物,所以肥胖率较高。在口味方面,他们爱吃冷菜和偏甜、偏酸的菜肴,不爱吃辣的和过咸的菜肴。在饮品方面,德国人最爱喝啤酒,对咖啡、红茶、矿泉水也很喜欢。

3.节庆

除传统的宗教节日外,德国地方性节日还有"慕尼黑啤酒节",这是德国规模最大的民间节日。节日期间,人们倾巢而出,欢聚在一起,喝着自制的鲜酿啤酒,吃着德国独有的各式各样的香肠和面包。狂欢节大约持续 10 天,期间人们会身穿节日盛装、戴上各种面具上街游行。元旦也是德国人的重大节日,除夕之夜男子按传统习俗聚在屋里喝酒打牌,将近零点时,大家纷纷跳到桌子上和椅子上,钟声一响,就意味着"跳迎"新年,接着就扔棍子,表示辞岁。圣诞节是德国最重要的节日,就像中国的春节,节前人们忙着采购鲜花、圣诞树、圣诞礼物和各种"年"。复活节是德国的第二大传统节日,也是最古老的基督教节日,节前人们会准备复活节兔子和复活节彩蛋,以此来庆祝春回大地、万象更新。

4.禁忌

德国人忌讳数字"13"和"星期五";讨厌菊花、蔷薇、蝙蝠图案,还忌讳核桃;向德国人赠送礼物时,不宜选择刀、剑、剪刀、餐刀和餐叉;以褐色、白色、黑色的包装纸和彩带包装、捆扎礼物也是不允许的;德国人对黑色、灰色比较喜欢,对于红色及渗有红色或红、黑相间之色则不感兴趣;忌讳在公共场合窃窃私语,不喜欢他人问自己的私事;按德国的习俗,生日不得提前祝贺;访友时要事先约定,在他人的办公室或家中,非经邀请或同意,不要自行参观,更不要随意翻动桌上的书籍或室内的物品。

项目二　国际交往常用礼仪

知识目标

1.了解国际交往礼仪的基本常识,认知国际交往礼仪在旅游服务礼仪中的特殊地位和作用。

2.掌握国际交往中有关迎送、会见、陪同宴请和签字仪式的相关礼仪。

技能目标

1.能运用所学知识,掌握国际交往礼仪的工作规范。

2.能够根据不同的迎送规格制定相应的迎送方案、宴请方案等。

育人目标

1.引导学生认识旅游从业者在国际交往中的责任与使命。

2.鼓励学生在对外交往中展现自尊、自重、自爱和自信。

案例导入

礼宾次序安排

1995年3月在丹麦哥本哈根召开联合国社会发展世界首脑会议,出席会议的有近百位国家元首和政府首脑。3月11日,与会的各国元首与政府首脑合影。丹麦和联合国的礼宾官员把丹麦首脑(东道国主人)、联合国秘书长、中国总理、法国总统、德国总理等安排在第一排,而其他国家领导人任其自便了。好事者事后向联合国礼宾官员"请教",答道:"这是丹麦礼宾官员安排的。"向丹麦礼宾官员核对,回答说:"根据丹麦、联合国双方协议,该项活动由联合国礼宾官员负责。"

国际交往中的礼宾次序非常重要,如安排不当或不符合国际惯例,就会招致非议,甚至会引起争议,影响国与国的关系。在礼宾次序安排时,既要做到大体上平等,又要考虑国家关系,同时也要考虑活动的性质、内容,参加活动成员的威望、资历、年龄,甚至其宗教信仰、所从事的专业以及当地风俗等。礼宾次序不是教条,不能生搬硬套,要灵活运用、见机行事。有时由于时间紧迫,无法从容安排,只能照顾到主要人员。本案例就是灵活应用礼宾次序的典型案例。

任务内容

涉外礼仪是指人们在对外交往活动中用以维护自身形象,向外宾表示尊重、友好的各种惯用交际礼宾形式,各种礼节、仪式和习惯的规范。它是人们参与国际交往时必须认真了解并且予以遵守的通用规范。

一、国际交往礼仪通则

国际交往礼仪通则是指人们在接触外宾时,应当遵守并应用的有关国际交往惯例的基本原则,具体如下。

(一)维护形象原则

在国际交往中,人们普遍对交往对象的个人形象比较关注,并且十分重视遵照规范的、得体的方式去塑造、维护自己的个人形象。个人形象是指一个人在人际交往中留给他人的总印象及由此而使他人对其形成的总评价和总看法。

1.维护形象的重要性

个人形象在国际交往中之所以深受人们的重视,主要是基于下列五个方面的原因。

(1)个人形象体现个人的教养和品位。例如,一位外交人员穿着休闲西装去接待外宾,如果他不谙着装礼仪或者明知故犯,就会有损个人形象,而且会使人感到他缺乏教养。

(2)个人形象反映个人的精神风貌与生活态度。在日常生活中,如果一个人总是蓬头垢面、衣冠不整、不修边幅,肯定会给他人留下不好的印象。

(3)个人形象展现了对交往对象的重视程度。在人际交往中,一个人对自我形象的重视程度,应与对交往对象的重视程度成正相关。换言之,在涉外交往中,若是对自我形象毫不修饰,不但是对自己的不尊重,也是对交往对象的不尊重,而且还是失礼行为。

(4)个人形象是其所在单位整体形象的有机组成部分,个人形象是企业无形资产。

(5)个人形象在国际交往中还代表着其所属国家、所属民族的形象。一个人在涉外交往中如果不注意维护自身形象,从某种程度上讲,就有可能会损害国家的国际形象和整个民族的形象。

因此,在涉外交往中,每个人都必须时时刻刻注意维护自身形象,特别要注意维护自己在正式场合留给他人的初次印象。

2.维护个人形象六要素

一般来说,要维护好个人形象应注重以下六个要素。

(1)仪容:要注重仪容,就要力争做到仪容美,并且为此进行必要的修饰和美化。在国际交往中,男士不宜留长发,不蓄须,不使鼻毛、耳毛外露;女士则不宜剃光头、剃眉毛,不宜暴露腋毛,不宜化浓妆,不刺字、文身,不蓬头垢面。这些都是有关个人仪容的约定俗成的规范。

(2)表情:表情包括眼神、笑容及其面部肌肉的综合运动等。在国际交往中,最适当的表情应当是亲切、热情、友好、自然。不论是表情过度夸张,还是表情过于沉重或者面无表情,都是不应该的。

(3)举止:在涉外交往中,每个人都要有意识地对自己的行为举止予以重视。要坚决改正当众挖耳、剔牙等不文明的动作,纠正对人指指点点、就座后跷"二郎腿"并且脚尖或鞋底直对着他人抖动等动作,要努力学习文明、优雅的举止,真正做到"站有站相,坐有坐相"。

(4)服饰:一个人在服饰方面的选择,不仅体现着他个人的审美品位,也充分反映个人修养。在涉外交往中,对服饰不加以重视,不仅影响自己的个人形象,也影响其国家和民族的形象。

(5)谈吐:一个人的谈吐,在人际交往中,除了可以传达其思想、情感之外,还具有表达对交往对象态度的作用。因此,在对外交往中,对谈吐更要注意。在与外国朋友进行交谈时,一定要遵照国际惯例,使用规范的尊称、谦词、敬语和礼貌语。

(6)待人接物:一个人的修养再好,若他不懂得待人接物,也将难以在人际交往中获得成功。重视待人接物,不仅要善于运用常规的技巧,还要善于理解、体谅、关心和尊重他人。

(二)不卑不亢原则

不卑不亢原则是涉外礼仪的一项基本原则,其要求是每个人在参与国际交往时,都必须意识到,自己代表着自己的国家,代表着自己的民族,代表着自己所在的单位。因此,其言行应当从容得体、堂堂正正。在涉外交往中坚持"不卑不亢"的原则,是每一名涉外人员都必须高度重视的。

涉外人员在对外交往中要真正做到"不卑不亢",不仅在思想上要提高,态度上要端正,而且在工作中要付诸实践。

一方面,要在虚心向外国学习、尊重外国风俗习惯的同时,坚决反对自卑的思想。在对外交往中,要以自尊、自重、自爱和自信为基础,在任何情况下,都要坚持自立、自强,努力以实际行动在外国人面前充分展现自己良好的精神风貌。

另一方面,在一切对外交往中,既不可妄自非薄,也不应当高傲自大、盛气凌人、孤芳自赏、自以为是,更不应对交往对象颐指气使、冷漠无情。

此外,还应注意对任何交往对象都要一视同仁、一律平等。给予他们同等的尊重与友好,不要对大国小国、强国弱国、富国穷国亲疏有别,或是对大人物和普通人厚此薄彼。

(三)入乡随俗原则

人乡随俗原则是涉外礼仪的基本原则之一,其含义是在涉外交往中,要真正做到尊重交往对象,就必须尊重对方所独有的风俗习惯。在前往其他国家或地区进行工作、学习、参观、访问及旅游时,尤其要对当地所特有的风俗习惯认真了解并尊重。在涉外交往中,如何做到入乡随俗,最重要的是注意下列两个方面。

1.必须充分了解与交往对象相关的习俗

古人对正人君子的要求是"入境问禁,入国问俗,入门问讳"。如今,在涉外交往中,应充分了解与交往对象相关的习俗,本着知己知彼的应有之仪。比如,前往德国参观访问,同德国人打交道,就应当事先对德国人在衣、食、住、行,言谈举止、待人接物等各个方面所特有的讲究与禁忌有一定程度的了解。这样,在与德国人交往时,就会胸有成竹、自如应对。

2.必须对交往对象所特有的习俗加以尊重

在国际交往中,对于别国所特有的习俗,不能妄加非议,应对其予以尊重。在涉外交往中,当自己身为东道主时,通常讲究"主随客便";而当自己充当客人时,则又讲究"客随主便"。从本质上讲,这两种做法都是对入乡随俗原则的具体贯彻落实。

（四）求同存异原则

在涉外交往中,经常会面临一个非常实际的问题:同样一件事情,在不同国家、不同地区、不同民族,往往存在着各不相同的处理方式,通常会有截然不同的答案。这是由于人们思维方式与风俗习惯不同使然。在涉外交往中,对于类似的差异性,我们应了解并遵守求同存异原则,而不应对其评判是非、鉴别优劣。

简言之,"求同"就是要遵守有关礼仪的国际惯例,要重视礼仪的"共性";"存异"则是要求对他国的礼俗不可一概否定,不可完全忽略礼仪的"个性",并且在必要时,还应对交往对象所在国的礼仪与习俗有所了解,并表示尊重。

（五）信守约定原则

信守约定是指在国际交往中,必须认真严格地遵守自己的承诺,说话务必算数,许诺一定兑现,约会按时赴约。"取信于人"已被公认为是建立良好人际关系的基本前提,同时也是任何一个现代文明人所应具备的优良品德。在涉外交往中,要真正做到"信守约定",必须在以下三方面身体力行、严格要求。

1.许诺必须谨慎

不管是答应对方所提出的要求,还是自己主动向对方提出建议,或者向对方许诺,都一定要深思熟虑,量力而行,一切要从自己的实际能力及客观条件出发,切不可头脑发热,草率从事,承诺自己兑现不了的诺言,最终失信于人。

2.约定务必遵守

自己的承诺一旦说出就必须兑现,约定一经作出就必须如约履行。唯有如此才会赢得对方的信任与好感。在涉外交往中,真正做到"言必信,行必果"。

3.主动承担违约责任

若因难以抗拒的原因失约或违约,应尽早通知对方并解释,郑重向对方道歉。按照规定和惯例,主动承担因违约而给对方造成的物质和精神损失。

(六)热情有度原则

热情有度是指在国际交往中,不仅要待人热情友好,还要把握好热情友好的具体分寸,否则就会事与愿违。具体分寸指的就是"热情有度"之中的"度"。在热情友好地对待外宾时,必须以不妨碍对方,不给对方增添麻烦,不令对方感到不快,不干涉对方私生活为限。具体而言,在涉外交往中要掌握好下列四个方面的"度"。

(1)关心有度。在对外交往中不宜对外宾表现得过于关心和热情,不要让对方觉得我方人员管得过宽。在陪同外宾参观游览,逛街购物时,不要紧紧跟随、形影不离,这样反而让外宾感到尴尬和不便。

(2)批评有度。在一般情况下,对待外宾的所作所为,通常只要其不触犯我国法律,不违背伦理道德,不辱没我方的人格,就没有必要去评判其是非对错。

(3)距离有度。在与外国人打交道时,与对方相距太近会使对方产生被"侵犯"之感;与对方相距太远,则又会使对方感觉到冷漠。因此,在与外宾交往时,应当视双方关系的密切程度与对方保持适度的距离。与对方相距一个手臂或两人握手的间距较为合适,这被称为"规距离"。

(4)举止有度。在与外宾相处时,自己的行为举止要得当,切不可因为举止过分随意而引起误会,失敬于人。诸如朋友相见时,彼此拍拍肩膀;长者遇见孩子时抚摸一下他的头和脸等,这些在国内常见的亲热之举,外国人可能接受不了。

(七)谦虚适当原则

谦虚适当原则的基本含意是在国际交往中涉及自我评价时,虽然不应该自吹自擂、自我标榜,一味地抬高自己,但是也绝对没有必要妄自菲薄、自我贬低,过度地谦虚与客套。如果确有必要,在实事求是的前提下,要敢于并且善于对自己进行正面的评价和肯定。

在对外交往中,特别是在面临如下情况时,务必要将谦虚适当原则付诸行动。

(1)在涉外交往中,当需要进行自我介绍或者对自己的工作、学习、生活、服务、产品、技术、能力及特长进行介绍时,要敢于并且善于实话实说。不敢肯定自己,不会宣传自己,往往会使自己错失良机。

（2）当外国友人赞美自己的相貌、衣饰、手艺时，要落落大方地说"谢谢"，这么做，既表现了自己的自信，也是为了接纳对方。没有必要因此而羞羞答答，也不必假客气。

（3）当外国友人称赞自己的工作、技术或服务时，同样要大大方方地予以接受，不必极力对此进行否认，这样做反则会引起对方的不快。

（4）与外国友人进行交往时，当对方问你"正在忙什么、干什么"时，不要轻易说自己"在瞎忙""混日子""什么事都没有做"，这样只会让对方认为你是不务正业之人。

（5）当自己身为东道主，设宴款待外国友人时，应当在介绍席上菜肴的过程中，有意识地说"这是本地最有特色的菜""这是这家菜馆的拿手菜""这是我们精心为您准备的菜"。只有这样，才会令对方感到备受重视。

（6）当有必要向外国友人赠送礼物时，既要说明其寓意、特点与用途，也要说明它是为对方精心选择的；不要画蛇添足地说些诸如"实在拿不出手""没来得及认真挑选""这是自家用不了的"等话，那会大大降低礼物的分量。

（八）不宜先为原则

不宜先为原则也称"不为先"原则。该原则的主旨是在涉外交往中，面对自己一时难以应付、举棋不定或者不知道到底怎样做的情况时，如果有可能，最明智的做法是不要急于采取行动，尤其是不宜急于抢先，冒昧行事。也就是说，在面对这种情况时，不妨先按兵不动，然后观察周围人的所作所为，并与之采取一致的行动。

（九）尊重隐私原则

隐私指的是一个人因某种原因而不愿意公开、不希望外人了解的个人秘密、私人事宜。凡涉及对方个人隐私的一切问题，都应该自觉地、有意识地予以回避。在国际交往中，人们普遍讲究尊重个人隐私，并且将尊重个人隐私视作一个人在待人接物方面有没有教养、能不能尊重交往对象的重要标志之一。

在国际交往中，下列问题均被视为个人隐私，如收入支出、年龄大小、恋爱婚姻、身体健康、家庭住址、个人经历、信仰政见等。这些都是在涉外交往中不宜直接向外宾询问的私人问题，我们应将其铭记于心。

（十）女士优先原则

虽然当今社会提倡男女平等，但女士优先原则仍是世界上许多国家和地区的社交原则。在社交场合，每一名成年男子都应自觉地用实际行动去尊重妇女、照顾妇女、体谅妇女，并且还要想方设法、尽心竭力地去为妇女排忧解难，以体现男士的绅士风度。在社交场合贯彻"女士优先"原则时，需要兼顾以下四个方面。

1.尊重女士

在正式的社交场合，男士应对每一名女士给予应有的尊重，尊重妇女是"女士优先"原则的第一要旨。

2.照顾女士

在必要时,男士应给予女士以照顾。在照顾女士时一是要注意时机是否适当,二是要注意不应强加于人。

3.体谅女士

在正式社交场合中,男士应当给予女士必要的体谅,应当善于设身处地地替女士着想。

4.保护女士

在必要时,男士应当挺身而出,主动保护女士。

二、国际礼宾次序

礼宾次序礼仪指的是在国际交往中,将出席活动的国家、团体、个人的位次按一定的惯例和规则进行排列的礼仪规范。它不仅体现了东道主给予出席活动者的礼遇,而且在一些国际性场合还表示各国地位一律平等。如安排不当或不符合国际惯例,则会引起不必要的争执,甚至影响国家关系。因此,在组织涉外活动时,相关人员对礼宾次序应给予高度的重视。

(一)礼宾规格的特性

在接待工作中,礼宾规格通常被专业人员看作头等大事。在确定接待工作的具体环节时,必须先确定礼宾规格,若没有礼宾规格为先导,接待工作中的一系列工作则难以开展。

规格是指与某一事物相关的规定或者标准。礼宾规格是指接待人员在接待活动中对礼宾接待对象一系列的具体规定,即在公务接待的具体过程中所必须遵守的、前期已被正式规定的具体要求或衡量优劣的具体标准。

礼宾规格通常具有礼宾性、规范性、稳定性和差异性等基本特征。在涉外接待中,我们必须对礼宾规格的这些基本特征有所了解。

1.礼宾性

一般而言,礼宾规格是专门用来接待来宾的,在涉外接待中,它则专门被用来接待外籍来宾。由此可见,它不仅是一种礼仪,而且还属于专门用来接待来宾尤其是外籍来宾的礼仪。因此,礼宾性是礼宾规格的主要特征之一。

2.规范性

作为一种专门规定、专项标准或者具体要求,礼宾规格的规范性很强。它对接待人员在涉外接待中具体应当如何"有所为""有所不为"规定得一清二楚,因此,亦可称其为"礼宾规范"。为了使之制度化、正规化、标准化和易于操作,礼宾规格通常都由国家的外交部门、外事部门明文规定。有时候它也有可能出自国际惯例或者参照我国国际交往中约定俗成的做法。

3.稳定性

礼宾规格不是一成不变的,在某些时候,各国乃至各单位、各部门都会根据自身需要对其进行调整。在一般情况下,对其所进行的调整都属于微调,它的变化通常都是局部的、个别的。

4.差异性

在具体确定和操作涉外接待中的礼宾规格时,其具体做法往往因人而异。也就是说,在接待不同的外国人员时,往往有着许多不同的规定或要求,即礼宾规格的差异性。在某些特定的情况下,当交往双方的关系发生重大变化或受到某种因素左右时,用以接待外国的礼宾规格会与既往的做法有所不同。

（二）礼宾规格的原则

俗话说“没有规矩,不成方圆”。礼宾规格的原则实际上就是在礼宾工作过程中应遵循的各种规矩。按照国际惯例,礼宾规格有以下原则。

1.服从外交原则

虽然礼宾规格仅涉及具体的外宾接待标准,但它通常直接或间接地与交往各方的国家及其政府间的关系相关。国家与国家、政府与政府的关系,一般都属于外交范畴。因此,不论在任何时候,在具体确定礼宾规格或操作礼宾规格时,均应先服从本国外交的大政方针。服从外交原则的具体含义是指在涉外接待中,礼宾规格的具体安排必须服从外交工作的需要,礼宾规格的具体操作必须为外交工作服务。

2.身份对等原则

依照国际交往的惯例,双边关系讲究对等。身份对等具体是指在确定接待外方人士的礼宾规格时,应与外方人士的具体身份相称,同时还应参照外方在接待我方身份相仿者时所采用的具体的礼宾规格。

3.一律平等原则

依照国际惯例,在国际交往中,多边关系讲究平等。在具体确定或操作用以接待来自多方的外籍人士的礼宾规格时,一定要对各方真正做到一视同仁。不论国家大小、不分强弱、不看贫富、不讲亲疏,产格地、无条件地对其平等相待,认真地搞好有关各方的平衡。

4.有所区别原则

在强调身份对等与一律平等的同时,为外方来宾安排具体的礼宾规格时还应注意充分尊重对方的风俗习惯及其他方面的特殊做法,既不要强人所难,也不要强加于人,更不要勉强行事。

（三）礼宾次序的排列方法

礼宾次序是指在国际交往中对出席活动的国家、团体、各国人士的位次按某些规定和惯例进行排列的先后次序。一般来说，礼宾次序体现东道国给予各国客人的礼遇，在某些国际性的集会上则表示各国地位的平等。礼宾次序的排列虽然在国际上已有一定惯例，但各国做法不尽相同，常用的排列方法有以下三种。

1.按身份与职务高低排列

在官方活动中，通常是按身份与职务的高低安排礼宾次序的，如按国家元首、副元首、政府首相、副首相、部长和副部长等顺序排列。各国提出的正式名单或正式通知是确定职务高低的依据，由于各国的国家体制不同，部门之间的职务高低也不一致，要根据各国的规定，按相应的级别进行安排。在多边活动中，有时还按其他方法排列。但无论按何种方法排列，都应考虑身份或职务高低的问题。

2.按国家名字的字母顺序排列

在多边活动中的礼宾次序也常按参加国国名字母顺序排列，一般以英文字母顺序排列居多，如国际会议、体育比赛等。对于第一个字母相同的国家则按第二个字母排列，以此类推。联合国大会的席位次序也按英文字母排列。为了避免某些国家总是占据前排席位，故每年用抽签来决定本年度大会席位的打头字母，以便让各国都有排在前列的机会。

在国际体育比赛中，体育代表团（队）名称的排列和开幕式出场的顺序一般也按国名字母顺序排列，东道国一般排列在最后。体育代表团观礼或召开理事会、委员会等，则按出席代表团团长的身份高低排列。

3.按代表团组成的日期先后排列

在一些国家举行的多边活动中，是按代表团组成的日期先后排列礼宾次序，这也是国际上经常采用的一种方法。东道国对同等身份的外国代表团，按派遣国代表团组成的日期排列，或按代表团抵达活动地点的时间先后排列，或按派遣国决定应邀派遣代表团参加该活动的答复时间先后排列。究竟采用何种方法，东道国在致各国的邀请书中应加以说明。

在实际工作中，礼宾次序的排列常常不能按一种方法，而是几种方法交叉使用，并考虑其他因素，包括国家间的关系、地区所在地、活动的性质与内容、对活动的贡献大小，以及参加活动者在国际事务中的威望、资历等。如通常把同一国家的、同一地区的、同一宗教信仰的，或关系特近的国家代表团排在前面或排在一起；对同一级别的人员，常把威望高、资历深、年龄大者排在前面。有时还考虑业务性质、相互关系、语言交流等因素。如在观礼、观看演出或比赛，特别是在大型宴请时，除考虑身份、职务之外，还应将业务性质对口、语言相通、宗教信仰一致及风俗习惯相近的安排在一起。

总之,在礼宾次序安排工作中,要全面、周到、细致、耐心、慎重地考虑,设想多种方案,以避免因礼宾次序方面的问题引起不必要的外交误解或麻烦。

三、常见的国际交往礼仪

在旅游活动中,面对不同国家、地区或民族的风俗习惯,旅游从业人员必须予以正视,除了要按照国际惯例和国际礼仪规范从事相关活动外,还必须坚持做到求同存异、尊重习惯。

(一)迎送礼仪

迎客和送客是外事接待工作的两个重要环节,在整个涉外活动中占有极其重要的位置。一个精心安排的欢迎仪式,能使来宾一踏上被访国就产生良好的印象;一个周到圆满的欢送仪式,会给来宾留下美好而难忘的回忆。在国际交往中,对外国来访的客人,常常视其身份、访问性质和目的,以及两国的关系等因素,安排相应的迎送活动。

1.迎送安排

迎来送往是常见的社交礼节。中国人自古以来就以热情好客著称,孔子的"有朋自远方来,不亦乐乎"的名言,就道尽了中国人待客的真诚。在涉外接待中,迎接来宾不仅是第一个环节,也是至关重要的一个环节。在迎接外宾时,除了要继承、发扬我国礼待宾客的优良传统之外,还须同时借鉴国际上通行的礼宾惯例。

一般来说,迎送活动可分两个档次。

(1)隆重迎送。隆重迎送主要适用于外国国家元首、政府首脑的正式访问,对于军方领导人的访问,也举行一定的欢迎仪式。

(2)一般迎送。一般迎送适用于一般人员的访问。当然,对应邀前来的访问者,不管是官方人士、专业代表团,还是民间团体、知名人士,在他们抵达或离开时,都应安排相应的人员前往迎送。对长期在本国工作的外国人士、外交使节或者专家,当他们到任或离任时,各国有关方面也应安排相应人员迎送。

2.确定迎送规格

对来宾的迎送规格各国做法不太一致,通常主要是依据来访者的身份、访问性质和目的,再适当考虑两国关系,同时还要注意国际惯例。

确定迎送规格的关键在于确定哪一级人员出面迎送。这是接待来宾的一个礼遇规格,应依据主管部门接待要求来办。主要迎送人通常要与来宾的身份相当,但由于各种原因(如国家体制不同,当事人年岁已高不便出面,临时身体不适或不在当地等)不能完全对等时,可灵活变通,由副职出面或由职位相当的人士出面。当然,主人的身份与客人的身份不能相差太大,以与客人对口、对等为宜,以示对客人的尊重。当事人不能出面时,无论作何种处理,应从礼貌出发,向对方作出解释,其他迎送人员不宜过多。在特殊情况下,为了两国的外交关系或政治需要,可打破常规,安排较大的迎送场面,给予较高的礼遇,但要避免产生不必要的误会,以免给他人造成厚此薄彼的印象。

3.掌握时间

为顺利迎送客人,迎送人员必须准确掌握来宾所乘交通工具的抵达或离开的时间,及早通知全体迎送人员和有关单位。若有变化,如因天气变化等意外原因,当飞机、火车、轮船不能准时抵达时应及时通知。一般来说,既要顺利地迎送客人,又不可过多耽误迎送人员的时间,就需要准确掌握时间。

迎接人员应在飞机(火车、船舶)抵达之前到达机场(车站、码头)。送行时如有欢送仪式,则应在仪式开始之前到达。

4.献花

献花是针对礼遇较高的外宾,迎接普通外宾时一般不需要献花。献花需用鲜花并注意保持花束整洁、鲜艳,忌用菊花、杜鹃花、石竹花和黄色花朵。有的国家习惯送花环,或者送一两枝名贵的兰花、玫瑰花等,但要注意某些国家在鲜花方面的禁忌。向贵宾献花,通常由儿童或女青年在参加迎送的主要领导人与客人握手之后,将花献上并向来宾行礼,有的国家是由女主人向女宾献花。

5.介绍

当迎接人员与客人见面时,应互相介绍。一般是由礼宾交际人员、接待翻译或迎候人员中身份最高者率先将迎候人员介绍给来宾,职位从高至低,然后再由来宾中身份最高者将宾客按一定顺序介绍给主人,有时也可作自我介绍。

各国、各民族的语言和风俗习惯各异,称呼与姓名均有不同。在国际交往中,一般对成年男子不论婚否,均称先生。对已婚女子称夫人,对未婚女子统称小姐;对不了解婚姻状况的女子可称小姐或女士,对戴结婚戒指、年纪稍大的可称夫人。这些称呼均可冠以姓名、姓氏、职称、军衔等,如"威廉·泰勒先生""校长先生""少校""戴维斯小姐""秘书小姐"等。用"夫人"称呼妇女时,可以用其丈夫的姓名,如"约翰·史密斯夫人";也可用丈夫的姓、本人的名,若"玛丽·史密斯夫人"。若以女士称呼时,一般用女士本人的姓名。

对职位较高的人,可称"阁下""先生"并冠以职衔,如"部长阁下""大使先生"等。但在美国、墨西哥、德国等没有称"阁下"的习惯,因此在这些国家可称"先生",如"总统先生"。对职位较高的女士可称"夫人"或"先生",如"宋庆龄先生"。对有高级官衔的女士,可用其军衔相称,也可称"阁下",称军衔时不称职务。

6.陪车

客人抵达或迎送仪式结束后,从抵达地到住处以及访问结束后,由住地前往机场、车站、码头,一般都应安排迎送人员陪同乘车。派车接送宾客,要以客为主,可顺应宾客的意见,这是决定礼仪的前提。如果主人陪车,应请客人坐在主人的右侧。如是三排座的轿车,翻译应坐在主人前面的加座上;如是二排座,翻译应坐在副驾驶座上。上车时,最好请客人从右侧门上车,主人从左侧门上车,避免从客人座前穿过。如遇客人先上车,坐到了主人的位置上时,则不必请客人挪动位置,车门应由接待服务人员关上。下车时,陪同人员应先下来为来宾开门。

7.迎送中的注意事项

迎送车辆要事先安排好,不可临阵调遣,给人以仓促之感。迎送身份较高的客人时,应事先在机场或车站、码头安排贵宾休息室并准备好饮料。

客人的住处、膳食应事先安排好。如有条件,在客人抵达之前就应将住房地点、房间号码、用餐方式、日程活动安排、联络方式及联络人员等事宜通知到具体客人。如做不到,也可将上述内容打印成文字材料,在客人到达时分发给每位客人或通过对方的联络秘书传达。这既可避免一些不必要的混乱,又可使客人心中有数。

当客人抵达住处后,一般不马上安排活动,应让外宾稍作休息,以便更衣等。

另外,还应指派专人协助客人办理入境手续、车票、船票、行李托运、托运手续等事宜。客人到达后,应尽快清点行李并将其送到客人住处。

(二)会见与会谈

在国际交往中,不论是什么性质,一般均应根据双方身份及来访目的,安排相应领导人或部门负责人会见或会谈。会见与会谈是涉外交往中常见的、重要的活动。会见与会谈的目的在于双方通过直接的、面对面的交谈与互动来增进感情、加深了解、交流看法,或通过磋商来解决矛盾、达成共识。涉外交往中的许多成果都是在会见与会谈的过程中形成的,遵循会见与会谈的一些礼仪要求,对于保证这项活动的成功无疑有着重要作用。

1.会见座位安排

会见时,无论是什么样的房间,都需依据人数的多少、房间大小及形状、房门的位置等情况而定,宾主可以穿插坐,也可以分开坐,取决于采取何种方式方便讨论或谈话。会见场所的座位有弧形,方形(长椅和单椅两种)等。

2.会谈座位安排

会谈一般使用长方形、椭圆形或圆形的桌子。宾主相对而坐,以正门为准,主人以背向门就座,让客人面向大门,此为横放式会谈座位安排(图8-7)。其中,主要会谈人员居中,其他人按照礼宾顺序左右排列。在这里需要说明的是,许多国家都把翻译和记录员安排在主要会谈人员后面就座。我国习惯上是把翻译安排在主要会谈人员的右侧就座,这主要取决于主人的安排。

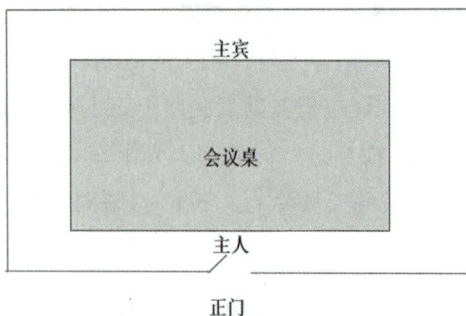

图 8-7 横放式会谈座位安排

如会谈长桌一端面向正门,则以入门的方向为准,右为客方,左为主方,此为竖放式会谈座位安排(见图8-8)。多边会谈时,座位可摆成圆形、方形等。小范围的会谈,也有不用长桌、只设沙发的,双方座位按会见座位安排。

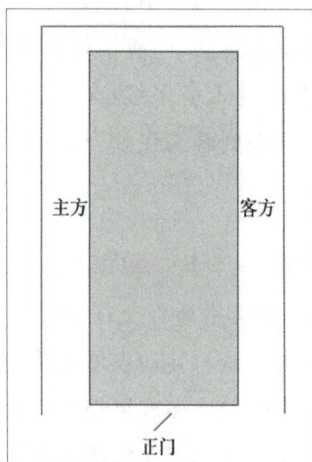

图 8-8 竖放式会谈座位安排

在日常运用中,某些单位还会有一些更适合自己的方式。必须指出的是,无论何种方式,都必须体现出双方(或各方)相互平等的原则,而不能表现出故意把哪一方放在前而冷落另一方。

3.会见或会谈的准备工作

(1)提出会见或会谈要求的一方,应该把要求会见或会谈人的姓名、职务以及目的预先告之对方,同时将自己一方参加的人员名单(包括姓名、性别和职务等较详细的情况)提交给对方。

(2)被要求会见或会谈的一方,在得到通知后,应尽快申请,在上级部门批示后,要尽快通知对方会见或会谈的时间、地点,会见或会谈人员和注意事项等,同时安排会见或会谈中的一些具体事项(如接送人员、车辆、场地、旗帜、茶点、座位卡等的安排)。在初步准备妥当之后，还要通知对方有关具体情况。这时不要忘了通知我方参加会见或会谈的其他人员及有关事项。

（3）一般来说，主人应该先到达。但如果是高层人士接见，可以在客人到场后再到场。

（4）会见或会谈时，应根据参加人数选择面积相宜的房间。如果房间面积较大，人数较多，需要准备扩音设备并事先调试好。同时还要在桌子和椅子上摆放用中外文书写的、工整而且字体较大（便于识读）的座位卡，或者由对外宾比较熟悉的几位人士引导就座。

（5）如果摆放茶几或桌子，还应准备些饮料。我国主要准备的是传统饮料——茶水。夏天加冷饮，有时也摆放矿泉水等，但不可准备含有酒精的任何饮料。如果会见或会谈时间较长，还可准备咖啡和红茶。

（6）如果准备合影，应预先统计好有多少人参与照相，并画好合影图，安排好礼宾次序。一般是主人居中，主宾紧挨主人的右边，主客双方间隔排列，两端则由主方人员把边。如果需要分前后排分列，还要考虑第一排人员的身份、双方人员在职位上的均衡（前排要安排主要人员），同时也要注意到场地的大小，是否能把所有的人都摄入镜头等。合影的时间一般安排在主客双方见面之后，会见或会谈是在合影之后开始的，但有时合影也放在会见或会谈之后。

（7）客人到达时应该派代表到门口迎接，并负责领入会客间。客人身份很高而企业也有条件时，可以考虑铺设地毯。会见或会谈结束后，主人应送客人到车前或到门口道别，目送客人离去后再离开。

（三）陪同礼仪

陪同人员是主方派出的在客人整个访问或工作过程中起陪同、帮助、协调等作用的工作人员，在涉外交往过程中起着重要作用。

1.陪同人员的礼仪要求

在陪同过程中，陪同人员的礼仪要求也要遵守一定的规范，具体来讲有以下六点。

（1）谨慎从事。涉外接待工作是体现国家外交方针、外交政策的一项重要工作，涉外陪同则是其中重要的组成部分。因此，每一名陪同人员对自己的工作应当高度重视、谨慎从事，不可掉以轻心、麻痹大意。

（2）服从领导。不论是集体活动还是单独与外方人员相处，陪同人员都必须遵守有关纪律，严格执行请求汇报制度，服从上级领导。在工作中，陪同人员要按照政策办事，服从国家与集体的利益，切勿掺杂个人兴趣或情感。

（3）少说多听。少说多听是对全体涉外人员的普遍性要求，对于陪同人员来讲，更具有现实意义。在与外方人员相处时，陪同人员一定要谨言慎行，尽可能地避免发表不必要的个人意见，切忌喧宾夺主、言多语失。

（4）计划周全。陪同外方人员外出或参加重要活动时，一定要布置周密，提前制订工作计划。对可能出现的情况、问题估计要充分，对对方可能提出的要求要做到心中有数。同时，还要采取必要的安全措施，保证外方人员的安全，避免发生意外事件。

（5）注意保密。陪同人员应加强个人的政治、时事、业务学习，认真掌握有关涉外保密工作的具体规定。与外方人员共处时，要口头保密与书面保密并重。

（6）保持距离。与外方人员共处时，陪同人员必须不卑不亢，与之保持适当的距离。在生活上陪同人员要主动关心、照顾对方，努力满足对方的一切合理要求，同时要维护自己的国格、人格。

2.陪同人员的礼仪规范

在陪同外方来宾的过程中，陪同人员不但要具有高度的责任心，而且还应当掌握一定的陪同技巧。在道路行进、上下交通工具、出入电梯、通过房门、就座离座、餐饮提供、日常安排、陪同浏览及业余活动等方面，陪同人员别应当遵守相应的礼仪规范。

（1）道路行进。在路上行进时，礼仪上的位次排列可分两种：其一，并排行进。它讲究"以右为上"或"居中为上"。由此可见，陪同人员在并排行走时应当主动走在左侧或两侧，而由被陪同对象走在右侧或中央。其二，单行行进。它讲究"居前为上"，即请被陪同对象行进在前。但若被陪同对象不认识道路或道路状况不佳，则应当由陪同人员在左前方引导。引导者在引路时应侧身面向被引导者，并在必要时提醒对方"留意脚下"。

（2）上下交通工具。在乘坐轿车、火车、轮船、飞机时，具体顺序颇有讲究：其一，上下轿车。如果主人陪车，应该坐在客人的左侧。翻译可以坐在加座上，也可以坐在司机旁边，但不宜和迎送人员坐在一起。上车时应该先请客人从右侧上。如果客人自己已经坐下，就不要让他重新更换座位了。在车前可装上小旗或标牌作为标志，便于其他人员辨认区分。下轿车时，通常是陪同人员先下车。不过，在具体执行时，应以方便来宾为宜。其二，上下火车。乘坐火车时，在一般情况下，应由被陪同者先上下车，陪同人员应当居后。必要时，亦可由陪同人员先行一步，以便为被陪同者引导。其三，上下轮船。其顺序通常与上下火车相同。不过若舷梯较为陡峭时，则应由被陪同者先上后下，陪同人员后上先下。其四，上下飞机。其与上下火车的讲究基本相同。

（3）出入电梯。进入电梯时，陪同人员理当等候被陪同者。具体而言，进入无人驾驶的电梯时，应该是陪同人员先进去后出来，因为电梯门口有个升降钮，按一下电梯就过来了，但它到了规定的时间就会关门，如果客人较多，陪同人员就需要控制好按钮，等待客人都进电梯，因此，陪同人员先进去是为了开门，同时也是出于安全考虑。陪同人员后出电梯也是为了给客人开门，让客人都出来后再出来。进入有人驾驶的电梯时，陪同者则应当最后入内，离开电梯时陪同者一般应当最后一个离开。不过若是自己堵在门口，首先出去也不失礼。

（4）通过房门。在通过房门时，陪同人员通常应当负责开门或关门。具体而言：其一，进入房间时,若门向外开,陪同人员应首先拉开房门,然后请被陪同者入内;若门向内开,则陪同人员应首先推开房门,进入房内,然后请被陪同者进入。其二,离开房间时,若门向外开,陪同人员应首先出门,然后请被陪同者离开房间;若门向内开,陪同人员则应当在房内将门拉开,然后请被陪同者先离开房间。

(5)就座离座。就座与离座的先后顺序,具体要求有两点:其一,同时就座离座。若陪同者与被陪同者身份相当,则双方可以同时就座或同时离座,以示关系平等;其二,先后就座离座。若被陪同者的身份高于陪同者时,一般应当请前者首先就座或首先离座,以示尊重对方。

(6)餐饮提供。在提供餐饮时,陪同者与被陪同者所受到的具体礼遇往往会不同:其一,零点餐饮时,单独点菜或饮料时,按惯例陪同者应当请被陪同者首先来点;其二,供应餐饮时,在上菜或者上酒水时,标准的顺序应当是为被陪同者先上,然后再为陪同者上。

(7)日常安排。一般而言,外方来宾的具体活动日程早已排定,陪同人员无权变更。若外方人士要求变更活动安排,陪同人员不宜擅自做主,而应当及时向上级报告,并按上级决定执行。

(8)陪同游览。按国际交往礼仪,一般应由身份相当的人员陪同外宾前往参观游览,安排好翻译、解说员或导游人员,陪同人员不宜太多,以免妨碍外宾的游玩兴致。游览过程中要照顾好外宾,掌握好时间安排,介绍情况时应实事求是,不可夸大或贬隐。对应该保密的内容不可透露,对一些不许外宾拍摄或进入的地方,如某些文物、专利设备等,应事先向其解释说明,以免造成不快。介绍说明应使用对方的语言,力求简洁扼要、生动活泼,外宾较多时可分批介绍或使用扩音器。可以把介绍内容以书面形式印发给外宾,使客人参观游览时有更充裕的时间亲自观看。对于外宾的提问,要耐心、热情、认真地回答,帮助他们增进对中国的了解,对确实不了解或不确定的也要如实相告,切不可不懂装懂。

(9)业余活动。在正常情况下,我方所接待的外方来宾在其工作之余,可在遵守我国法律的前提下进行自由活动。在必要时,我方陪同人员可为之提供方便。若外方人士要求陪同人员为其业余活动提供建议时,陪同人员既要抱着热情、主动、积极的态度,也要考虑我方的有关规定、现场的治安状况及活动的内容是否健康、合法。若外方人士要求陪同人员为其业余活动提供方便时,陪同人员既要努力满足对方的合理请求,又要善于拒绝对方的不合理请求。无论如何,都不允许陪同人员帮助外方人士从事违法犯罪活动。

模块九 旅游从业者民俗礼仪

思政引领

1. **文化自信**：热爱中华优秀传统文化是旅游从业者文化自信的重要体现,而民俗礼仪则是传统文化的重要载体。课程应通过多种方式激发学生对祖国文化的热爱,并培养他们通过民俗礼仪传播正能量。学生通过民俗文化体验活动、实地考察等方式,亲身感受民俗礼仪的魅力。例如,学生可以参与端午节包粽子、中秋节赏月等传统活动,增强对民俗文化的认同感和自豪感。同时,课程还应注重培养学生的文化传播能力,帮助他们在服务过程中通过民俗礼仪向游客传递积极的文化信息。例如,导游可以在讲解过程中结合民俗礼仪,向游客展示中华优秀传统文化的独特魅力。

2. **促进学生全面发展**：旅游行业的快速发展对从业者的综合素质提出了更高的要求,课程应通过多元化的教学内容和方法,结合对民俗礼仪的学习,促进学生的全面发展,帮助他们适应社会需求。通过民俗礼仪实践,学生可以学习如何在团队协作中完成传统节日的礼仪展示,或在面对突发情况时运用民俗礼仪解决问题。学生可以通过参与民俗活动,感受传统文化的温暖与力量,增强心理韧性。通过学习这些内容,学生能够实现全面发展,具备适应社会需求的综合素质,为未来的职业生涯打下坚实基础。

项目一　春节习俗

春节习俗微课

📋 知识目标

1. 了解春节习俗及其蕴含的寓意。

2. 了解我国少数民族春节习俗的特色。

✏️ 技能目标

1. 学习节日习俗，了解春节的影响力。

2. 感悟节日习俗中蕴含的中华优秀传统文化。

☕ 育人目标

1. 合理运用在本项目中学到的相关知识，继承与发扬中华优秀传统文化。

2. 培养具有文化素养的高素质旅游从业者。

守岁的传说

太古时期，有一种凶猛的怪兽叫"年"，它形貌狰狞，生性凶残，专食飞禽走兽、鳞介虫豸，一天换一种，从磕头虫到大活人，让人谈"年"色变。

后来，人们慢慢掌握了"年"的活动规律，它每隔三百六十五天就会窜到人群聚居的地方，而且出没的时间都是在天黑以后，等到鸡鸣破晓，它便返回山林中。算准了"年"肆虐的日期，百姓们便把这可怕的一夜视为关口，称作"年关"，并且想出了一整套过年关的办法。每到这一天晚上，每家每户都提前做好晚饭，熄火净灶，再把鸡圈牛栏全部关好，把宅院的前后门都封住，躲在屋里吃"年夜饭"（图9-1）。

图9-1　吃"年夜饭"

由于这顿晚餐有吉凶未卜的意味，所以置办得很丰盛，除了要全家老小围在一起用餐表示和睦团圆外，还须在吃饭前先供祭祖先，祈求祖先保佑，平安地度过这一夜。吃过晚饭后，谁都不敢睡觉，挤坐在一起闲聊，便逐渐形成了除夕熬年守岁的习惯。

案例导入

某一年,美国新泽西州某市一个宁静郊区的居民区,经历了一个"恐怖之夜",很多人报告说在这个地区听见了密集的枪声。警方为此出动装甲运输车撤离了数十户居民。但调查的结果却让人发笑:原来是有人在放鞭炮,原来是一些华人为了庆祝农历新年,而燃放的鞭炮不小心射向了这个街区。以上事例充分说明,我国华人虽身在异乡也将我国传统习俗深深放在心里,但要注意结合当地风土民情,避免出现不必要的麻烦。

任务内容

中国素来是礼仪之邦,礼仪传承源远流长,春节是我国传统习俗中最隆重的节日,乃一岁之首。古人又称元日、元旦、元正、新春、新正等,而今人称春节是在采用公历纪元后。春节是集除旧迎新、拜神祭祖、祈福辟邪、亲朋团圆、欢庆娱乐和饮食为一体的民俗大节。春节历史悠久,起源于早期人类的原始信仰与自然崇拜,由上古时代岁首祈岁祭祀演变而来,在传承发展中承载了丰厚的历史文化底蕴。春节习俗一方面是庆贺过去的一年,另一方面又祝福新年快乐、五谷丰登、人畜兴旺。

一、春节习俗

(一)扫尘

扫尘是年前除旧迎新习俗之一。民谚称"腊月二十四,掸尘扫房子"。年末农历廿三或廿四便正式开始做迎接过年的准备。扫尘就是年终大扫除,北方称"扫房",南方称"扫屋"。每逢春节来临,家家户户都要打扫卫生,清洗各种器具,拆洗被褥窗帘,洒扫庭院,掸拂尘垢,到处洋溢着欢欢喜喜搞卫生、干干净净迎新春的欢乐氛围。因为按民间的说法,因"尘"与"陈"谐音,故新春扫尘有"除陈布新"的涵义。扫尘的用意是要把一切"穷运""晦气"统统扫出门,以祈来年吉祥,这一习俗寄托着人们辟邪除灾、辞旧迎新、迎祥纳福的祈求与愿望。

(二)祭灶神

农历十二月廿三或廿四日祭灶,入夜后要把灶台刷干净,把旧的灶君取下烧掉,至除夕日早晨把新的贴上,一送一迎,都要摆置酒肉、糖果、米果等,还要烧香、点烛等。祭灶这一民俗活动可追溯到先秦时期,传说从腊月二十三,一直到除夕,这几天都是灶神回宫的日子。除夕当天,则要重新请灶神,百姓都会先贴上灶王爷的神像然后再开始准备除夕的年夜饭。据中国晋代名人周处的地方风物志《风土记》记载:"腊月二十四日夜,祀灶,谓灶神翌日上天,白一岁事,故先一日祀之。"祭灶在中国民间有几千年历史,灶神信仰是中国百姓对"衣食有余"梦想追求的反映。

（三）拜神祭祖

除夕祭祖也是重要习俗之一，中华民族自古就有慎终追远的传统，过节总不忘记祭拜祖先，报祭祖先的恩德。除夕，人们会摆上菜肴、倒上美酒，举行隆重的祭祀仪式，以此表达对先人的怀念并祈求祖先的庇佑，这一传统习俗代代相传。祭祖是中国民俗节日永远的主题。祭祖的形式各有不同，有的到宗祠拜祖，有的在家中将祖先牌位依次摆在正厅，陈列供品，然后祭拜者按长幼的顺序上香跪拜。祭祖多半做鱼肉碗菜，盛以高碗，颇有钟鸣鼎食之意。

（四）贴年红

贴年红是贴春联、门神、年画、福字、窗花等的统称，因这些是过年时贴的红色喜庆元素，所以统称为"贴年红"（图9-2）。贴年红是中华传统过年习俗，它反映了人民大众的风俗和信仰，增添喜庆的节日气氛，并寄托着人们对新年新生活的美好期盼。

图9-2　贴年红

1.贴春联

根据《玉烛宝典》《燕京岁时记》等文学作品记载，春联的原始形式就是人们所说的"桃符"。春联的另一来源是春贴，古人在立春日多贴"宜春"二字，后渐渐发展为春联。贴春联也叫贴门对、春贴、对联、对子、桃符等，它以工整、对偶、简洁、精巧的文字描绘时代背景，抒发美好愿望，是中国特有的文学形式。每逢春节，无论城市还是农村，家家户户都要精选一幅大红春联贴于门上，为节日增加喜庆气氛。

2.贴年画

年画是中国的一种古老的民间艺术，反映了人民朴素的风俗和信仰，寄托着他们对未来的希望。随着木版印刷术的兴起，年画的内容已不仅限于门神之类单调的主题，变得丰富多彩。

3.贴窗花与"福"字

在民间人们还喜欢在窗户上贴上各种剪纸——窗花，窗花不仅烘托了喜庆的节日气氛，也集装饰性、欣赏性和实用性于一体。同时，一些人家要在屋门上、墙壁上、门楣上贴上大大小小的"福"字（图9-3）。民间还有将"福"字精描细做成各种图案的，图案有寿星、寿桃、鲤鱼跳龙门、五谷丰登、龙凤呈祥等。

图9-3　贴"福"字

（五）年夜饭

年夜饭又称年晚饭、团年饭、团圆饭等,特指年尾除夕的阖家聚餐。年夜饭源于古代的年终祭祀仪式,拜祭神灵与祖先后团圆聚餐。年夜饭是年前的重头戏,不但丰富多彩,而且很讲究意头。席上一般有鸡(寓意有计)、鱼(寓意年年有余)、蚝豉(寓意好市)、发菜(寓意发财)、腐竹(寓意富足)、莲藕(寓意聪明)、生菜(寓意生财)、生蒜(寓意会计算)等以求吉利。

（六）压岁钱

压岁钱是由长辈派发给晚辈的,年夜饭后长辈要将事先准备好的压岁钱用压岁包(图9-4)装好发给晚辈,据说压岁钱可以压住邪祟,晚辈得到压岁钱就可以平平安安度过一岁。有的人家是父母在夜晚待子女睡熟后,放在他们的枕头下。过年给压岁钱,体现出长辈对晚辈的关切之情和真切祝福。压岁钱在民俗文化中寓意辟邪驱鬼,保佑平安。压岁钱最初的用意是镇恶驱邪,因为人们认为小孩容易受鬼祟的侵害,所以用压岁钱压祟驱邪。

图9-4 压岁包

（七）守岁

守岁又称照虚耗、守岁火、照岁等,其由来已久,是中国民间的年俗活动之一。新年前夕夜晚守岁,主要活动有点岁火、守岁火。每个房间要整夜灯火通明,全家团聚,迎接新岁到来,谓之"照虚耗",据说如此照岁之后,就会使来年家中财富充实。古时南北风俗各异,有的地方守岁习俗主要为熬年夜,即通宵守夜。有的地方在除夕之夜,全家团聚在一起,吃完年夜饭后,点起蜡烛或油灯,围坐炉旁闲聊,通宵守夜,象征着把一切邪瘟病疫照跑驱走,期待着新的一年吉祥如意。

（八）逛庙会

逛庙会是春节期间的民俗活动之一。广府庙会与北京地坛庙会并称中国两大庙会。庙会涵盖木偶荟萃、中华绝活、武林大会、元宵灯会等主题活动,包含了祈福文化、民俗文化、美食文化、商贸休闲文化等丰富的内容。

二、部分民族春节期间特殊节日活动

中国是个多民族的国家,各民族过新年的形式各有不同。除了汉族以外,各少数民族春节期间的习俗及活动都十分丰富且各有特色。

（一）汉族

1.腊月初八

传说释迦牟尼在腊八节这天吃了牧羊姑娘煮的粥,在菩提树下得道成佛。后世信佛的人,每到腊八节这天就举行诵经活动,并煮粥供佛,施粥惠众 。腊八节这一天,家家户户都会熬制香浓的腊八粥,寓意着团圆和丰收。这不仅是一道美食,更是一种文化的传承。腊八粥的种类繁多,各地风味各异,都寄托着人们对美好生活的向往。

2.小年

农历腊月二十三或二十四称小年,也被称为灶王节。小年的主要风俗有大扫除、祭灶神、吃麻糖、贴窗花等。

3.正月初二

正月初二是开年日,早上拜祭天地神灵,祭礼完毕,烧炮、烧纸宝,然后吃"开年饭"。"正月初二回娘家"是南北方共有的习俗,回娘家又称"归宁"。这天,出嫁的女儿会携带礼品,和丈夫、孩子一起回娘家拜年,还要给娘家的小孩子发红包。

4.正月初五

正月初五,按民间习俗是五路财神的生日,因此要迎接财神进家,保佑自家新的一年财源滚滚、年年有余。这一天又俗称"破五",意思是之前几天的诸多禁忌至此就结束了。破五习俗主要是送穷、迎财神、开市贸易。北方民间有吃饺子的习俗,寓意着招财进宝。

（二）朝鲜族

朝鲜族受汉文化影响也有过春节的习俗。除夕全家守岁通宵达旦,耶琴和筒箫乐曲将人们带入新的一年。正月十五晚上举行传统的庆祝集会,由被推选出来的几位老人登上"望月架",以先看到明月为福,意味他们的儿孙健康、进步、万事如意。随后,大家围着点燃的"望月架",伴着长鼓、筒箫、唢呐乐曲翩翩起舞。

（三）藏族

藏历年是藏族人民一年中最为隆重的传统节日,与汉族的农历新年大致相同。藏历年是根据藏历推算出来的。从藏历元月一日开始,到十五日结束,持续 15 天。因为全民信仰佛教,节日活动洋溢着浓厚的宗教气氛,是一个娱神和娱人、庆祝和祈祷兼具的民族节日。初一一大早,大家会带上哈达等,到附近寺庙朝拜佛像,并到和自家关系比较密切的喇嘛处登门拜年。太阳出来时,每家有两个人带上青稞酒到各村相互拜年。回家时,全家聚在一起吃午餐,喝酒、唱歌、跳舞,欢聚一堂。

（四）壮族

壮族的春节从年三十至正月初一、初二,共三天。除夕,家家杀鸡宰鸭,蒸制扣肉、粉精肉、叉烧肉等。除夕的米饭要蒸得很多,象征富裕。饭桌上要有白斩鸡,有老人的家庭,还要炖猪脚和炖整鸡。粽子是壮族春节必不可少的食品,但在三十晚上却不吃。壮族的粽子是较高贵的食品,有一种粽子名为"凤莫",意为特大粽子,重达一二十斤。春节期间还要举行对歌、打陀螺、跳舞、赛球等文体活动。

三、春节的影响

春节是我国最重要和最具文化内涵的节日,是推动我国产业经济和内需消费的重要内驱力。春节期间,文化、商业、交通、旅游、餐饮等各行各业全面繁荣,形成了独特的"春节经济"。同时,春节不仅是团圆喜乐的节日,更凝结着中华民族的精神风貌、道德理念和民族情感,承载着中华民族的优良品质和思想精华。从和和美美的中国传统民俗佳节,到流行世界的联合国假日,是中华文化影响力的又一次彰显,必将推动春节丰富文化内涵的广泛传播,让全球华人对"四海一家"的感受变得更为深刻。当习俗融进现代时序、仪式浸入生活肌理,中华文化的和和美美也绽放出更多魅力。春节传承着和平、和睦、和谐的中华优秀传统文化理念,这种理念与构建人类命运共同体理念的内在追求相契合,其蕴含的"民胞物与、协和万邦"的精神价值历久弥新,有助于推动建设一个更加和谐美好的世界。

演一演

分小组练习

根据所学内容,学生分小组讲述关于春节的小故事,从中感悟节日习俗中蕴含的中华优秀传统文化。

项目二　清明节习俗

清明节习俗微课

📖 知识目标

1. 了解清明节习俗及其蕴含的寓意。

2. 了解我国各地清明节特色习俗。

✏️ 技能目标

1. 学习节日习俗，了解清明节的影响力。

2. 能够运用所学知识，分析清明节蕴含的文化元素，从而继承与发扬中华优秀传统文化。

☕ 育人目标

1. 学生通过学习清明节习俗相关历史背景及其蕴藏的文化内涵，增强文化自信。

2. 感受中华传统节日的文化特点，培养和增强学生的家国情怀。

讳称

古人对"死"有许多讳称，主要有以下几种。

(1)天子、太后、公卿王侯之死称：薨、崩、百岁、千秋、晏驾、山陵崩等。

(2)父母之死称见背、孤露、弃养等。

(3)佛道徒之死称涅磐、圆寂、坐化、羽化、仙游、仙逝等。"仙逝"现也用于称被人尊敬的人物的死。

(4)一般人的死称亡故、长眠、长逝、过世、谢世、寿终、殒命、捐生、就木、溘逝、老、故、逝、终等。

案例导入

清明节作为我国传统节日，在这一天，人们会为祖先扫墓表达怀念之情。作为刚来中国生活一年的英国人Tom来说，他就十分不能理解，因为在英国文化里，纪念逝者是一件非常私人的事情，不会出现像我国集中祭拜的情况，他们通常会在已逝亲人的生日或者是祭日才会去祭拜。

任务内容

清明节又称踏青节、行清节、三月节、祭祖节等,在每年 4 月 4 日至 6 日之间,是祭祀、祭祖和扫墓的节日。清明节源自上古时代的祖先信仰与春祭礼俗,兼具自然与人文两大内涵,既是自然节气点,也是传统节日。清明节与春节、端午节、中秋节并称为中国四大传统节日。清明节据传始于古代帝王将相的"墓祭"之礼,大约始于周代,距今已有两千五百多年历史。在以前,清明节的节期持续时间较长(五六天到十几天,各地各时代不等),一方面是扫墓祭奠、怀念离世亲人的节日,一方面是踏青嬉游、亲近大自然的节日。直到今天,清明节仍然是中华民族的重要节日之一。清明节在历史发展中承载了丰富的文化内涵,全国各地因地域不同而又存在着细节上的差异。清明礼俗文化充分体现了中华民族礼敬祖先、慎终追远的人文精神。在祖先祭祀仪式中慎终追远,在踏青郊游中享受春天,文化传承与身心调适是清明礼俗文化的重要功能。

一、节日习俗

(一)扫墓

扫墓祭祖是清明节的重要内容之一。清明扫墓即为"墓祭",意为对祖先的"思时之敬",是对先人的缅怀方式,其习俗由来久远。据考古发掘,广东英德青塘遗址发现了万年前的墓葬,经加速器质谱(AMS)测定,年代距今约 13500 年,时代为旧石器时代晚期,是中国年代最早的可确认葬式的墓葬,表明距今 1 万多年前,岭南古人已具有明确的、有意识的墓葬行为和礼俗观念。

(二)踏青

因清明节兼具节气与节日两大内涵,清明节气在时间和气象物候特点上为清明踏青习俗的形成提供了重要条件。踏青这种节令性的民俗活动,在中国有着悠久的历史,其源自远古农耕祭祀的迎春习俗,这种农耕祭祀的迎春习俗对后世影响深远。踏青风俗至唐宋尤盛。据《旧唐书》记载:"大历二年二月壬午,幸昆明池踏青。"清明时节,春回大地,自然界到处呈现一派生机勃勃的景象,正是郊游的大好时光。人们乃因利趁便,扫墓之余一家老少在山乡野间游乐一番。

(三)祭祖

祭祖也是清明节的重要习俗之一,人们会摆上菜肴、倒上美酒,举行隆重的祭祀仪式,以此表达对先人的怀念。

（四）放风筝

风筝又称"纸鸢""鸢儿"，放风筝是清明时节人们所喜爱的活动。在古代，放风筝不但是一种游艺活动，而且是一种巫术行为，他们认为放风筝可以放走自己的秽气，很多人在清明节放风筝时，将自己知道的所有灾病都写在风筝上，等风筝放高时，就剪断风筝线，让风筝随风飘逝，象征着自己的疾病、秽气都让风筝带走了。

（五）制作青团

青团的一般做法是将绿色植物浆汁揉入糯米粉团，而市面上大多青团都以麦青汁上色。麦青汁是将冬小麦榨出汁液，与水磨糯米粉搅匀拌和，再将其揉制成一个个圆团，包入各种甜咸馅料，上蒸笼蒸熟，出笼时，青团上再刷上一层油，色泽透亮，带着淡淡的艾草香味，吃起来口感又糯又软，见图9-5。青团原本是南方在清明节吃的一种传统特色小吃，但近年来，青团也逐渐在北方流行开来。每到清明节，一个个包着满满馅料的碧绿团子，带着春天的味道唤醒了人们的味蕾。

扫码看彩图

图 9-5　青团

二、我国部分地区清明节活动

（一）广东

广东有"行清"与"踏青"的习俗。行清是一家或一族人约定时间一起去扫山。广东人对于宗庙、祠堂、祖墓的祭祀，历来被看作头等要事。每逢清明节，不管是在海外的，还是离家乡不远的，都要赶回老家，同父老乡亲一起拜祭祖先，因此清明也成为合家团聚的日子。每年拜山时，先将祖墓周围杂草清除，然后扎纸，摆上金猪、鸡鹅鱼肉、鲜果糕点、酒水等供品进行拜祭。完成拜祭仪式后，就地切烧猪配以鲜果茶点野餐聚宴，或回家聚宴。

除此之外，踏青郊游也是广东人过清明节的主要礼俗主题，因清明时节广东地区已呈现春和景明之象,扫墓祭祖、因利趁便,拜山之余一家老少在山乡野间踏青游玩一番。

(二)江苏

江苏各地清明节习俗不尽相同,泰州人于清明节举行划船比赛,称为"撑会船"。镇江人以柳叶七片泡茶,据说喝了可以明目。武进县方茂山以清明节为龙母化身之日,乡民竞相拜祷。徐州人把清明节扫墓称"上陵"(陵读音"林",指陵地),将近清明节时,徐州人便纷纷举家上坟祭祖,最迟不得超过清明节这一天。

(三)海南

海南人清明节祭祖时,还有吟诵祖训族规的民俗传统。海南各地建有"祖庙",多在清明节之际举行祭祀活动,这些祭祀活动中,往往有八音伴奏,念唱祭文,追颂入琼始祖功德。海南人扫墓时,以猪、鹅、鱼、糕果点心祭祀,焚香化宝。也有同姓居民抓猪拉羊到始祖坟上祭祀,祈求后代子孙繁荣。

(四)福建

闽南侨乡对于清明节十分重视,闽南清明节习俗是民间传统的溯源追本节日,其主要活动为扫墓祭祖。扫墓日期各地略有不同,泉州的习俗是在清明节前后几天,漳州则有部分人会选在三月初三的上巳节前后扫墓,客家人则通常在春节之后。福州清明节,踏青游人大多拾野菜煮醴,称为"煮菜醴"。惠安人扫墓时放纸鸢,吹麦箫。泉州人清明节吃润饼、制脚目粿,见图9-6。

图9-6 润饼和脚目粿

（五）港澳

港澳的清明节习俗与广东大体相同。清明时节，香港民众一般会到先人墓前拜祭，焚烧香烛、冥镪，清除杂草及供奉水果、香酒、鲜花、烧猪或白切鸡等。尽管香港大部分坟地墓园都有公共交通连接，但清明节当天交通依然拥堵。香港民众时常为避免人多拥挤，习惯错峰祭拜，不一定恪守清明节当日扫墓祭祖的传统。

清明节也是澳门的法定假期。清明节扫墓祭祖是澳门居民很重视的习俗，澳门人把清明节当天叫作"正清"，在清明节当天扫墓叫作"行正清"。每逢清明节前后，"行正清"的人们除了自备香烛、冥纸以外，还会携带烧肉或是一整只乳猪、水果、糕点、酒等来供奉祖先。

三、节日影响

（一）文化方面

清明节能够满足人们怀念离世亲人的情感需要，同时加深了人际关系。清明节的兴盛，宣扬了孝道伦理，强调了亲人间的感情联系，促进了人文精神的建设和弘扬，增强了国人的民族文化认同意识和民族自豪感，从而加强民族凝聚力。

（二）政治方面

清明节期间纪念革命先烈，有很好的政治意义；祭奠逝去亲人、祭祀华夏始祖黄帝，可以弘扬传统文化，增强民族意识和民族凝聚力，这些都是精神文明建设的重要内容。

（三）自然方面

清明节春游是人投入大自然怀抱的活动，作为节日习俗来加以倡导，可以使国人更加喜爱接近大自然，更加热爱自然环境，并进而加强爱护自然环境的思想意识。从时间上来说，清明节期间的气候和自然环境状况更适合春游。选择清明节作为春游的节日，是我们的祖先在生活中根据长期的经验总结出来的，是符合自然界变化规律的。

项目三　端午节习俗

端午节习俗微课

📖 知识目标

1.了解端午节习俗及其蕴含的寓意。

2.了解我国少数民族端午节习俗的特色。

✏️ 技能目标

1.学习节日习俗,了解端午节的影响力。

2.学习关于端午节的相关古诗词,从中感悟节日习俗中蕴含的中华优秀传统文化。

☕ 育人目标

1.合理运用在本项目中学到的与端午节相关的历史背景及其蕴藏的文化内涵,继承与发扬中华优秀传统文化。

2.感受节日文化特点,激发学生热爱家乡、热爱祖国的情感。

屈原投江

屈原是战国时期楚国的大臣,他一心报国,却遭奸臣排挤诽谤,被楚怀王流放。在流放期间,他仍心系楚国,写许多饱含爱国情怀的诗篇。

后来,楚国郢都被秦军攻破,屈原悲痛万分,于农历五月初五投汨罗江自尽,以死明志。百姓们敬重屈原的爱国精神,纷纷划船打捞他的遗体,又往江中投放粽子等食物,以免鱼虾啃食他的身体。

从此,每年五月初五,人们都通过赛龙舟、吃粽子等活动纪念屈原,端午节也由此而来,并逐渐演变成一个传承爱国精神与民族文化的重要节日。

案例导入

为继承中华优秀传统文化遗产,弘扬伟大民族精神,在全校师生中广泛开展"爱祖国、爱人民、爱家乡"的教育活动,在端午节来临之际,某小学将开展以"传承红城端午习俗,弘扬中华传统文化"为主题的系列活动。本次活动是以红城古镇深厚文化底蕴为依托的大型文化展演活动,通过儿歌、走秀、品尝、讲述、演艺、刺绣等系列活动,全面展示古镇独特魅力和学校特色文化,营造文明、进步、和谐的节日氛围,使学生对家乡的端午节传统文化有进一步了解。活动主题：一年级戴端午荷包，唱佳节儿歌；二年级绣荷包；三年级话端午习俗，品家乡美食；四年级演艺屈原诗词；五年级表演粽叶飘香，情浓端午；六年级编花绳。此项活动的开展与"中国梦"结合起来，精心设计，提高学生参与活动的积极性与主动性，创新了传统节日文化活动的形式。

✕ 任务内容

端午节是中国四大传统节日之一，时间为每年农历五月初五，是集拜神祭祖、祈福辟邪、欢庆娱乐和饮食为一体的民俗大节，有端阳节、龙舟节、重午节、重五节、天中节等二十多个别称。端午节作为节日，形成于汉代。东汉应劭《风俗通义》中就有农历五月五日人们防避兵役鬼魅、防病防疫的记载。而关于端午节的起源，自古到今说法不一，主要说法有纪念屈原说、龙的节日说（祭祀龙图腾说）等。端午节的起源涵盖了古老星象文化、人文哲学等方面内容，蕴含着深邃丰厚的文化内涵，在传承发展中融多种民俗为一体，各地因地域文化不同而又存在着习俗内容或细节上的差异。

一、端午节习俗

传说端午节是为了纪念战国时代楚国诗人屈原，他在五月初五投汨罗江自尽殉国。屈原因忠事楚怀王遭排挤，后流放，最终投汨罗江自尽。百姓闻讯划船捞救，但无果，遂荡舟江河寄托哀思，后演变为龙舟竞赛。又投米团入江以防鱼食屈原身体，形成吃粽子习俗。端午节吃粽子、赛龙舟皆源于纪念屈原。唐代文秀《端午》诗为证："节分端午自谁言，万古传闻为屈原。堪笑楚江空渺渺，不能洗得直臣冤。"龙舟竞渡和吃粽子是端午节最具代表性的节庆活动，这两项民俗与吴越地区渊源深厚。《汉书·地理志》记载了古代越人"文身断发，以避蛟龙之害"的习俗。古代越人以龙为图腾，在每年端午节，他们会举办盛大的图腾祭，使用刻画为龙形的独木舟（图9-7），在江河上竞渡游戏，同时把粽子投入水里祭祀龙神。铜钺上绘两龙，下绘竞渡，体现了"飞龙在天人在地"的天地宇宙观，是古越人祭祀神龙和图腾崇拜的实物佐证。

扫码看彩图

图9-7 龙形独木舟

除此之外,端午节人们以雄黄酒洒墙壁门窗,饮蒲酒等,看似迷信,但又是有益于身体健康的卫生活动。同时端午节期间人们通常将艾草、菖蒲插或悬在门上,因为菖蒲为天中五瑞之首,象征驱除不祥的宝剑。艾草代表招百福,是一种可以治病的药草,插在门口,可使身体健康,针灸里的灸法就是用艾草作为主要成分,放在穴位上通过灼烧来治病。拴五色丝线也是端午节的特色习俗之一,在端午节这天,人们要在手腕、脚腕上系五色丝线,传到后世,发展成如长命缕、长命锁、香包等许多种漂亮饰物,制作也日趋精致,成为端午节特有的民间艺术品。

二、端午节食俗

(一)粽

粽即"粽籺",俗称粽子(图9-8),主要材料是糯米、馅料,用箬叶(或柊叶)包裹而成,形状多样,有尖角状、四角状等。粽子由来久远,最初是用来祭祀祖先神灵的贡品。传入北方后,用黍米做粽,称"角黍"。由于各地饮食习惯的不同,粽子形成了南北风味。从口味上分,粽子有咸粽和甜粽两大类。端午食粽的风俗,千百年来在中国盛行不衰,已成了中华民族影响最大、覆盖面最广的民间饮食习俗之一,而且流传到朝鲜、日本及东南亚诸国。

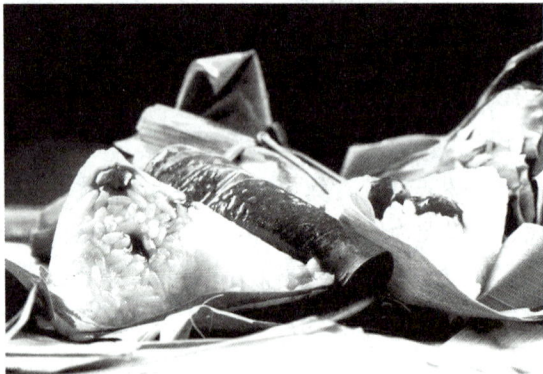

扫码看彩图

图9-8 粽子

(二)雄黄酒

端午节人们饮雄黄酒的习俗,在长江流域地区极为盛行,是用研磨成粉末的雄黄泡制的白酒或黄酒。雄黄可以作为解毒剂、杀虫药,于是古代人就认为雄黄可以克制蛇、蝎等百虫,"善能杀百毒、辟百邪、制蛊毒,人佩之,入山林而虎狼伏,入川水而百毒避。"

(三)五黄

江浙一带有端午节吃"五黄"的习俗。五黄是指黄鱼、黄瓜、黄鳝、鸭蛋黄、雄黄酒(雄黄酒有毒性,一般都喝普通的黄酒代替雄黄酒)。也有其他说法,咸鸭蛋可以用黄豆替代。农历五月,江南人称五黄月。

（四）打糕

端午节是吉林省延边朝鲜族人民隆重的节日。这一天最有代表性的食品是清香的打糕。打糕就是将艾蒿与糯米饭放置于独木凿成的大木槽里,用长柄木捶打制而成的米糕。这种食品很有民族特色,又可增添节日的气氛。

（五）煎堆

福建晋江地区,端午节家家户户还要吃"煎堆",就是用面粉、米粉或番薯粉和其他配料调成浓糊状煎成。相传古时闽南一带在端午节之前是雨季,阴雨连绵不止,民间说天公穿了洞,要"补天",端午节吃了"煎堆"后雨便止了,人们说把天补好了,这种食俗由此而来。

三、部分民族端午节活动

中国是个多民族的国家,各民族庆祝端午节的形式各有不同。除了汉族以外,各少数民族在端午节期间的习俗及活动也各有特色。

（一）纳西族

每年五月初五日清晨,纳西族家家要吃糖枣糯米饭,喝雄黄酒。门前插蒿、三根菖蒲及两根大麦穗。长辈要给十五岁以下的孩子绕扎五色棉线,称"续命线"。男孩绕左腕,女孩绕右腕。续命线需戴一个多月的时间,到农历六月二十七日火把节最后一天才解下烧掉。节日里,集市上还摆设药摊,出售各类名贵药材。妇女们则绣织小香包、小钱包、布娃娃、扇套、笔套等手工艺品。

（二）彝族

传说古时有一年天气炎热,彝族寨子里病疫流行,人们惊恐万分。江边的汉族兄弟听说后就把端午节采的菖蒲、艾叶和雄黄送上山,用药给老人洗疮,用雄黄酒给阿依擦身,几天后,人们的病全好了。后来,彝族人备了厚礼下山感谢汉族兄弟。汉族人告诉他们,端午节的草药能治百病,还能避邪。从此,彝族也过起了端午节。因为端午节又叫端阳节,彝语把"端"念成了"都",所以将端阳节叫做"都阳节"。节日这天,家家户户门前都挂上菖蒲和艾叶,孩子们要用雄黄酒擦脸,青年男女还要包好粽子,带上酒和培培肉,到风光秀丽的山间草坪进行摔跤、跑马、斗牛、斗羊、跳舞等娱乐活动。

四、节日影响

2006年5月,国务院将端午节列入首批国家级非物质文化遗产名录。2008年起,端午节被列为国家法定节假日。2009 年 9 月,联合国教科文组织正式批准将其列入《人类非物质文化遗产代表作名录》,端午节成为中国首个入选世界非遗的节日。端午节的文化内涵和节日习俗,寄托着人们内心丰富的文化情感、厚重的家国情怀,承载了人们诸多美好愿望。每到端午节,各地都会组织各式各样的节日活动——诵读《离骚》、包粽子、做香包、划龙舟等。通过这些活动,构筑起节日的仪式感,人们在参与的过程中,渐渐地与传统亲近。这些诗意化的节日习俗,使一代代人的心灵获得美好的慰藉,承载着人们对美好生活的向往和祝福。

项目四　中秋节习俗

中秋节习俗微课

知识目标

1. 了解中秋节的历史沿革。

2. 了解中秋节习俗及其蕴含的寓意。

3. 了解我国不同地区中秋节习俗的特别之处。

技能目标

1. 通过学习节日习俗,了解中秋节的影响力,传承和弘扬中华优秀传统文化。

2. 理解中秋节蕴涵的文化内涵,增强文化自信。

育人目标

1. 合理运用在本节课中学到的中秋节习俗知识与其中蕴藏的传统文化的内涵,继承与发扬中华优秀传统文化。

2. 培养作为旅游从业者关于传统节日习俗的文化内涵。

月饼的启示

小镇上,每年中秋节李老汉都精心制作手工月饼。有一年,孙子嫌月饼不如店里买的精美,不愿帮忙。李老汉坚持独自制作,孙子在一旁观看。李老汉边做边说,这月饼虽模样普通,却饱含家族传承的手艺与心意,每一道工序都不能马虎。

孙子逐渐被感动,帮忙递食材。月饼出炉,虽不华丽,但满是温暖。孙子领悟到,中秋月饼不在外表,而在其中承载的家族情感与传统,传统习俗的价值需用心感受,不可因追求新潮而轻易舍弃,这是中秋节给予的珍贵道理与赋予的厚重文化内涵。

案例导入

中秋节是中华民族的传统节日之一。在这一天,人们会赏月、吃月饼、猜灯谜等,寓意着团圆和美满。为了更好地传承这一传统文化,同时也为了丰富社区居民的生活,某社区策划了一场别具一格的中秋节活动。并将活动主题定为"月圆人团圆,共度中秋夜"。晚上组织居民一起在户外赏月,共同感受月圆之美。放置特制的长桌,摆放月饼、水果等美食,让大家在赏月的同时享受美食；邀请专业面点师傅现场教授制作月饼，让居民亲手制作属于自己的中秋月饼，这不仅增加了活动的趣味性，也让大家更深入地了解中秋节的文化内涵；设置猜灯谜、拔河、踢毽子等传统游戏环节，让大家在游戏中感受中秋节的欢乐氛围；还设置亲子DIY区，让家长和孩子一起制作中秋主题的手工艺品，如剪纸、折纸等，增进亲子感情。除此之外，还邀请当地艺术团、民间艺人进行中秋主题的表演，如舞蹈、戏曲等，让老年人欣赏到丰富多彩的文艺节目，并组织志愿者为社区内的孤寡老人、残疾人等送去中秋祝福和慰问品，传递社会正能量。

任务内容

中秋节又称祭月节、月亮节、团圆节、仲秋节、月夕等（图9-9），是流行于中国众多民族中的传统节日，时间为农历八月十五，因其恰值三秋之半，故得此名，与春节、清明节、端午节并称为中国四大传统节日。中秋节在发展中融合了天子夕月、秋社、赏月及月宫的传说等多种风俗。中秋节起源于先秦，普及于汉代，定型于唐朝，正式定立于北宋，盛行于宋朝以后。中秋节自古便有祭月、赏月、追月、乞月、照月、扎灯笼、玩花灯、猜灯谜、树中秋、舞火龙、烧塔、听香、吃月饼、嗦田螺、食甜薯、赏桂花、饮桂花酒等民俗，流传至今，经久不息。

扫码看彩图

图9-9　中秋节

中秋节在千百年传承中几经演化流转，蕴含着博大精深的中华优秀传统文化。古老的礼俗与众多神话传说，如嫦娥奔月、吴刚伐桂、唐明皇游月宫等，为中秋节注入丰富内涵。文人墨客借此留下众多诗词文章，最终，"阖家团圆"的精神指向成为现今中秋节的主要文化内涵。中秋节以月之圆兆人之团圆，为寄托思念故乡，思念亲人之情，祈盼丰收、幸福，成为丰富多彩、弥足珍贵的文化遗产。2006年5月20日，中秋节被国务院列入首批国家级非物质文化遗产名录。除中国外，中秋节还在日本、朝鲜半岛、东南亚等国家和地区流行。2008年1月1日，中秋节被国务院列为国家法定节假日。

一、中秋节历史沿革

（一）先秦起源

中秋节源自先民对天象的崇拜，由上古时代秋夕祭月演变而来。祭月，历史久远，是我国古代一些地方民间对"月神"的一种崇拜活动，二十四节气的"秋分"，是古老的"祭月节"。《周礼·天官·冢宰》云："司裘：掌为大裘，以共王祀天之服。中秋献良裘，王乃行羽物。"《周礼·春官·宗伯》亦载："中秋，夜迎寒，亦如之。"上述几处所述"中秋"应为农历八月，即秋天的第二个月，亦即"仲秋"，虽与后世之"中秋"定义略有不同，但一则足见先秦时代已有渊源，二则可知"中秋夕月"乃先秦天子祀天之大礼。《史记·孝武本纪》裴骃集解引应劭语曰："天子春朝日，秋夕月，拜日东门外。朝日以朝，夕月以夕。"由于秋分的晚上不一定有月亮，有月亮也不一定圆，于是民间渐渐把秋分祭月放到中秋了。八月中秋正是收获季节，古人要举行祭祀土神的仪式，叫作"秋报""秋社"。《白虎通·社稷》载："仲秋之月，择元日，命民社。"《援神契》曰："仲春祈谷，仲秋获禾，报社祭稷。"夕月、秋社，可视为中秋节的渊源。

（二）汉晋初成

中秋节普及于汉代，汉代是我国南北各地的经济文化交流融合时期，各地文化上的交流使节俗融合传播。由于中秋的月亮特别皎洁晶莹，从汉代开始，由祭月、礼月逐步形成赏月之风。汉代文学家枚乘有《月赋》，西晋陆机，南朝谢灵运、沈约、鲍照，北周王褒都有咏月、赏月的诗赋，但并没固定在八月十五日，所以并没有形成节日。据记载，在汉代时，有在中秋或立秋之日敬老、养老，赐以雄粗饼的活动，晋时亦有出现中秋赏月之举的文字记载，不过不太普遍，晋之前中秋节在中国北方地区还不流行。

（三）唐宋流行

唐代，中秋节成为官方认定的全国性节日，中秋风俗在中国北方地区逐渐流行。《唐书·太宗记》记载有"八月十五中秋节"。中秋赏月风俗在唐代的长安一带极盛，许多诗人的名篇中都有咏月的诗句。唐代是传统节日习俗揉合定型的重要时期，其主体部分传承至今，中秋赏月风俗也正式形成于唐代。据《开元天宝遗事》载，八月十五日夜，唐玄宗备文酒之宴，与禁中直宿诸学士玩月。以后每年八月十五，都照例赏月。为了与杨贵妃一起望月，还敕令于太液池西岸筑百丈高台，因安史之乱爆发，没有修成。自唐玄宗以后，中秋咏月诗大量出现，如白居易的《八月十五日夜湓亭望月》云："西北望乡何处是，东南见月几回圆。"韦庄的《送李秀才归荆溪》云："八月中秋月正圆，送君吟上木兰船。"司空图《中秋》云："此夜若无月，一年虚过秋。"北宋时期，正式定农历八月十五为"中秋节"。文学作品中出现了"小饼如嚼月，中有酥和饴"的节令食品。文人学士赏月、咏月，如北宋苏东坡的《水调歌头》云："明月几时有，把酒问青天。"宋代中秋节成为世俗的隆重节日。它与唐代中秋节主要有两点不同：一是唐代主要是夜晚宴饮赏月，宋代则是全天都过节，中午就纵情饮酒；二是唐代中秋节活动的主角是文人、中上层家庭，唐朝中后期一般百姓开始参与，但并没到踊跃、热衷的程度。宋代的朝廷也重视中秋节，给公职人员一天的假期。南宋吴自牧《梦粱录》对南宋中秋习俗的记载与北宋习俗类似，同样热闹，但增记一项内容："至如铺席之家，亦登小小月台，安排家宴，团圆子女，以酬佳节。"表明此时中秋节有了重视家人团圆的趋向。

（四）明清演化

自明朝起，中秋节的习俗有了比较大的变化，虽然还是围绕月亮来进行各种节庆活动，但整个节俗的内容有显著的调整、变动。首先，中秋节不再以赏月活动为中心。这时，唐宋时期的浪漫抒情赏月传统开始淡化。在明代刘侗、于奕正所著的记述明朝北京风俗的《帝京景物略》里有对中秋节的大段描述，其中没有对赏月的记载，取而代之的是对祭月的详细记载。可以说，拜月祈福是明清时期中秋节最重要的内容。其次，明清时期亲人团圆成为中秋节俗的明确主题之一。再次，重视亲友之间的人情往来。亲友之间要互送月饼、瓜果等过节的东西。最后，明代出现了月饼这种重要的节令食品。开始月饼是作为祭祀月神的供品出现在节俗之中的，祭祀仪式完成后人们分食，它也就成为人们过节时的食品。

（五）现代发展

如今在政府的引导下，中秋节借力文旅融合发展，热度持续不减。中秋节发展至今，吃月饼已经是中国南北各地过中秋节的必备习俗。月饼象征着大团圆，人们把它当作节日食品，用它祭月、赠送亲友。除月饼外，各种时令鲜果、干果也是中秋夜的美食。作为中华民族在长期生产生活实践中产生和形成的中华优秀传统文化，中秋节因其节俗丰富，贴近人民生活的本性，体现了人与自然和谐的理念，已成为全球华人共享的传统节日。

二、中秋节习俗

（一）食月饼

月饼又称月团、宫饼、团圆饼等（图9-10），是古代中秋祭拜月神的贡品。最初是用来祭奉月神的供品，后来人们逐渐把中秋赏月与品尝月饼，作为家人团圆的象征。月饼象征着大团圆，人们把它当作节日食品，用它祭月、赠送亲友。

图 9 - 10 月饼

（二）亲友团聚

中国传统节日有贵人伦、重亲情的特点,过节以亲人团聚、人丁兴旺为福。其中又有两个节日在强调亲人团聚方面更加突出,一个是春节,另一个是中秋节。自唐朝中秋节产生起,就将月圆与人间团圆联系起来,随着时代的变迁,人间团圆的主题越来越突出、重要。这一主题是与中秋节源于月圆密切相关的,可以看作中秋节的一个特色,而且与明月联系起来更富于诗意。

（三）游戏娱乐

综合各地的中秋节俗,游戏娱乐的活动丰富多彩,可谓五花八门,如走月亮、逛夜市、游园会、放烟花、燃宝塔灯、放孔明灯、看灯会、猜灯谜、荡秋千、舞龙、会饼、玩兔爷、歌会（唱月亮）、看花展、文艺演出等。这也是大型节日的必要组成部分,渲染了中秋节的节日氛围,既热闹又很有声势。

三、部分地区节日活动

（一）湖广燃灯

中秋之夜有燃灯以助月色的风俗。近代中秋燃灯之俗更盛,如今湖广一带仍有用瓦片叠塔于塔上燃灯的节俗,江南一带则有制灯船的节俗。周云锦、何湘妃《闲情试说时节事》一文说:"广东张灯最盛,各家于节前十几天,就用竹条扎灯笼。做果品、鸟兽、鱼虫形及'庆贺中秋'等字样,上糊色纸绘各种颜色。中秋夜灯内燃烛用绳系于竹竿上,高竖于瓦檐或露台上,或用小灯砌成字形或种种形状,挂于家屋高处,俗称'树中秋'或'竖中秋'。富贵之家所悬之灯,高可数丈,家人聚于灯下欢饮为乐,平常百姓则竖一旗杆,灯笼两个,也自取其乐。满城灯火不啻琉璃世界。"中秋燃灯之俗其规模仅次于元宵灯节。

（二）浙江观潮

在古代,今浙江一带除中秋赏月外,观潮可谓是又一中秋盛事。中秋观潮的风俗由来已久,早在汉代枚乘的《七发》赋中就有了相当详尽的记述。汉以后,中秋观潮之风更盛。明朱廷焕《增补武林旧事》和宋吴自牧《梦粱录》也有观潮记载。

（三）广东树中秋

在广东一些地方,中秋节有一种富有情趣的传统风俗,叫"树中秋"。树亦作竖,即将灯彩高竖起来之意,所以也叫"竖中秋"。小孩子们在家长协助下用竹纸扎成兔仔灯、杨桃灯或正方形的灯,横挂在短竿中,再竖起于高杆上,高举起来,彩光闪耀,为中秋再添一景。孩子们多互相比赛,看谁竖得高,竖得多,灯彩最精巧。入夜,满城灯火,如繁星点点,和天上明月争辉,以此庆贺中秋。此外,还有很多小朋友会用水果皮扎灯笼,如木瓜灯、香蕉灯等,最简便的是"柚皮灯",几乎家家户户的小孩都能做。扎好的灯笼除了用来"树中秋",更有情侣提着灯笼依偎赏月。

（四）潮汕拜祖先

中秋节当天下午,广东潮汕地区各家大厅里就摆台设祭,置祖先神主牌,献上各色供品。祭毕,把祭品逐样烹调,合家同食一次丰盛晚餐。

（五）香港舞火龙

舞火龙是香港中秋节最富传统特色的习俗。从每年农历八月十四日晚上开始,铜锣湾大坑地区就连续三晚举行盛大的舞火龙活动。火龙长达70多米,用珍珠草扎成32节的龙身,插满了长寿香。盛会之夜,这个区的大街小巷,一条条蜿蜒起伏的火龙在灯光与龙鼓音乐下欢腾起舞,很是热闹。

四、节日影响

作为中华民族的传统节日,中秋节习俗还传播到国外。其传播途径有两种:一是中国作为世界上的经济强国、文化大国,其文化受到别国追捧、效仿,特别是在东亚出现了包括周边国家在内的"汉字文化圈",中秋节从唐朝开始就传播到了日本、朝鲜半岛、越南等,如位于朝鲜半岛的韩国和朝鲜的中秋节,过得很隆重也很热闹。韩国中秋节的主要习俗有送礼、团聚、吃松糕、祭祖、扫墓、庆丰收。韩国人很喜欢中秋节,把它当作第二大节,节日到来之前一个月左右,各大商场都在大减价,以吸引国民购买礼物赠送亲朋。二是随华侨传播到世界各地。如中秋节是马来西亚华人的重要节日,并在2003年被马来西亚政府定为旅游庆典。华人除了在家里团聚、吃月饼,还在街道、广场等公共场所搞隆重的欢庆活动,人们纷纷提着灯笼参加巡游,并举行舞龙、舞狮、花车巡游等声势浩大的展演。

模块➕ 旅游从业者文化礼仪

1. 文化素养：茶艺、花艺、香道等传统技艺是中华礼仪文化的重要体现。学生通过对茶艺、花艺、香道等传统技艺的学习和实践,深入理解中华文化中的礼仪规范。例如,学生可以学习茶道的"敬茶礼仪",理解其中蕴含的尊重与谦逊;通过学习花艺的"插花艺术",体会自然与人文的和谐之美;通过学习香道的"焚香礼仪",领悟宁静致远的精神境界。这些传统技艺不仅能够提升学生的文化素养,还能在服务过程中展现出对游客的尊重和关怀,体现良好的职业道德。

2. 文化自信：学生通过实践体验活动,亲身感受传统技艺的魅力。例如,学生可以参与茶艺表演,学习如何通过泡茶、敬茶传递礼仪之美;通过花艺课程,学习如何通过插花艺术展现自然与人文的和谐;通过香道体验,感受焚香礼仪中的宁静与优雅。同时,课程还应注重培养学生的文化传播能力,帮助他们在服务过程中通过传统技艺向游客传递积极的文化信息。例如,导游可以在讲解过程中结合茶艺表演,向游客展示中华优秀传统礼仪文化的独特魅力。学生通过学习这些内容,激发对中国礼仪文化的热爱,并在服务中通过传统技艺传播正能量,展现中华文化的深厚底蕴,提升文化自信。

3. 促进学生全面发展：旅游行业的快速发展对从业者的综合素质提出了更高的要求,而对茶艺、花艺、香道等传统技艺的学习和实践则是促进学生全面发展的重要途径。课程应通过多元化的教学内容和方法,结合对传统技艺的学习,促进学生的全面发展,帮助他们适应社会需求。通过对茶艺、花艺、香道的实践,学生可以学习如何在团队协作中完成一场茶艺表演,或在面对突发情况时运用传统技艺解决问题。通过学习这些内容,学生能够实现全面发展,具备适应社会需求的综合素质,为未来的职业生涯打下坚实基础。

项目一　茶艺文化

茶艺礼仪微课

知识目标

1.了解茶艺文化的起源与发展。

2.了解茶具,掌握茶水冲泡的基本步骤及注意事项。

3.了解品茗礼仪的使用场合和对象。

技能目标

1.通过学习茶艺文化,了解其蕴藏的传统文化知识。

2.引导学生从古诗词入手理解茶艺文化的历史,根据场合、情景的不同,合理运用学到的茶艺知识。

3.熟练掌握品茗礼仪中的叩指礼和品茶礼。

育人目标

1.学生通过品茶培养高雅情志,感悟传统文化中的中庸之道,行俭之德、明伦之礼,展示谦雅风貌,提升职业素养。

2.传承和弘扬中国茶艺文化,树立文化自信。

案例导入

茶韵中的谦逊

在一个宁静的山脚下有一座小茶馆,馆主是一位资深的茶艺师。一日,来了一位自恃精通茶道、四处寻访切磋的年轻人。他入座后,便滔滔不绝地讲述自己对茶艺的见解,从茶叶的品种到泡茶的水温,眉飞色舞间尽显傲慢。茶艺师只是微笑倾听,默默开始准备茶具泡茶。他手法娴熟而沉稳,注水、出汤,每一个动作都如同行云流水。当一杯香气四溢的茶摆在年轻人面前时,年轻人轻抿一口,瞬间愣住,这茶的滋味远胜他平日所品。

茶艺师这时才缓缓开口:"茶艺之道,不在于夸夸其谈,而在于内心的宁静与谦逊,用心去感受每一片茶叶的生命,才能泡出真正的好茶。"年轻人听后,满脸羞愧,从此放下傲慢,潜心研习茶艺。

任务内容

茶艺是一种文化。茶文化起源于中国,茶艺广泛吸收和借鉴了其他艺术形式,并扩展到文学、艺术等领域,形成了具有浓厚民族特色的中国茶艺文化。

一、茶艺文化的起源与发展

据《华阳国志·巴志》记载,"园有方翡,香茗",我国人工栽培茶树已有三千多年历史。我国茶文化萌芽于唐,发源于宋,改革于明,极盛于清,文化底蕴极其深厚。有中国人落脚的地方,就带去了饮茶的习惯。茶是中国人日常生活中不可缺少的一部分,中国有句俗语,开门七件事:柴、米、油、盐、酱、醋、茶。这种饮茶习惯在中国人身上根深蒂固,已有上千年历史。在唐朝中叶,茶学家、茶文化奠基人陆羽,总结前人与当时的经验,完成了全世界第一本有关茶叶的著作《茶经》,之后饮茶之风很快吹遍中国大江南北,上自帝王公卿,下至贩夫走卒,莫不嗜茶。陆羽的《茶经》是唐代和唐以前有关茶叶的科学知识和实践经验的系统总结,是陆羽躬身实践,笃行不倦,取得茶叶生产和制作的第一手资料后,是陆羽遍稽群籍,广采博收茶家采制经验的结晶。以茶待客、以茶代酒,"清茶一杯也醉人",就是中华民族珍惜劳动成果、勤奋节俭的真实反映。除了在日常生活中普遍应用外,茶的自然功能亦用以清神益智、助消化等。人们在饮茶过程中以茶雅志,以茶会友。可以说,茶是一种从形式到内容,从物质到精神,从人与物的直接关系到成为人际关系的媒介。

二、茶具与茶水冲泡技巧

"美食不如美器"历来是中国人的器用之道,从粗放式羹饮发展到细啜慢品式饮用,人类的饮茶经历了一定的历史阶段。不同的品饮方式,自然产生了相应的茶具(图 10-1),茶具是茶文化历史发展长河中最重要的载体,为我们解读古人的饮茶生活提供了重要的实物依据。

扫码看彩图

图 10-1 茶具

（一）茶具

1.瓷器茶具

瓷器茶具的品种很多,主要有青瓷茶具、白瓷茶具、黑瓷茶具和彩瓷茶具。而彩瓷茶具中尤以青花瓷茶具最引人注目。青花瓷茶具是以氧化钴为呈色剂,在瓷胎上直接描绘图案纹饰,再涂上一层透明釉,之后在窑内经1300℃左右高温还原烧制而成的器具。这些茶具在中国茶文化发展史上都曾留下辉煌的一页。

2.紫砂茶具

紫砂茶具由陶器发展而来,是一种新质陶器,始于宋代,盛于明清,流传至今。北宋梅尧的《依韵和杜相公谢蔡君谟寄茶》中说:"小石冷泉留早味,紫泥新品泛春华。"说的就是紫砂茶具在北宋刚开始兴起的情景。

3.玻璃茶具

在现代,玻璃器皿有较大的发展。玻璃质地透明,光泽夺目,外形可塑性大,形态各异,用途广泛。玻璃杯泡茶,茶汤的鲜艳色泽,茶叶的细嫩柔软,茶叶在整个冲泡过程中的上下翻动,叶片的逐渐舒展等,可以一览无余,可说是一种动态的艺术欣赏。玻璃杯价廉物美,深受广大消费者的欢迎。

4.冰裂茶具

冰裂茶具因茶杯杯身有似冰裂的痕迹,由此而得名。其选用天然的陶瓷泥料,运用独特的加工技术精制而成,具有外形光亮细腻美观,杯壁厚,不烫手,散热快等特点。冰裂茶具在市场上的热销度不亚于汝窑茶具,因其色泽独特,且价格相对平民化。

（二）茶水冲泡流程

茶水冲泡的基本流程包括以下几个步骤。

(1)温杯:首先用沸水烫洗茶具,包括茶壶、茶杯等,以去除异味并预热茶具,提升茶香。

(2)置茶:将适量的茶叶放入茶壶中,一般茶量以壶的三分之一为宜。

(3)醒茶:对于一些紧压茶或陈年茶,可以先进行醒茶,即用少量热水润茶,帮助茶叶舒展。

(4)冲泡:根据茶叶种类和特性,控制好水温。冲泡时,高提水壶,使水自高点下注,让茶叶充分翻滚散开。

(5)出汤:泡好后,将茶汤倒入茶盅中,注意壶嘴与茶盅的距离要近,以免香气散发。

(6)分茶:将泡好的茶均匀地倒入各个茶杯中,供客人饮用。

（三）不同茶叶的冲泡方法

1.绿茶

绿茶适宜80℃～85℃的水温,冲泡时间为2～3分钟。最好现泡现饮,避免茶叶中的多酚类物质被破坏。

2.乌龙茶

乌龙茶适宜95℃左右的水温,使用紫砂壶或盖碗杯,投叶量较大,一般占壶的一半或更多。第一泡通常要倒掉,之后可以多次冲泡。

3.黄茶

黄茶适宜85℃～90℃的水温,第一泡30秒,第二泡60秒,第三泡2分钟,冲泡时间逐渐延长。

（四）影响茶水冲泡效果的因素

1.水温

不同的茶叶适宜不同的水温,过高或过低的水温都会影响茶叶的口感和香气。

2.投茶量

投茶量过多会导致茶汤过浓,过少则滋味淡薄。合理的投茶量能保证茶汤的口感和香气。

3.浸泡时间

浸泡时间过长会使茶汤变苦涩,过短则滋味不足。合理的浸泡时间才能保证茶叶的香气和滋味。

三、品茗礼仪

高山流水,茶韵悠长。我们国家是茶的故乡,中华茶文化源远流长,博大精深,直到现在,中国各族同胞还有以茶代礼的风俗。泡茶有规范要求,喝茶亦是如此。品茗礼仪主要分为叩指礼和品茶礼。

1.叩指礼

叩指礼是主人奉茶后,接茶人以手指轻敲桌面的方式以示谢意,这个行为就叫叩指礼。叩指礼的由来据说有个小典故,相传乾隆皇帝与纪晓岚一起微服私访江南时,来到一家小茶楼,乾隆感觉店小二冲茶的姿势有趣,就学着他的样子往纪晓岚的茶杯里冲茶,这一下可把纪晓岚吓坏了,按规矩他得三跪九叩谢恩,但又怕暴露皇上的身份,情急之下,便弯曲双指不断扣桌,示意连连叩首,这叩指礼便沿用至今,成为了现代茶桌上的礼貌行为,这也避免了在喝茶的时候反复道谢,破坏喝茶的节奏和氛围。在现代社会叩指礼的行礼方式不断完善和变化,叩指礼都是右手行礼,在具体操作时应分为三种情况。

(1)当长辈或者领导给晚辈或下属倒茶,晚辈或下属向长辈或领导行礼时,行五指叩指礼(图10-2),即五指并拢握空拳,拳心向下,五个手指同时轻敲桌面以示感谢和尊重,一般敲三下即可。

扫码看彩图

图 10-2　五指叩指礼

(2)平辈之间敬茶,喝茶者行双指叩指礼以示感谢,五指并拢握空拳,食指中指伸出并拢,用双指指肚轻敲桌面三下以示尊重,见图10-3。

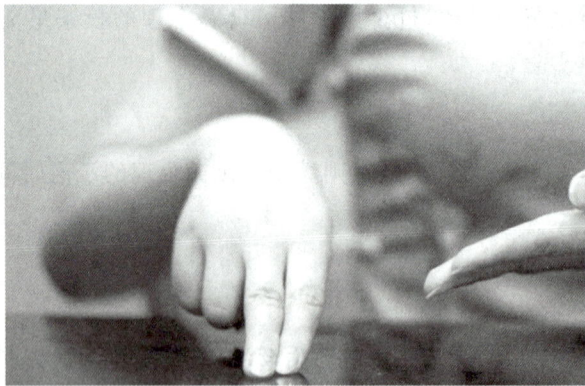

扫码看彩图

图 10-3　双指扣指礼

(3)当晚辈或下属给长辈或领导倒茶时,长辈或领导行单指叩指礼(图10-4),即用食指指肚轻敲桌面一下以示点头感谢,如对晚辈或下属特别欣赏,可敲三下。

扫码看彩图

图 10 - 4　单指扣指礼

2.品茗礼

品茗礼仪除了叩指礼外还有品茶礼。品茶礼是指我们端起茶杯喝茶时应遵循的礼节。执杯时,我们应拇指食指夹杯,中指托底,谓之三龙护鼎。女士可微翘兰花指,男士则收回龙尾。右手执杯以为敬,感恩之心以为品。喝茶时不可"一口闷或亮杯底",应是三口一品,也就是茶分三口喝完,其口诀为"一口啜,二口品,三口回味"。

一口啜是指人在初次品饮茶汤时,要细细感受茶的香气和滋味。

二口品是把茶汤含入口腔后,感受茶汤所带来的具体滋味。

三口回味是感受饮茶之后带来的韵味、回甜、回甘等。

品茶不仅是品味茶的本身,更是体现了一个人的素质修养。学会品茗礼仪知识对我们以后进入职场,结交朋友可谓是事半功倍。

项目二 花艺文化

花艺文化微课

知识目标

1.了解插花艺术的起源、发展及在现代生活中的应用。
2.掌握插花创作的基本步骤及注意事项。

技能目标

1.利用已有学具与花材,独立设计完成一款节日主题花束。
2.在工作中可以根据具体场景打造合适的花艺造型。

育人目标

1.学生通过学习花艺文化,了解其蕴藏的相关传统文化。
2.学生通过花艺活动,培养审美能力及积极乐观的生活态度。
3.提高学生自身修养及文化内涵。

案例导入

花中包容

在小镇街角有一家花店,店主每日精心打理着各类鲜花。一日,一位顾客气冲冲地走进花店,指责店主前一日卖给他的花束中搭配的满天星有枯萎迹象,要求退款赔偿。店主并未争辩,而是诚恳道歉,迅速为顾客重新搭配了一束更加精美的花束,还额外赠送了一支珍贵的百合。

顾客离开后,店员委屈地说并非所有责任都在己方。店主却笑道:"花艺之道,在于包容万象。花有荣枯,人亦有情绪,以包容之心对待,方能化解怨怼,让花的美好传递更远。"从那以后,这家花店的生意愈发红火,许多人都因店主的豁达包容而来。

任务内容

中国插花,起源于古老的文化艺术,体现了中国哲学思想中儒、释、道文化所追求的自然境界,融入了中国诗、画的文化内涵,其风格主要以体现花材的自然美、线条美和意境美为主。插花作为一种文化活动,它以剪切的植物为素材,经过艺术加工,被赋予文化内涵,形成了一门独特的艺术。

插花艺术讲究"外师造化,内发心源"。"外师造化"指的是模仿自然,而"内发心源"指的是将自己的丰富的思维和情感融入花卉之中,从而达到"以花为形、借花寓意"的目的。礼仪插花作为插花艺术的一种,主要用于社交礼仪、喜庆婚丧等场合,它可以传达友情、亲情、爱情,可以表达欢迎、敬重、致庆、慰问、哀悼等形式。人们通过不同的插花形式,以花传情、借花抒怀,或借花艺来言理和明志,在不同的花艺作品中表达内心世界,感悟宇宙自然的生机与规律,感悟人的生存意义与价值,表达对社会、人生的认识,对美好生活的向往与追求,从而起到以花喻教、陶冶情操、修身养性的作用。

一、插花艺术的起源与发展

中国传统的插花艺术是由先秦时期的一种民俗文化演变而来的。从新石器时期开始,先人们在五叶彩陶上画了很多漂亮的花朵图案,这也是我们民族原始审美意识的觉醒。隋唐时期是插花艺术发展的鼎盛时期,当时由于君主、文人士大夫们都喜欢鲜花,且宫廷会举办牡丹插花盛会,民间探花、斗花、赏花等风俗也逐渐繁盛发展。五代十国时期,插花艺术继续迅速发展,插花形式也打破了唐朝讲究庄重和排场的陈规,开始追寻自然而然的趣味,简约质朴,花材的选择更多,花型也更多,有瓶花、盘花、罐花、吊花、篮花等。这一阶段人们在花卉制作工艺方面有了独到见解,最具代表性的就是郭江州所创的"占景盘"。到了宋朝,插花艺术受到了"理学"的深刻影响,重视对插花的理性认识,强调内容多于形式,以表达创作者的情致,花材多采用松、柏、竹、梅、桂等蕴含丰富内涵的优质花材,追求"清""疏"的线条美和意境美,在花材的选择、色彩的运用、构图的造型、内涵的意境,以及插花的理论和技术等方面均达到较高的水平。

二、插花艺术在现代生活中的应用及形式

(一)插花艺术的应用

插花艺术的应用范围包括宾礼、典礼、嘉礼、丧礼。用于宾礼如节日、拜访、探视、祝贺、感谢等;用于典礼如开业庆典、毕业典礼、文艺演出等;用于嘉礼如成人礼、婚礼;用于丧礼如凭吊、慰问、祭祀等。

(二)插花艺术的形式

根据使用场合、用途的不同,插花可分为花束、花篮、桌花等多种形式。

1.花束

花束是用花材插制绑扎而成,具有一定造型,是束把状的一种插花形式。因其插作不需

任何容器,只需用包装纸、丝带等加以装饰即可,故插作简便、快速,尤其是携带方便,成为最受欢迎的插花形式之一,普遍应用于各类社交活动中,如迎接宾客、探亲访友、婚丧嫁娶等。

2.花篮

花篮(图 10-5)是以篮为容器制作成的插花,是社交、礼仪场合最常用的花卉装饰形式之一,可用于开业、致庆、迎宾、会议、生日、婚礼及丧葬等场合。花篮尺寸有大有小,有婚礼上新娘臂挎的小型花篮,有私人社交活动中最常用的中型及中小型花篮,也有高至两米多的大型致庆花篮。

扫码看彩图

图 10-5 花篮

花篮在造型上分为单面观和四面观;在构图形式上分为有规则的扇面形、辐射形、椭圆形,不规则的 L 形、新月形等。花篮有提梁,便于携带,同时提梁上还可以固定条幅或装饰品,成为整个花篮构图中的有机组成部分。

3.桌花

桌花是指装饰于会议桌、接待台、演讲台、餐桌、几案等场所的花饰。在实际生活中应用也非常普遍。因其常使用花钵作为容器,因此也被称作钵花。桌花(图 10-6)一般置于桌子中央(如中餐桌、圆形会议桌和西餐桌等)或一侧(如演讲台、自助餐台、双人餐桌等)。

桌花可以是独立式或组合式,会议主席台、演讲台等还常结合桌子的立面进行整体装饰。造型上,桌花可以有单面观、四面观,构图形式多样,有圆形、球形、椭圆形等对称的几何构图,也有新月形、下垂形等各种灵活多变的不规则式构

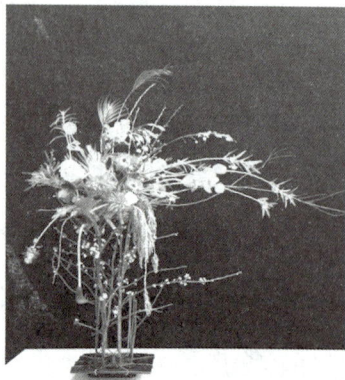

图 10-6 桌花

图。构图主要取决于桌子的形状及摆放的位置。因为花钵有普通式和高脚式,因此桌花也可以做成低式桌花和高式桌花,桌花的高低取决于被装饰的场合和需要营造的气氛。

三、插花创作的基本步骤及注意事项

（一）基本步骤

1.选择容器

选择合适的容器,可以是花瓶、花盆或其他装饰容器,容器的形状和大小应与花材相匹配。

2.选择花材

选择不同色调、不同类型的花材,以增加层次感和丰富度。

3.处理花材

将花材放入清水中,轻轻摇晃以去除尘土和杂质,使用插花剪刀修剪花材至适合容器的高度,去除多余的叶子和刺,如果花材茎部较硬,可在底部削斜切口以增加吸水面积。

4.构建框架

确定作品的高度、宽度和厚度,这将决定作品的大小及用花数量,连点成线,形成完整的框架,使作品轮廓更加清晰。

5.插入主花

选择一支或数支高大、有特点的花材作为主花,将其插入容器中间,成为焦点。

6.插入次要花材

选择一些矮小而丰满的花材,如小花或绿叶,插入主花周围,填补空白区域,增加层次感和细节。

7.增添细节

根据需要,增加一些细节,如小枝、藤蔓或其他装饰物,以增加视觉效果和艺术感。

8.调整位置和角度

调整每支花的位置和角度,以达到整体平衡和美观。

（二）注意事项

(1)插花过程中尽量避免成一条水平线,注意高低错落。

(2)插花过程中下部应尽量密集,上部花材不宜过多,注意上疏下密。

(3)要重视保养插花作品。每天检查水位,去除凋谢花朵,保持环境适宜,根据花型特点避免阳光直射或过于潮湿。

项目三　香道文化

香道文化微课

知识目标

1. 了解中国四大名香及香道工具。

2. 掌握传统的熏香方法：隔火熏香。

技能目标

1. 学习品香礼仪及其注意事项。

2. 根据所学内容，利用已有香道工具，展示无货熏香流程。

育人目标

1. 引导学生从古诗词及名著中理解香道文化的历史，根据场合、情景的不同，合理运用学到的香道知识及其蕴藏的文化内涵。

2. 学生通过学习熏香过程培养高雅情志，展示谦雅风貌，培养作为旅游从业者的文化内涵。

案例导入

香道与心境

在一个宁静的山脚下，住着一位制香老人。他的香闻名遐迩，许多人都慕名而来。

有一天，一位年轻的书生前来拜访。他正为科举考试而焦虑不安，希望能从香道中寻得内心的宁静。老人见他满脸浮躁，便带他走进制香室。老人拿起各种香料，一边研磨，一边说道："制香需心平气和，如同人生，急不得。每种香料都有其独特的韵味，就像世间众人，各有长短。"书生在一旁静静看着，渐渐被老人的专注所感染。

当一缕缕轻烟从香炉中升起时，那淡雅的香气弥漫开来。书生嗅着香气，心中的焦虑慢慢散去。他感悟到，香道并非只追求香味的美妙，更是在这一过程中让心境趋于平和，于纷扰尘世中找到内心的安宁角落，方能以从容之态面对生活的挑战。

任务内容

人类对香的喜好，乃是与生俱来的天性。香，在馨悦之中调动心智的灵性，于有形无形之间调息、通鼻、开窍，调和身心，妙用无穷。中国人用香的历史非常早，香的文明可简要概括为始于春秋战国,滋长于秦汉两朝,完备于隋唐五代,鼎盛于宋元明清。香道是历史悠久的中国传统生活艺术的升华,多流行于中国古代贵族士大夫及文人阶层,通过识香、六根感通、香技呈现和香法修练等环节,在相对规范的程序中,使人体会人生和感悟生活。"一捻沉香末,邀向博山熏",古人焚香是为了享受高雅,也是宫廷贵族们显示身份的象征,而在现代喧闹的、节奏快速的都市生活中也需要这种动求静的意境,在身边摆上一个香炉,焚上一炷香,闭目养神,静静地感悟香气带来的奇妙感受,舒缓压力,宁心静气,自己浮躁的心也会变得踏实。由此可见,现代社会香道的含义远远超越了香制品本身,通过香这个载体达到修养身心,培养高尚情操的目的。

一、中国传统四大名香

沉香、檀香、龙脑香、麝香是我国的四大名香。天然沉香已极为稀少、珍贵,属香道文化中香之上品;檀香分黄檀香和白檀香两种,黄檀香色深,味较浓,白檀香质坚,色稍淡;龙脑香因其非常贵重俗称冰片脑,或称云梅花脑;麝香有特殊的香气,味偏苦,既可以制成香料,也可以入药,外用起镇痛、消肿的作用。好香不仅芬芳,使人心生欢喜,芳香养鼻,于心旷神怡之中达到镇定,颐养身心。

二、香道工具

香道工具是指用于香道操作的必备套装,主要包括以下几种。

(1)灰压:用于压平香灰,使香灰平整。

(2)香筷:用于理松香灰、夹碳、压香筋,也可用于做图案、闷香法或隔火熏香时在香灰顶部打碳孔

(3)香勺:用来铲香粉、香球,背面可以辅助压香灰,铲除燃过的香灰等。

(4)香铲:用来铲香粉、打香篆时填香粉。

(5)镊子:也叫香夹、香镊、银叶夹,用来夹隔火熏香时用的云母片,也可以夹一些香材、燃过的香头等。

(6)香扫:也叫灰扫、羽扫,用来清洁香炉和器具上的香灰。

(7)侧灰压:也叫侧压,主要用途是压平侧面的香灰,堆火山状。

三、传统熏香方法—隔火熏香

隔火熏香主要有以下几个步骤。

(1)将无味香灰放进闻香炉中,这就是所谓的以灰养炉。

(2)将闻香炉内的香灰捣松,然后在中央挖出一个碳孔。其大小按照香碳的尺寸来定,以刚刚能够完全掩埋住香碳为准。

（3）将香碳点燃，让香碳保持完全红色但无明火状态为最佳。然后把燃烧的香碳放进碳孔中，用香灰掩盖住。

（4）将周围的香灰堆积到香碳上方，并拍打严实形成火山状，顶部要平。

（5）在香灰顶部做一个通气的孔以防香碳熄灭，同时还能以此来控制燃烧速度。

（6）将香盘放置在顶部平面上。

（7）将小片状的香材或者香粉放到香盘上。保持香材没有烟雾的状态，若冒烟，则是温度太高所致，继续加厚香碳上方的香灰。

（8）在香盘加热完毕后，香材的香气则会散发出来。这时可以将香炉托起至胸前来品香。

四、品香礼仪

（一）香室（香屋）

品香时小香室比大香室要好（16平方米左右即可）。

（二）香席规矩

除香席主人外，香客以二三人为宜，主人和香客从香炉的左方依次入席。

（三）递香

传递香炉时依顺时针方向，主人左手持炉上端传出，香客伸出右手接炉。

（四）品香

接炉后品评三次，一曰初品，去除杂味；二曰鼻观，观想香意；三曰回味，肯定意念，三次毕，如上所述传炉。

参考文献

[1]蔡少惠.中华文明礼仪教程[M].北京:中国人民大学出版社,2021.

[2]罗栖.礼仪文化十讲[M].北京:当代世界出版社,2018.

[3]向莉.现代礼仪实用教程[M].沈阳:东北大学出版社,2021.

[4]邓彦,李晓悦.大学生实用礼仪[M].成都:电子科技大学出版社,2020.

[5]张海玲,袁平.旅游礼仪[M].北京:清华大学出版社,2024.

[6]傅永聚,任怀国.中国传统文化精要[M].西安:西安出版社,2010.

[7]贺立萍.实用礼仪教程[M].北京:北京邮电大学出版社,2012.

[8]陈玉梅.大学生实用礼仪教程[M].西安:西安交通大学出版社,2017.

[9]王国御,竭红云.实用社交礼仪教程[M].北京:中国人民大学出版社,2012.

[10]喻小毛.公关与礼仪修养[M].北京:北京理工大学出版社,2011.

[11]韩秀景.大学生职场形象设计[M].南京:南京师范大学出版社,2008.

[12]任宪宝.实用礼仪大全[M].北京:中国商业出版社,2014.

[13]金正昆.礼仪金说:社交礼仪[M].北京:北京联合出版公司,2019.

[14]彭林.中华传统礼仪概要[M].北京:商务印书馆,2017.

[15]李荣建.社交礼仪[M].北京:清华大学出版社,2007.

[16]李晓阳.旅游礼仪[M].北京:旅游教育出版社,2011.

[17]张岩松.新型现代交际礼仪实用教程[M].北京:清华大学出版社,2008.

[18]梁颖,陈杰峰.旅游礼仪教程[M].上海:上海交通大学出版社,2011.

[19]周妤.旅游服务礼仪[M].长春:吉林大学出版社,2017.

[20]国家旅游局人事劳动教育司.旅游服务礼貌礼节[M].北京:旅游教育出版社,2006.

[21]陆永庆.旅游交际礼仪[M].大连:东北财经大学出版社,2001.

[22]舒伯阳,刘名俭.旅游实用礼貌礼仪[M].天津:南开大学出版社,2002.

[23]孙艳红.旅游礼宾原理与实务[M].郑州:郑州大学出版社,2004.

[24]董保军.中外礼仪大全[M].北京:民族出版社,2005.

[25]王春林.旅游接待礼仪[M].上海:上海人民出版社,2002.

[26]张胜男.旅游礼仪[M].北京:高等教育出版社,2016.